TERCEIRIZAÇÃO DE SERVIÇOS
E
DIREITOS SOCIAIS TRABALHISTAS

GUSTAVO FILIPE BARBOSA GARCIA
RÚBIA ZANOTELLI DE ALVARENGA

Coordenadores

TERCEIRIZAÇÃO DE SERVIÇOS E DIREITOS SOCIAIS TRABALHISTAS

EDITORA LTDA.
© Todos os direitos reservados

Rua Jaguaribe, 571
CEP 01224-003
São Paulo, SP – Brasil
Fone (11) 2167-1101
www.ltr.com.br
Junho, 2017

Produção Gráfica e Editoração Eletrônica: LINOTEC
Projeto de Capa: FABIO GIGLIO
Impressão: PIMENTA & CIA LTDA

Versão impressa: LTr 5697.0 — ISBN: 978-85-361-9138-6

Versão digital: LTr 9088.5 — ISBN: 978-85-361-9130-0

Dados Internacionais de Catalogação na Publicação (CIP)
(Câmara Brasileira do Livro, SP, Brasil)

Terceirização de serviços e direitos sociais trabalhistas / Gustavo Filipe Barbosa Garcia, Rúbia Zanotelli de Alvarenga (coordenadores). -- São Paulo : LTr, 2017.

Vários colaboradores.
Bibliografia.

1. Direito do trabalho – Brasil 2. Direitos fundamentais 3. Direitos sociais 4. Terceirização – Brasil I. Garcia, Gustavo Filipe Barbosa. II. Alvarenga, Rúbia Zanotelli de.

16-09205   CDU-34:331:338.46

Índices para catálogo sistemático:

1. Terceirização : Direito do trabalho 34:331:338.46

RELAÇÃO DE COLABORADORES

GABRIELA NEVES DELGADO: Professora Associada de Direito do Trabalho dos Programas de Graduação e Pós-Graduação da Faculdade de Direito da Universidade de Brasília – UnB. Vice-Diretora da Faculdade de Direito da UnB. Doutora em Filosofia do Direito pela UFMG. Mestre em Direito do Trabalho pela PUC-Minas. Líder do Grupo de Pesquisa *Trabalho, Constituição e Cidadania* (UnB – CNPq). Advogada.

GEORGENOR DE SOUSA FRANCO FILHO: Desembargador do Trabalho de carreira do TRT da 8ª Região, Doutor em Direito Internacional pela Faculdade de Direito da Universidade de São Paulo, Doutor *Honoris Causa* e Professor de Direito Internacional e do Trabalho da Universidade da Amazônia, Presidente Honorário da Academia Brasileira de Direito do Trabalho e Membro da Academia Paraense de Letras.

GUILHERME APARECIDO BASSI DE MELO: Mestre em Direito pela PUC/SP, Pós-Graduado em Direito pela Universidade de Coimbra, Especialista em Interesses Difusos e Coletivos pela Escola Superior do Ministério Público do Estado de São Paulo, Professor Universitário, autor de livros pelas editoras RT, Lumen Juris e LTr e Assessor de Desembargador do TRT/15.

GUSTAVO FILIPE BARBOSA GARCIA: Livre-Docente pela Faculdade de Direito da Universidade de São Paulo. Doutor em Direito pela Faculdade de Direito da Universidade de São Paulo. Pós-Doutorado em Direito pela *Universidad de Sevilla*. Especialista em Direito pela *Universidad de Sevilla*. Professor Universitário em Cursos de Graduação e Pós-Graduação em Direito. Membro Pesquisador do IBDSCJ. Membro da Academia Brasileira de Direito do Trabalho, Titular da Cadeira 27. Advogado e Consultor Jurídico. Foi Juiz do Trabalho das 2ª, 8ª e 24ª Regiões, ex-Procurador do Trabalho do Ministério Público da União e ex-Auditor-Fiscal do Trabalho.

HELDER SANTOS AMORIM: Mestre em Direito Constitucional pela Pontifícia Universidade Católica do Rio de Janeiro. Procurador do Trabalho. Professor de Direito Constitucional da Escola Superior Dom Helder Câmara. Membro Auxiliar do Procurador-Geral da República em Matéria Trabalhista.

JOSÉ CLAUDIO MONTEIRO DE BRITO FILHO: Doutor em Direito das Relações Sociais pela PUC/SP. Professor do Programa de Pós-Graduação e do Curso de Graduação em Direito do CESUPA. Professor do Programa de Pós-Graduação em Direito da UFPA. Titular da Cadeira n. 26 da Academia Brasileira de Direito do Trabalho.

JOSELITA NEPOMUCENO BORBA: Mestre e Doutora em Direito pela PUC/SP. Procuradora do Trabalho aposentada. Advogada. Professora.

LUIZ EDUARDO GUNTHER: Desembargador do Trabalho no TRT da 9ª Região-PR. Professor do Centro Universitário Curitiba – UNICURITIBA. Doutor em Direito do Estado pela UFPR. Membro da Academia Brasileira de Direito do Trabalho, da Academia Paranaense de Direito do Trabalho, do Instituto Histórico e Geográfico do Paraná, do Centro de Letras do Paraná e da Associação Latino Americana de Juízes do Trabalho. Coordenador do Grupo de Pesquisa que edita a Revista Eletrônica do TRT 9.

RAFAEL DA SILVA MARQUES: Juiz do trabalho titular da 4ª Vara do Trabalho de Caxias do Sul, RS.

RAIMUNDO SIMÃO DE MELO: Consultor Jurídico e Advogado, Procurador Regional do Trabalho aposentado, Doutor e Mestre em Direito das Relações Sociais pela PUC/SP, Professor titular do Centro Universitário UDF/Mestrado, Membro da Academia Brasileira de Direito do Trabalho e autor de livros jurídicos, entre outros, "Direito ambiental do trabalho e a saúde do trabalhador".

RICARDO JOSÉ MACÊDO DE BRITTO PEREIRA: Professor Titular do Centro Universitário do Distrito Federal – UDF (Mestrado em Direito das Relações Sociais e Trabalhistas). Doutor pela Universidade Complutense de Madri. Mestre pela Universidade de Brasília. Subprocurador Geral do Ministério Público do Trabalho.

RÚBIA ZANOTELLI DE ALVARENGA: Doutora e Mestre em Direito do Trabalho pela PUC-Minas. Professora Titular do Centro Universitário do Distrito Federal – UDF, Brasília. Advogada.

YONE FREDIANI: Advogada militante; sócia de Frediani e Borba Sociedade de Advogados; Advogada militante nos Tribunais Regionais do Trabalho e Tribunal Superior do Trabalho; Desembargadora do Tribunal Regional do Trabalho da 2ª Região (aposentada). Doutora em Direito do Trabalho PUC/SP. Mestre em Direito das Relações do Estado PUC/SP; Mestre em Diretos Fundamentais/UNIFIEO; Professora Doutora em Direito e Processo do Trabalho nos cursos de Graduação e Pós-Graduação da FAAP – Fundação Armando Álvares Penteado. Membro da Academia Brasileira de Direito do Trabalho, ocupando no momento o cargo de Diretora Secretária; Membro da Associación Iberoamericana de Derecho del Trabajo y de la Seguridad Social. Professora Visitante na Universidade de Modena e Reggio Emilia, Itália e na Universidad Tecnológica del Peru. Autora de artigos e livros nas áreas do Direito Individual, Coletivo e Processo do Trabalho.

SUMÁRIO

PREFÁCIO.. 11
Georgenor de Sousa Franco Filho

CAPÍTULO 1 – A INCONSTITUCIONALIDADE DA TERCEIRIZAÇÃO NA ATIVIDADE-FIM: O VALOR SOCIAL DA LIVRE-INICIATIVA E A FUNÇÃO SOCIAL DA EMPRESA... 13
Gabriela Neves Delgado e Helder Santos Amorim
REFERÊNCIAS BIBLIOGRÁFICAS.. 19

CAPÍTULO 2 – QUARTEIRIZAÇÃO... 21
Georgenor de Sousa Franco Filho
1. DISTINÇÕES NECESSÁRIAS.. 21
2. SIGNIFICADO DE QUARTEIRIZAÇÃO... 21
3. CARACTERIZAÇÃO E POSSIBILIDADES... 22
4. POSIÇÃO DA JURISPRUDÊNCIA.. 22
5. CONCLUSÃO.. 23

CAPÍTULO 3 – TERCEIRIZAÇÃO DE SERVIÇOS NA ADMINISTRAÇÃO PÚBLICA: LIMITAÇÕES E CONSEQUÊNCIAS JURÍDICAS... 25
Gustavo Filipe Barbosa Garcia
1. INTRODUÇÃO.. 25
2. CONSIDERAÇÕES SOBRE A TERCEIRIZAÇÃO.. 25
3. TERCEIRIZAÇÃO LÍCITA E TERCEIRIZAÇÃO ILÍCITA... 25
4. RESPONSABILIDADE SUBSIDIÁRIA DO TOMADOR DE SERVIÇOS.................................... 28
5. COOPERATIVAS DE TRABALHO.. 30
6. CONCLUSÃO.. 31
7. REFERÊNCIAS BIBLIOGRÁFICAS.. 32

CAPÍTULO 4 – TERCEIRIZAÇÃO E ORGANIZAÇÃO SINDICAL BRASILEIRA: UM EMBATE ENTRE FLEXIBILIDADE E RIGIDEZ.. 33
José Claudio Monteiro de Brito Filho
1. CONSIDERAÇÕES INICIAIS... 33
2. TERCEIRIZAÇÃO... 33
3. A ORGANIZAÇÃO SINDICAL BRASILEIRA.. 35
4. CONSIDERAÇÕES FINAIS: A TERCEIRIZAÇÃO E O AGRAVAMENTO DE SEUS MALES PELA FALTA DE LIBERDADE SINDICAL DE ORGANIZAÇÃO, NO BRASIL... 38

CAPÍTULO 5 – EXTERNALIZAÇÃO PRODUTIVA: SUBCONTRATAÇÃO E TERCEIRIZAÇÃO. COMO NÃO PRECARIZAR? NECESSÁRIA APLICAÇÃO DO PRINCÍPIO DA IGUALDADE DE TRATAMENTO E DA RESPONSABILIDADE SOLIDÁRIA EM ASPECTOS DE DIREITOS INDERROGÁVEIS... 41
Joselita Nepomuceno Borba
INTRODUÇÃO... 41
1. EXTERNALIZAÇÃO PRODUTIVA: MODELO ESPANHOL. CESSÃO DE EMPREGADO POR EMPRESA DE TRABALHO TEMPORÁRIO COM ISONOMIA DE TRATAMENTO. SUBCONTRATAÇÃO COM RESPONSABILIDADE SOLIDÁRIA... 42

2. EXTERNALIZAÇÃO PRODUTIVA: TERCEIRIZAÇÃO E SUBCONTRATAÇÃO NO SISTEMA BRASILEIRO. BASE LEGAL E FRAUDE 45
3. ESFORÇO POLÍTICO PARA REGULAMENTAÇÃO DA TERCEIRIZAÇÃO.. 47
4. ASPECTOS JURISPRUDENCIAIS: TRIBUNAL SUPERIOR DO TRABALHO (TST) 48
5. ASPECTOS JURISPRUDENCIAIS: SUPREMO TRIBUNAL FEDERAL (STF).. 48
6. CONCLUSÃO 50
7. REFERÊNCIAS BIBLIOGRÁFICAS 50

CAPÍTULO 6 – O FENÔMENO JURÍDICO DA TERCEIRIZAÇÃO: ASPECTOS ATUAIS E RELEVANTES NO BRASIL 53
Luiz Eduardo Gunther
1 INTRODUÇÃO.. 53
2. O SIGNIFICADO JURÍDICO DO VOCÁBULO TERCEIRIZAÇÃO 53
3. SETORES E/OU ATIVIDADES QUE ADMITEM A TERCEIRIZAÇÃO – DIFICULDADES PARA A REGULAMENTAÇÃO.. 54
4. A TERCEIRIZAÇÃO NO SERVIÇO PÚBLICO.. 55
5. A GARANTIA DA RESPONSABILIDADE SOLIDÁRIA... 56
6. O PAPEL DO TST, DO STF E DO CONGRESSO NACIONAL NA COMPREENSÃO DO PROBLEMA E AS POSSÍVEIS SOLUÇÕES.. 57
7. REFERÊNCIAS BIBLIOGRÁFICAS 59

CAPÍTULO 7 – A AÇÃO COMUNICATIVA COMO ELEMENTO CENTRAL DE FORMAÇÃO DA NORMA CONSTITUCIONAL E O PROBLEMA DA TERCEIRIZAÇÃO NO BRASIL.. 61
Rafael da Silva Marques
INTRODUÇÃO 61
1. CONCEITO DE RELAÇÃO DE EMPREGO NA CONSTITUIÇÃO DE 1988 62
2. A AÇÃO COMUNICATIVA COMO ELEMENTO CENTRAL DE FORMAÇÃO DA NORMA CONSTITUCIONAL E O PROBLEMA DA TERCEIRIZAÇÃO NO BRASIL... 65
3. CONCLUSÃO 77
4. REFERÊNCIAS BIBLIOGRÁFICAS 78

CAPÍTULO 8 – RESPONSABILIDADE CIVIL POR ACIDENTES DO TRABALHO NAS TERCEIRIZAÇÕES E NO TRABALHO TEMPORÁRIO 79
Raimundo Simão de Melo e Guilherme Aparecido Bassi de Melo
1. INTRODUÇÃO... 79
2. O DEVER PATRONAL DE PREVENIR E REPARAR OS ACIDENTES DE TRABALHO 80
3. RESPONSABILIDADE NAS TERCEIRIZAÇÕES 81
4. TENDÊNCIA JURISPRUDENCIAL SOBRE O ASSUNTO 83
5. POSIÇÃO ADOTADA NA I JORNADA DE DIREITO E PROCESSO DO TRABALHO 85
6. RESPONSABILIDADE SOLIDÁRIA NAS RELAÇÕES DE CONSUMO 86
7. ALTERAÇÕES DA LEI N. 6.019/74 SOBRE TRABALHO TEMPORÁRIO E TERCEIRIZAÇÃO 86
8. CONCLUSÕES 87
9. REFERÊNCIAS BIBLIOGRÁFICAS 87

CAPÍTULO 9 – A INCONSTITUCIONALIDADE DA LIBERAÇÃO GENERALIZADA DA TERCEIRIZAÇÃO. INTERPRETAÇÃO DA LEI 13.429, DE 31.3.2017... 89
Ricardo José Macêdo de Britto Pereira
1. CONSIDERAÇÕES INICIAIS 89
2. OS DIREITOS SOCIAIS DOS TRABALHADORES COMO IMPOSIÇÃO CONSTITUCIONAL E A SUPERAÇÃO DA INTERPRETAÇÃO CONSERVADORA... 90
3. A CONSAGRAÇÃO CONSTITUCIONAL DE UM MODELO ESPECÍFICO DE EMPREGO 91

4. A DESCONSTITUCIONALIZAÇÃO DO DIREITO DO TRABALHO COMO ESTRATÉGIA PARA A EXPLORAÇÃO DOS TRABALHADORES E A FLEXIBILIZAÇÃO DOS DIREITOS TRABALHISTAS 94
5. A DIGNIDADE HUMANA COMO REFERÊNCIA AOS VALORES SOCIAIS DO TRABALHO E DA LIVRE-INICIATIVA 95
6. A INTERPRETAÇÃO DA LEI N. 13.429, DE 31.03.2017 96
7. CONSIDERAÇÕES FINAIS 96
8. REFERÊNCIAS BIBLIOGRÁFICAS 97

CAPÍTULO 10 – TERCEIRIZAÇÃO TRABALHISTA E DIREITO DO TRABALHO 99
Rúbia Zanotelli de Alvarenga
INTRODUÇÃO 99
1. CONSIDERAÇÕES SOBRE O PROJETO DE LEI N. 4.330/2004 99
2. TERCEIRIZAÇÃO E DIREITO DO TRABALHO 101
3. CONCLUSÃO 104
4. REFERÊNCIAS BIBLIOGRÁFICAS 105

CAPÍTULO 11 – TERCEIRIZAÇÃO DE SERVIÇOS – UM ESTUDO SINTÉTICO E COMPARADO COM OS ORDENAMENTOS ESPANHOL E ITALIANO 107
Yone Frediani
1. INTRODUÇÃO 107
2. PECULIARIDADES DA SUBCONTRATAÇÃO NO ORDENAMENTO ESPANHOL 108
   2.1. Terceirização 108
   2.2. Subcontratação prevista no art. 42 do Estatuto dos Trabalhadores 109
   2.3. Concentração econômica – grupo de empresas 109
3. ASPECTOS DA TERCEIRIZAÇÃO NO DIREITO ITALIANO 109
   3.1. *Distacco* 110
   3.2. *Somministrazione di lavoro* 110
   3.3. Transferência da azienda 110
   3.4. *Appalto* 110
4. CONCLUSÕES 110
5. REFERÊNCIAS BIBLIOGRÁFICAS 110

PREFÁCIO

A presente obra coletiva chega agora às mãos dos estudiosos preocupados com o futuro do Direito do Trabalho e das relações do trabalho, sob a cuidadosa coordenação de Gustavo Filipe Barbosa Garcia e Rúbia Zanotelli de Alvarenga.

Os dois jovens juristas possuem um conjunto de excelentes obras jurídicas, reconhecido no Brasil e para além, pela contribuição cuidadosa e criteriosa que oferecem constantemente à doutrina nacional.

Agora, em *Terceirização de Serviços e Direitos Sociais Trabalhistas*, reuniram uma plêiade de juristas para cuidar de um tema momentoso, que é a Terceirização e seus impactos nas questões trabalhistas, que tanto tem preocupado os estudiosos do Direito ante as consequências gravosas que podem ser criadas para a garantia das condições mínimas conquistadas, após anos de luta, pela classe trabalhadora.

A reavaliação dos direitos sociais, especialmente os trabalhistas, com a implantação mais ampla desse fenômeno moderno, poderá desarticular toda a gama de garantias mínimas de proteção ao trabalho humano.

Em nosso país, tem sido tema de constante debate o conjunto de regras inseridas na Súmula n. 133 do C. Tribunal Superior do Trabalho, que tenta minimizar os efeitos desse instrumento. Ademais, todos estão demonstrando temor e apreensão com a iminente aprovação do Projeto de Lei n. 4.330/2004, que dispõe sobre os contratos de terceirização e as relações de trabalho deles decorrentes, que agora tramita no Senado da República.

Arrastando-se no Parlamento há mais de uma década, tenta esse projeto de lei resolver a gravíssima questão de terceirização do trabalho no Brasil. E, presentemente, deliberarem favoravelmente os Senadores da República será, se for o caso, encaminhado à sanção presidencial.

O que ocorrerá no futuro em nosso país sobre as relações de trabalho é uma grande incógnita. No entanto, algumas das indicações mais relevantes podem ser encontradas nos onze estudos que compõem esta obra.

Magistrados, professores, estudiosos, juristas de nomeada no Brasil contribuem neste livro para indicar as perspectivas da terceirização sob os mais diferentes aspectos. A visão legal e constitucional da terceirização, os aspectos sociais de seus efeitos, a novíssima quarteirização, as questões preocupantes da responsabilidade civil, tudo, ao cabo, conduzindo à busca de indicativos para minimizar os problemas decorrentes da precarização do trabalho humano e a necessidade de preservação da dignidade do homem.

Além dos competentes coordenadores, contribuem com esta obra os juristas Gabriela Neves Delgado, Guilherme Aparecido Bassi de Melo, Helder Santos Amorim, Rafael da Silva Marques e Ricardo José Macedo de Britto Pereira, bem como meus diletos confrades da Academia Brasileira de Direito do Trabalho José Claudio Monteiro de Brito Filho, Joselita Nepomuceno Borba, Luiz Eduardo Günther, Raimundo Simão de Melo, Yone Frediani e Georgenor de Sousa Franco Filho. Cada tal traz seu pensamento e seu talento na busca de resolver importantes pontos de um tema extremamente delicado e que estava a exigir obra dessa natureza.

Sinto-me, pessoalmente, agraciado pela honra de integrar este seleto grupo de pesquisadores que se dedicou a elaborar essa excelente obra, e extremamente feliz por fazer-lhe o prefácio e reiterar que a bibliografia nacional está ganhando uma excelente contribuição para o estudo de um assunto da mais alta relevância jurídica e social neste momento histórico importante pelo qual atravessa nosso país.

Belém, 29 de agosto de 2016.

Georgenor de Sousa Franco Filho
Desembargador do Trabalho de carreira do TRT da 8ª Região,
Doutor em Direito Internacional pela Faculdade de Direito da Universidade de São Paulo,
Doutor *Honoris causa* e Professor Titular de Direito Internacional e do
Trabalho da Universidade da Amazônia,
Presidente Honorário da Academia Brasileira de Direito do Trabalho e
Membro da Academia Paraense de Letras

CAPÍTULO 1

A INCONSTITUCIONALIDADE DA TERCEIRIZAÇÃO NA ATIVIDADE-FIM: O VALOR SOCIAL DA LIVRE-INICIATIVA E A FUNÇÃO SOCIAL DA EMPRESA*

Gabriela Neves Delgado**
Helder Santos Amorim***

> *A Constituição da República não deixa ao legislador infraconstitucional margem de ação para instituição ou autorização da terceirização na atividade-fim das empresas, seja em face da alta densidade de conteúdo das regras dos arts. 7º a 11 do Texto Constitucional, que conferem uma proteção constitucional específica ao trabalhador, dotada de integração à empresa e de pretensão de continuidade do vínculo de trabalho, seja em face dos princípios constitucionais que asseguram os valores sociais do trabalho e da livre iniciativa como fundamento da República (Constituição, art. 1º, IV), a função social da propriedade e da empresa como fundamento da ordem econômica (art. 170, III) e o primado do trabalho como base de toda ordem social (art. 193).*

A permissão constitucional à terceirização na atividade-meio das empresas, assim como ocorre no âmbito da Administração Pública, tem por pressuposto viabilizar que o empreendedor dedique seus recursos à realização de sua atividade finalística, seu *core business*, a fim de racionalizar o aproveitamento do tempo e das energias institucionais com máxima eficiência administrativa.

A leitura integrada das regras constitucionais que regulam a proteção ao regime de emprego (arts. 7º a 11) e que regulam a contratação de serviços na atividade-meio (arts. 37, XXI, e art. 170, § 1º, III) conduzem à conclusão de que a terceirização, por sua repercussão restritiva ao emprego direto com o beneficiário final da mão de obra, regime este socialmente mais protegido, somente se legitima, excepcionalmente, na medida indispensável à promoção daquelas finalidades gerenciais, tornando-se ilegítima a sua prática além dessa medida, ou seja, na atividade-fim empresarial.

Nesse espaço da atividade-fim, a Constituição reserva à empresa a **função social de promover emprego direto com o trabalhador, com máxima proteção social, tendo em conta a dupla qualidade protetiva desse regime de emprego**: uma proteção temporal, que remete à pretensão de máxima continuidade do vínculo de trabalho, e uma proteção espacial, de garantia de integração do trabalhador à vida da empresa.

A **proteção temporal** decorre do princípio da continuidade da relação de emprego[1] que, segundo Arnaldo Süssekind, se encontra historicamente assentado em diversos direitos previstos no art. 7º da Constituição, tais como, a indenização compensatória em caso de dispensa injusta (inciso I); o seguro-desemprego (inciso II); o levantamento dos depósitos do FGTS (inciso III) e o aviso-prévio proporcional ao tempo de serviço (inciso XXI).

Ademais, ainda denotam a pretensão de continuidade do vínculo de emprego o direito a "férias anuais remuneradas" (art. 7º, XVII), cujo gozo depende da prestação de trabalho em sucessivos períodos aquisitivos e concessivos, e o direito à "aposentadoria" (art. 7º, XXIV), instrumento de proteção social que se submete à condição aquisitiva de "trinta e cinco anos de contribuição, se homem, e trinta anos de contribuição, se mulher" (art. 201, § 7º, 1º).

A eficácia desses direitos depende da longevidade dos vínculos de emprego.

Por sua vez, a **proteção espacial**, de máxima integração do trabalhador à vida da empresa e de valorização da relação direta entre o obreiro e o empreendimento beneficiário final de sua mão de obra, se revela na noção constitucional de **categoria profissional**, sobre a qual repousa o modelo de organização sindical concebido pela Constituição (art. 8º), e que

---

* Este artigo científico integra a obra de: DELGADO, Gabriela Neves; AMORIM, Helder Santos. *Os Limites Constitucionais da Terceirização*. São Paulo: LTr, 2014.
** Professora Associada de Direito do Trabalho dos Programas de Graduação e Pós-Graduação da Faculdade de Direito da Universidade de Brasília – UnB. Vice-Diretora da Faculdade de Direito da UnB. Doutora em Filosofia do Direito pela UFMG. Mestre em Direito do Trabalho pela PUC-Minas. Líder do Grupo de Pesquisa Trabalho, Constituição e Cidadania (UnB – CNPq). Advogada.
*** Mestre em Direito Constitucional pela Pontifícia Universidade Católica do Rio de Janeiro. Procurador do Trabalho. Professor de Direito Constitucional da Escola Superior Dom Helder Câmara. Membro Auxiliar do Procurador-Geral da República em Matéria Trabalhista.
1 DELGADO, Mauricio Godinho; DELGADO, Gabriela Neves. *Tratado Jurisprudencial de Direito Constitucional do Trabalho*. Vol. II. São Paulo: Editora Revista dos Tribunais, 2013. p. 407.

pressupõe um vínculo de solidariedade entre os empregados que laboram em favor de um determinado empreendimento econômico, como condição para o exercício da coalização profissional.

A Constituição também revela pretensão de máxima integração do trabalhador ao empreendimento econômico no inciso XI do seu art. 7º, quando garante ao trabalhador a "participação nos lucros, ou resultados, desvinculada da remuneração, e excepcionalmente, participação na gestão da empresa, conforme definido em lei", direito cuja eficácia depende da solvabilidade econômica da empresa e de seu desenvolvimento institucional, para gerar lucros e resultados.

E, por fim, a Constituição prestigia a integração do trabalhador à empresa como premissa de efetividade das normas de proteção à sua saúde e segurança, direito fundamental previsto em seu art. 7º, XXI, cuja eficácia também depende da estabilidade da presença do trabalhador no mesmo ambiente laboral.

Daí que, exercendo a terceirização forte efeito desagregador da presença do trabalhador na vida da empresa e fragmentador da continuidade do vínculo de emprego, promovendo alta rotatividade contratual, acaba por esvaziar a eficácia desses elementos constitucionais, de proteção espacial e temporal, inerentes à relação de emprego. E por impor essas restrições protetivas, a terceirização é mecanismo que a Constituição reserva apenas excepcionalmente ao espaço da atividade-meio da empresa, como um mecanismo gerencial voltado a viabilizar que o empreendimento possa se dedicar à sua atividade finalística, para nela promover o emprego direto e maximamente protegido.

Nesse contexto, a terceirização praticada na atividade-fim da empresa, sendo prática inconstitucional, também acaba por afastar a legitimidade da terceirização em sua atividade-meio, já que a empresa dela não se utiliza para se dedicar à sua vocação essencial, ao final também terceirizada.

Nesse sentido, quando a Súmula n. 331 do TST, interpretando a ordem jurídica, reputa inválido o contrato de terceirização em atividade-fim e reconhece a relação de emprego direta entre o trabalhador e o empreendedor beneficiário final de sua mão de obra (item I), ao mesmo tempo em que protege o regime de emprego direto na atividade-fim, também afirma o princípio constitucional da função social da empresa, como um corolário da função social da propriedade privada.

A função social da propriedade, proclamada no art. 5º, XXIII, da Constituição da República, é cláusula constitucional que condiciona o exercício do direito de propriedade ao cumprimento de objetivos sociais, conformando essa liberdade individual a um conteúdo promocional de justiça em respeito à matriz do Estado Democrático de Direito.

O art. 170, III, da Constituição, ao proclamar a **função social da propriedade** como um dos princípios da ordem econômica, estende essa função à propriedade dos bens de produção, ou seja, à empresa, atribuindo-lhe um papel social promotor de justiça social, especialmente por meio da geração de emprego de qualidade, como veículo de afirmação social do trabalho e da livre iniciativa[2].

José Afonso da Silva, correlacionando essa função social da empresa com a "valorização do trabalho humano" (art. 170, *caput*), a "defesa do consumidor" (V), a "defesa do meio ambiente" (VI), "a redução das desigualdades regionais e sociais" (VII) e a "busca do pleno emprego" (VIII), como princípios da ordem econômica, identifica sua direta implicação com a propriedade dos bens de produção, especialmente imputada à empresa, por meio da qual se realiza e efetiva o poder econômico[3].

É o que ensina o festejado constitucionalista:

(...) a iniciativa econômica privada é amplamente condicionada no sistema da constituição econômica brasileira. Se ela se implementa na atuação empresarial, e esta se subordina ao '**princípio da função social**', **para realizar ao mesmo tempo o desenvolvimento nacional, assegurada a existência digna de todos, conforme ditames da justiça social**, bem se vê que a 'liberdade de iniciativa' só se legitima quando voltada à efetiva consecução desses fundamentos, fins e valores da ordem econômica[4] (Grifos acrescidos).

O esclarecimento do conteúdo exato desse princípio de função social da empresa é questão que sempre demanda a análise da norma diante do caso concreto, como é próprio à compreensão do conteúdo normativo dos princípios jurídicos. Mas, no que diz respeito à posição jurídica da empresa em relação ao trabalho, a Constituição já oferece vários elementos identificadores do seu conteúdo.

É esclarecedora, para esse fim, a leitura do art. 186 da Constituição, que estabelece o condicionamento social da propriedade rural como critério de exclusão de sua desapropriação por interesse social (art. 184), uma regra jurídica que, apesar de destinada à propriedade rural, confere excelente parâmetro de concretude ao princípio, em todas as instâncias da atividade econômica. Diz a norma:

A função social é cumprida quando a propriedade rural atende, simultaneamente, segundo critérios e graus de exigência estabelecidos em lei, aos seguintes requisitos:

I – aproveitamento racional e adequado;

II – utilização adequada dos recursos naturais disponíveis e preservação do meio ambiente;

---

2   Mauricio Godinho Delgado e Gabriela Neves Delgado destacam que o *princípio da subordinação da propriedade à sua função socioambiental*, reconhecido pelo Texto Máximo de 1988, determina "ter essa propriedade de se submeter e cumprir efetivas funções de caráter social e de caráter ambiental". Para os autores, "o uso egoístico da propriedade não encontra respaldo na ordem jurídica, uma vez que ela tem de respeitar e cumprir práticas respeitosas e valorizadoras do ser humano, da vida social e do meio ambiente". A respeito do tema, consultar: DELGADO, Mauricio Godinho; DELGADO, Gabriela Neves. *Tratado Jurisprudencial de Direito Constitucional do Trabalho*. vol. I. São Paulo: Editora Revista dos Tribunais, 2013. p. 305.

3   SILVA, José Afonso da. *Curso de Direito Constitucional Positivo*. 13. ed. São Paulo: Malheiros, 1997. p. 745.

4   *Idem. Ibidem.*

III – observância das disposições que regulam as relações de trabalho;

IV – exploração que favoreça o bem-estar dos proprietários e dos trabalhadores. (Grifos acrescidos).

Ao condicionar o exercício da função social da propriedade rural à observância das normas de proteção ao trabalhador e a uma exploração que favoreça o bem-estar do trabalhador, a Constituição revela uma exigência social aplicável a qualquer empreendimento econômico, na medida em que, em seu art. 7º, institui o regime de emprego protegido, destinado indistintamente a "trabalhadores urbanos e rurais, além de outros que visem à melhoria de sua condição social" (art. 7º, caput)[5].

Sob essa lógica, a Constituição atribui também à empresa urbana, como função social, a observância das normas de proteção ao trabalhador e uma exploração que, portanto, também favoreça seu bem-estar.

A prática da terceirização na atividade-fim esvazia a dimensão comunitária da empresa, pois a radicalização desse mecanismo pode viabilizar a extrema figura da **empresa sem empregados**, que terceiriza todas as suas atividades, eximindo-se, por absoluta liberalidade, de inúmeras responsabilidades sociais, trabalhistas, previdenciárias e tributárias.

Estivesse ao livre arbítrio do empreendedor a prática irrestrita da terceirização, sem os condicionamentos constitucionais, o empresário poderia, por exemplo, eximir-se do cumprimento das normas convencionais de sua respectiva categoria econômica, quando bem lhe entendesse, por meio da contratação de serviços, com a consequente transferência dos trabalhadores para uma categoria profissional diferente, com menor poder de reivindicação, esvaziando com isso o valor constitucional da organização sindical como veículo de afirmação da coalizão profissional, pela melhoria das condições sociais dos trabalhadores (Constituição, arts. 7º, XXVI, e 8º, VI).

Da mesma forma, poderia o empreendedor utilizar a terceirização para inviabilizar ou fragilizar o movimento grevista, quando lhe aprouvesse, esvaziando o sentido constitucional da greve, como legítimo direito de reivindicação coletiva por melhores condições de trabalho (Constituição, art. 8º).

Terceirizando todas as suas atividades, o empresário poderia se eximir, por pura liberalidade, de participar de políticas sociais constitucionais determinantes para o cumprimento da função social da empresa, fundadas em obrigações cuja incidência é determinada pelo número de empregados da empresa. A exemplo, poderia a empresa inviabilizar a incidência do art. 11 da Constituição, que prevê o direito dos trabalhadores à eleição de um empregado representante nas empresas com mais de duzentos empregados[6].

Reduzindo artificialmente seu quadro de empregados, por meio da terceirização irrestrita, a empresa também poderia se isentar de participar da política social de inclusão de pessoas com deficiência no mercado de trabalho, conforme previsto no art. 24, XII, da Constituição. No plano legal, essa política social se faz por meio da obrigatoriedade da admissão de pessoas com deficiência, destinada às empresas com mais de 100 empregados, e proporcionalmente ao seu número de empregados, conforme previsto no art. 93 da Lei n. 8.213/1991. Diz a norma:

> A empresa com 100 (cem) ou mais empregados está obrigada a preencher de 2% (dois por cento) a 5% (cinco por cento) dos seus cargos com beneficiários reabilitados ou pessoas portadoras de deficiência, habilitadas, na seguinte proporção: I – até 200 empregados: 2%; II – de 201 a 500: 3%; III – de 501 a 1.000: 4%; IV – de 1.001 em diante: 5%.

Se pudesse terceirizar irrestritamente, o empreendedor exerceria com potestade a escolha entre submeter-se ou não a essa política social, o que seria incompatível com o pressuposto de eficácia das normas constitucionais.

Essa política pública de inserção da pessoa com deficiência no ambiente de trabalho é de tão alta relevância constitucional, como instrumento de afirmação da cidadania, que em seu art. 37, VIII, a Constituição determina a reserva de percentual dos cargos e empregos públicos para as pessoas portadoras de deficiência, dispositivo hoje regulamentado pela Lei n. 7.853/1989, cujo Decreto n. 3.298/1999, em seu art. 37, assegura a reserva de percentual de cinco por cento das vagas oferecidas em concursos públicos a pessoas com deficiência[7].

A irrestrita liberdade de contratar a terceirização, no âmbito das empresas públicas, por exemplo, viabilizando a ampla substituição de empregados públicos por trabalhadores terceirizados em sua atividade-fim, esvaziaria o sentido daquela norma constitucional que determina a inclusão de pessoas com deficiência nos empregos públicos.

Ademais, socorrendo-se da terceirização em atividade-fim, a empresa privada ainda poderia isentar-se de participar da política social de inserção e qualificação do jovem trabalhador no mercado de trabalho, que tem assento no art. 227 da Constituição, como mandamento de proteção ao direito de ampla profissionalização.

Esse direito encontra-se legalmente conformado na obrigatoriedade empresarial de contratação de uma cota de trabalhadores aprendizes, "equivalente a cinco por cento, no mínimo, e quinze por cento, no máximo, dos trabalhadores existentes em cada estabelecimento, cujas funções demandem formação profissional", os quais devem ser matriculados nos

---

5 DELGADO, Mauricio Godinho; DELGADO, Gabriela Neves. *Tratado Jurisprudencial de Direito Constitucional do Trabalho*. vol. I. São Paulo: Editora Revista dos Tribunais, 2013. p. 306.

6 Constituição Federal de 1988, art. 11: "Nas empresas de mais de duzentos empregados, é assegurada a eleição de um representante destes com a finalidade exclusiva de promover-lhes o entendimento direto com os empregadores."

7 Decreto n. 3.298/1999, art. 37: "Fica assegurado à pessoa portadora de deficiência o direito de se inscrever em concurso público, em igualdade de condições com os demais candidatos, para provimento de cargo cujas atribuições sejam compatíveis com a deficiência de que é portador. § 1º O candidato portador de deficiência, em razão da necessária igualdade de condições, concorrerá a todas as vagas, sendo reservado no mínimo o percentual de cinco por cento em face da classificação obtida. § 2º Caso a aplicação do percentual de que trata o parágrafo anterior resulte em número fracionado, este deverá ser elevado até o primeiro número inteiro subsequente."

cursos dos Serviços Nacionais de Aprendizagem, tal como previsto no art. 429 da CLT.

Além disso, a empresa que pudesse esvaziar artificialmente seu quadro de empregados por meio da terceirização na atividade-fim, se isentaria de participar diretamente do financiamento da previdência social, por meio da contribuição sobre a folha de pagamento prevista no art. 195, I, *a*, da Constituição.

A empresa que optasse por terceirizar toda a sua atividade finalística participaria apenas indiretamente da contribuição à Previdência, por meio das empresas prestadoras de serviços, reduzindo consideravelmente essa participação, haja vista que a terceirização, conforme visto nos itens anteriores, pressiona a redução remuneratória, pressionando, por conseguinte, a redução da contribuição empresarial e obreira à previdência social. Em larga escala, isso ensejaria impacto destrutivo sobre o sistema previdenciário, em evidente prejuízo à sociedade.

A redução remuneratória, em larga escala, na atividade-fim da empresa, também implicaria redução das contribuições ao Fundo de Garantia do Tempo de Serviço, prejudicando esse programa social voltado ao financiamento de políticas de habitação popular, saneamento básico e infraestrutura urbana, que beneficiam a sociedade em geral e, em especial, a população de baixa renda, fragilizando essa relevante função social da empresa.

A empresa vazia de empregados também se isentaria de participar de importantes programas sociais previstos na Constituição, ao deixar de contribuir para o programa do salário-educação, previsto no art. 212, § 5º, da Constituição, como fonte de custeio da educação básica; deixando de participar do programa do salário-família, previsto no art. 7º, XII, da Constituição, e se isentando de contribuir para o Programa de Integração Social, que financia o seguro-desemprego, na forma do art. 239 da Constituição.

Observe-se que em todos esses casos exemplificados, a eficácia das respectivas normas constitucionais instituidoras de políticas e programas sociais estaria inteiramente submetida ao arbítrio do destinatário da norma, que, optando por terceirizar a sua atividade-fim, esvaziaria ou reduziria drasticamente o conteúdo de sentido desses direitos sociais, negando-se ao fim a sua própria eficácia.

Isso afrontaria toda a expectativa constitucional de interpretação das normas instituidoras dos direitos sociais, as quais, conforme lição de Canotilho, desafiam uma interpretação que delas extraia o máximo conteúdo de realização:

> As normas constitucionais consagradoras dos direitos sociais, econômicos e culturais implicam, além disso, uma 'interpretação' das normas legais de modo conforme com 'a constituição social econômica e cultural' (p. ex. **no caso de dúvida sobre o âmbito de segurança social, deve seguir-se a interpretação mais conforme com a efetiva realização deste direito**)[8] (Grifos acrescidos).

Foi exatamente nesse sentido que o STF agiu, no julgamento da medida cautelar em ADIn n. 1.675-1/DF, ao considerar plausível a alegação de inconstitucionalidade da Medida Provisória n. 1.539-35, de 04.09.1997, que autorizava o trabalho aos domingos no comércio varejista em geral.

Nesse caso, o STF entendeu que a Constituição, em seu art. 7º, XV, ao prever o repouso semanal remunerado "preferentemente aos domingos", não permite o esvaziamento da norma constitucional de preferência, em relação às quais as exceções devem ser estabelecidas pelo legislador ordinário sob critérios objetivos e razoáveis, não podendo ser convertidas em regra, a arbítrio único e exclusivo do empregador. É o que diz a seguinte passagem do julgado, de relatoria do Ministro Sepúlveda Pertence:

> II. Repouso semanal remunerado 'preferentemente aos domingos' (CF, art. 7º, XV): histórico legislativo e inteligência: arguição plausível de consequente inconstitucionalidade do art. 6º da M. Prov. n. 1.539-25/97, o qual – independente de acordo ou convenção coletiva – faculta o funcionamento aos domingos do comércio varejista: medida cautelar deferida.
>
> **A Constituição não faz absoluta a opção pelo repouso aos domingos, que só impôs preferentemente; a relação daí decorrente não pode, contudo, esvaziar a norma constitucional de preferência, em relação à qual as exceções – sujeitas à razoabilidade e objetividade dos seus critérios – não pode converter-se em regra, a arbítrio unicamente do empregador.** (ADIn n. 1.675-1/DF, Pleno, Relator Ministro Sepúlveda Pertence, DJ 19.09.2003) (Grifos acrescidos).

Essa ADIn perdeu o objeto por força da não conversão da Medida Provisória em lei, mas deixou essa magistral lição que se revela de suma importância à compreensão da matéria em debate.

Sob esse prisma, da efetividade de direitos, outra relevante função social constitucionalmente atribuída à empresa, sob incentivo do Estado, e que poderia ser profundamente esvaziada pela prática da terceirização na atividade-fim, diz respeito à política de desenvolvimento científico, de pesquisa e capacitação tecnológicas, prevista no art. 218 da Constituição.

Segundo o § 4º desse dispositivo, a lei deve apoiar e estimular as empresas que invistam em formação e aperfeiçoamento de seus recursos humanos e que pratiquem sistemas de remuneração que assegurem ao empregado, desvinculada do salário, participação nos ganhos econômicos resultantes da produtividade de seu trabalho.

Essa norma constitucional possui evidente cunho protetivo do desenvolvimento humano e profissional do trabalhador, e integrativo do trabalhador na vida da empresa, demandando do legislador uma atuação que incentive a empresa a constituir veículo de promoção social do homem que sobrevive do trabalho, como instrumento de afirmação da cidadania.

A terceirização em atividade-fim, como mecanismo de fragmentação institucional da empresa, destituiria a sociedade

---

8 CANOTILHO, J. J. Gomes. *Direito constitucional e teoria da Constituição*. 7. ed. Coimbra: Almedina, 2003. p. 478.

desse espaço constitucional de aperfeiçoamento pessoal e profissional do trabalhador, desvinculando a empresa de sua vocação constitucional promotora de justiça social.

É nesse sentido que José Afonso da Silva apreende a função constitucional social da livre iniciativa e, portanto, da empresa, como veículo de promoção do trabalho humano, e não apenas como instrumento de satisfação dos interesses pessoais do empresário. Em passagem citada no acórdão da ADIn n. 319-4/DF, do STF, sob relatoria do Ministro Moreira Alves, o prestigiado constitucionalista assim registra:

> Um regime de justiça social será aquele em que cada um deve poder dispor dos meios materiais para viver confortavelmente segundo as exigências de sua natureza física, espiritual e política. Não aceita as profundas desigualdades, a pobreza absoluta e a miséria (...). Assim, a liberdade de iniciativa econômica privada, num contexto de uma Constituição preocupada com a realização da justiça social (o fim condiciona os meios), não pode significar mais do que 'liberdade de desenvolvimento da empresa no quadro estabelecido pelo poder público, e, portanto, possibilidade de gozar das facilidades e necessidade de submeter-se às limitações postas pelo mesmo'. **É legítima, enquanto exercida no interesse da justiça social. Será ilegítima, quando exercida com objetivo de puro lucro e realização pessoal do empresário**.[9] (Grifos acrescidos).

Ou seja, a concepção egoística de "iniciativa privada" ou de "livre-iniciativa" não possui, dessa maneira, respaldo na Constituição da República.

Nesse sentido, a prática da atividade-fim implica absoluta negação da função social constitucional da empresa, na medida em que submete o *valor social do trabalho* ao interesse do lucro, como um fim em si mesmo, desfigurando o *valor social da livre-iniciativa*, em violação ao princípio fundamental da República consagrado no art. 1º, IV, da Constituição.

A respeito do **valor social da livre-iniciativa** como fundamento da República, é esclarecedora a interpretação constitucional levada a cabo pelo STF no julgamento da ADIn n. 1.950-3/SP, em que a Corte, apreciando alegação de inconstitucionalidade de uma lei estadual que concedia meia-entrada a estudantes em eventos culturais e desportivos, reconheceu a livre-iniciativa como uma liberdade que ultrapassa o liberalismo econômico, na medida em que "ela é expressão de liberdade titulada não apenas pela empresa, mas também pelo trabalho"[10].

Segundo o acórdão da lavra do Ministro Eros Grau, "*o art. 1º, IV, do texto constitucional, enuncia como fundamento da República Federativa do Brasil o valor social e não as virtualidades individuais da livre-iniciativa*" (art. 1º, IV)"[11]. Ou seja, para o julgado em destaque, não há espaço na Constituição para uma visão individualista e unilateral de livre-iniciativa, porém essencialmente seu reconhecimento enquanto valor efetivamente social, ao invés de egoístico e antissocial.

No mesmo julgado do STF, o relator, Ministro Eros Grau, enfatiza idêntico destaque no Título VII da Constituição, que trata da Ordem Econômica e Financeira. De fato, o art. 170, *caput*, do Texto Máximo da República "coloca lado a lado trabalho humano e livre-iniciativa, curando, porém, no sentido de que o primeiro seja valorizado".

Note-se, na topografia constitucional, que o Texto Máximo da República é até mesmo pedagógico, de maneira a evitar a distração, a insensibilidade ou a própria atecnia do intérprete: a livre iniciativa vem sempre ao lado, **mas depois**, do valor trabalho, sendo considerada notadamente como **valor social**, ao reverso de ser mera prerrogativa e pretensão egoística e darwinista. É o que resulta manifesto dos textos do art. 1º, IV, e art. 170, *caput* e incisos III, VII e VIII da Constituição.

A terceirização em atividade finalística, pelo contrário, ao colocar o lucro acima do valor constitucional da proteção ao trabalho, reduz a livre-iniciativa à expressão pura do interesse individual do empreendedor, submetendo o trabalho à sua exploração predatória, numa lógica desproporcional com qualquer noção de Estado Democrático de Direito e seus princípios constitucionais constitutivos. Na verdade, uma lógica que, por sua exacerbação e desequilíbrio, conspira contra a própria preservação do sistema capitalista.

É exatamente nesse sentido que o acórdão do STF, proferido na referida ADIn n. 1.950-3/SP, citando lição de Avelãs Nunes, expressa a relevância da intervenção política no campo econômico, como fator de segurança do próprio capitalismo:

> É necessário considerarmos, de outra banca, como anota Avelãs Nunes, que a intervenção do Estado na vida econômica consubstancia um redutor de riscos tanto para os indivíduos quanto para as empresas, identificando-se, em termos econômicos, com um princípio de segurança: 'A intervenção do Estado não poderá entender-se, com efeito, como uma limitação ou um desvio imposto aos próprios objetivos das empresas (particularmente das grandes empresas), mas antes como uma diminuição de riscos e uma garantia de segurança maior na prosecução dos fins últimos da acumulação capitalista". Vale dizer: a chamada intervenção do Estado no domínio econômico não é apenas adequada, mas indispensável à consolidação e preservação do sistema capitalista de mercado. Não é adversa à lógica do sistema, que em verdade não a dispensa como elemento da sua própria essência. (STF, Pleno, ADIn n. 1.950-3/SP, Rel. Min. Eros Grau, DJ 02.06.2006, Ementário n. 2.235-1)

Nessa perspectiva, a irrestrita liberdade de contratar a terceirização na atividade-fim da empresa, se admitida fosse, constituiria fator de profundo desequilíbrio do próprio sistema capitalista, ao sobrepor o interesse individual do empresário à função social da empresa, que somente se realiza por meio da necessária intervenção estatal no domínio econômico.

---

9 SILVA, José Afonso da. *Curso de Direito Constitucional Positivo*. 27. ed. São Paulo: Malheiros, 2006. p. 789 e 794. Passagem citada no acórdão da ADIn n. 319-4/DF, Rel. Ministro Moreira Alves, DJ 30.04.1993.
10 STF, Pleno, ADIn n. 1.950-3/SP, Rel. Min. Eros Grau, DJ 02.06.2006, Ementário n. 2.235-1.
11 STF, Pleno, ADIn n. 1.950-3/SP, Rel. Min. Eros Grau, DJ 02.06.2006, Ementário n. 2.235-1. (Grifos acrescidos).

A função social, conforme assinala Pedro Escribano Collano, "introduziu, na esfera interna do direito de propriedade, **um interesse que pode não coincidir com o do proprietário** e que, em todo caso, é estranho ao mesmo"[12] (Grifos acrescidos).

Daí que a liberdade do empreendedor no sentido de contratar a terceirização como corolário da autonomia privada, além do condicionamento constitucionalmente imposto pelos direitos fundamentais dos trabalhadores, conforme estudado no item anterior, também se sujeita a condicionamentos ditados pela própria **função social do contrato**. A figura contratual, como se sabe, embora seja manifestação da autonomia das partes, sujeita-se também às diretrizes e condicionamentos normativos da Constituição da República, de maneira a se submeter sempre à sua imperativa função social.

Nesse sentido, a norma infraconstitucional do art. 421 do Código Civil dispõe que "a liberdade de contratar será exercida em razão e nos limites da função social do contrato".

A esse respeito, ensina Flávio Tartuce que o contrato não pode ser visto como uma bolha que isola os contrantes do meio social, pois a função social, em sua figura metafórica, "funciona como uma agulha, que fura a bolha, trazendo uma interpretação social dos pactos"[13]. Disso resulta que a interpretação da vontade das partes contratantes deve sofrer profundo condicionamento aos fins sociais da contratação.

Com isso não se afirma que a função social do contrato esvazie a liberdade contratual. A autonomia da vontade, no âmbito empresarial, possui amplo campo de atuação compatível com a função social da empresa. **Essa função social, entretanto, atenua e condiciona o alcance liberal (e literal) do princípio**, conforme consistente interpretação contida no Enunciado n. 23 do Conselho Federal de Justiça, aprovado na I Jornada de Direito Civil, que dispõe o seguinte:

> A função social do contrato, prevista no art. 421 do novo Código Civil, não elimina o princípio da autonomia contratual, mas atenua ou reduz o alcance desse princípio, quando presentes interesses metaindividuais ou interesse individual relativo à dignidade da pessoa humana.

Assim é que o contrato de terceirização na atividade-fim da empresa, ao reduzir o padrão de proteção social do trabalhador, para afirmação do interesse meramente individual e egoístico da empresa, constitui instrumento de violação de interesses constitucionais metaindividuais dos trabalhadores, ofensivo à sua dignidade humana, afrontando todo o sistema de normas imperativas e protetivas do trabalho humano.

Esse raciocínio encontra amparo no art. 2.035, parágrafo único, do Código Civil, que condiciona a validade do conteúdo contratual à observância das normas imperativas:

> **Nenhuma convenção prevalecerá se contrariar preceitos de ordem pública**, tais como os estabelecidos por este Código para assegurar a função social da propriedade e dos contratos. (Grifos acrescidos).

Como se vê, portanto, a prática da terceirização na atividade-fim da empresa, extrapolando os limites constitucionais impostos à contratação de serviços, esvazia a função social da empresa e do próprio contrato, enquanto instituição jurídica instrumental da liberdade de iniciativa, violando ao final o valor social da livre-iniciativa, de promover desenvolvimento com trabalho dotado de máxima qualidade protetiva.

Essa interpretação evidencia, por fim, que **a Constituição da República não deixa ao legislador infraconstitucional margem de ação para instituição ou autorização da terceirização na atividade-fim das empresas**, seja em face da alta densidade de conteúdo das regras dos arts. 7º a 11 do Texto Constitucional, que conferem uma proteção constitucional específica ao trabalhador, dotada de integração à empresa e de pretensão de continuidade do vínculo de trabalho, seja em face dos princípios constitucionais que asseguram os valores sociais do trabalho e da livre-iniciativa como fundamento da República (Constituição, art. 1º, IV), a função social da propriedade e da empresa como fundamento da ordem econômica (art. 170, III) e o primado do trabalho como base de toda ordem social (art. 193).

Pelo contrário, ao legislador a Constituição reservou uma margem de conformação complementar do conteúdo mínimo constitucional de proteção social, o qual funciona como uma plataforma de direitos do trabalhador, sobre a qual cabe à legislação ordinária instituir "outros que visem à melhoria de sua condição social" (art. 7º, *caput*), orientada pelo dever objetivo de proteção social que emana de todas as normas constitucionais protetivas do trabalho, acima referidas.

Assim é que, em matéria de terceirização, a Constituição desafia o legislador infraconstitucional a editar normas especiais, protetivas do trabalhador terceirizado na atividade-meio do tomador de serviços, a fim de aproximar ao máximo esse regime de emprego do padrão constitucional de proteção social, visando à máxima superação do regime de emprego rarefeito, próprio da terceirização.

No plano da interpretação judicial, cabe ao Poder Judiciário, na aplicação do Direito do Trabalho, preservar ao máximo a efetividade do regime constitucional de proteção ao emprego, como pressuposto de legitimidade democrática dessa interpretação.

E nesse parâmetro é que se revela adequada à hermenêutica constitucional a Súmula n. 331 do TST, no ponto em que trata da terceirização e, por conseguinte, do modelo de emprego rarefeito que dela decorre, como uma exceção, conferindo aos contratos de terceirização validade restrita às "atividades especializadas ligadas à atividade-meio do tomador" de serviços, e negando validade aos contratos de terceirização na atividade-fim do tomador de serviços.

---

12 COLLADO, Pedro Escribano. *La propriedade privada urbana*: encuadramento y régimen, Madrid: Ed. Montecorvo, 1979, *Apud* José Afonso da Silva. São Paulo: Malheiros, 1997. p. 274.
13 TARTUCE, Flávio. *Manual de Direito Civil*. 2. ed. Rio de Janeiro: Forense, 2012. p. 528.

REFERÊNCIAS BIBLIOGRÁFICAS

CANOTILHO, J. J. Gomes. *Direito constitucional e teoria da Constituição.* 7. ed. Coimbra: Almedina, 2003.

DELGADO, Gabriela Neves; AMORIM, Helder Santos. *Os Limites Constitucionais da Terceirização.* São Paulo: LTr, 2014.

DELGADO, Mauricio Godinho; DELGADO, Gabriela Neves. *Tratado Jurisprudencial de Direito Constitucional do Trabalho.* vol. I. São Paulo: Editora Revista dos Tribunais, 2013.

SILVA, José Afonso da. *Curso de Direito Constitucional Positivo.* 13. ed. São Paulo: Malheiros, 1997.

_____. *Curso de Direito Constitucional Positivo.* 27. ed. São Paulo: Malheiros, 2006.

TARTUCE, Flávio. *Manual de Direito Civil.* 2. ed. Rio de Janeiro: Forense, 2012.

CAPÍTULO 2

QUARTEIRIZAÇÃO

Georgenor de Sousa Franco Filho*

1. DISTINÇÕES NECESSÁRIAS

O mundo do trabalho é um mundo em permanente mutação. Atualmente, caminhamos entre a flexibilização e a desregulamentação. A seu lado, encontra-se a terceirização e, logo adiante, a quarteirização.

Flexibilizar significa, na doutrina de Robortella:

o instrumento de política social caracterizado pela adaptação constante das normas jurídicas à realidade econômica, social e institucional, mediante intensa participação de trabalhadores e empresários, para eficaz regulação do mercado de trabalho, tendo como objetivos o desenvolvimento econômico e o progresso social[1].

Desregulamentar importa, como ensina Amauri Mascaro Nascimento, em:

política legislativa de redução da interferência da lei nas relações coletivas de trabalho, para que se desenvolvam segundo o princípio da liberdade sindical e a ausência de leis do Estado que dificultem o exercício dessa liberdade, o que permite maior desenvoltura do movimento sindical e das representações de trabalhadores, para que, por meio de ações coletivas, possam pleitear novas normas e condições de trabalho em direto entendimento com as representações empresariais ou com os empregadores[2].

Zygmunt Bauman, crítico das mudanças deste século, diz que a flexibilização é *o nome politicamente correto da frouxidão de caráter*[3], e *a desregulamentação é a palavra da hora e o princípio estratégico louvado e praticamente exibido pelos detentores do poder*[4].

Isso tudo pode se resumir em precarização, e ocorre quando as empresas promovem a terceirização e, dai advém a gradual redução de remuneração dos empregados das terceirizadas e das suas garantias porque não existe vinculação direta com a empresa tomadora da mão de obra. Acrescente-se igualmente que, dentre outros fenômenos, a terceirização – e agora a quarteirização – proporciona grande mobilidade de mão de obra, ficando cada vez mais difícil a real garantia de emprego.

2. SIGNIFICADO DE QUARTEIRIZAÇÃO

A quarteirização é o caminho natural para as empresas de grande porte que terceirizam parte de sua própria administração, ou seja, empresas contratam outras empresas que administram os serviços terceirizados. Consiste em um mecanismo conhecido em logística como 4PL (*fourth-partylogistics*), muito praticado na Europa e nos Estados Unidos. Por ele uma empresa contrata outra para gerenciar, integrar e fiscalizar as outras terceirizadas, funcionando como uma espécie de gestora, representando os interesses da empresa principal.

Outra modalidade de quarteirização é quando a empresa principal contrata uma especializada na definição, planejamento e no controle do trabalho desempenhado pelos prestadores de serviços externos. Ou seja, pode assimilar-se com *terceirização* de atividade já terceirizada, como, v. g., em uma montadora de veículos, o serviço de preparação dos bancos é feito por uma terceirizada, que, por seu turno, transfere a outra a tarefa de preparar o couro que irá forrá-los.

Também é chamada de *facilities management*, quando se refere ao gerenciamento de serviços de manutenção e conservação de prédios ou condomínios, residenciais ou não.

Quarteirizar, com efeito, consiste em o tomador dos serviços transferir o gerenciamento das atividades atribuídas às empresas terceirizadas para outras (as quarteirizadas). Embora muitos rejeitem essa teoria, trata-se de uma evolução natural do processo de terceirização, onde uma empresa dita quarteirizada gerencia todas as atividades de outras, que são as terceirizadas.

---

* Desembargador do Trabalho de carreira do TRT da 8ª Região, Doutor em Direito Internacional pela Faculdade de Direito da Universidade de São Paulo, Doutor *Honoris Causa* e Professor de Direito Internacional e do Trabalho da Universidade da Amazônia, Presidente Honorário da Academia Brasileira de Direito do Trabalho e Membro da Academia Paraense de Letras.
1 ROBORTELLA, Luiz Carlos Amorim. *O moderno Direito do Trabalho*. São Paulo: LTr. 1994. p. 97.
2 NASCIMENTO, Amauri Mascaro. *Curso de Direito do Trabalho*. 19. ed.; São Paulo: Saraiva, 2004. p. 156-7.
3 BAUMAN, Zigmunt. *Capitalismo parasitário*. Trad. Eliana Aguiar. Rio de Janeiro, Zahar, 2010. p. 34.
4 BAUMAN, Z. *Comunidade*: a busca por segurança no mundo atual. Trad. Plínio Dentzien. Rio de Janeiro, Zahar, 2003. p. 42.

Geralmente, pode ocorrer com a contratação de um profissional autônomo (pessoa física) ou de uma empresa especializada (pessoa jurídica), ou, ainda, uma integrante do mesmo grupo econômico. Assim, procede-se a transferência de atividades específicas para entes especializados.

Dessa forma, a estrutura da empresa contratante (a tomadora de serviços) pode ser reduzida, e com isso igualmente os custos serão menores. Passa a haver mais agilidade nas atividades e encontra-se, em tese, com maior facilidade, a solução de conflitos internos.

A busca dessa gestão facilitada enseja a que os efeitos da terceirização, que não são benéficos, piorem em relação ao trabalhador, que mais se distancia do contato com o "dono do negócio".

Em nosso país, a quarteirização tem sido amplamente combatida pelo Judiciário quando identificada fraude no trabalho desenvolvido, mediante a exploração do hipossuficiente, servindo apenas de mola propulsora de crescentes lucros para os terceirizados e os contratantes destes.

Em julgado no Tribunal Superior do Trabalho (TST), Agra Belmonte destaca:

> O fenômeno da quarteirização ocorre quando o tomador contrata uma empresa de prestação de serviços que, por sua vez, contrata outra entidade para fornecer pessoal necessário à execução do contrato. Na maioria das vezes, o artifício é utilizado para burlar direitos trabalhistas em flagrante prejuízo do trabalhador[5].

É esta a questão grave. Se antes, nos tempos da terceirização, apenas atividades meio eram terceirizáveis, depois passamos às atividades inerentes, e, agora, ameaça-se passar às atividades-fim. No princípio, eram as chamadas atividades de apoio segurança, limpeza, manutenção, recepção.

Entendemos que as atividades-meio podem ser terceirizadas. Não influenciam na finalidade da empresa. As atividades inerentes são específicas e sua terceirização decorre de expressa previsão legal, além de servirem como *intermediárias* entre o usuário e o produtor final. Exemplificando: intermediária é a empresa que vende um telefone celular (atividade inerente), que funcionará a partir de um serviço (atividade fim) prestado por uma operadora a um usuário.

Acrescente-se que igualmente ocorre quarteirização quando uma empresa terceirizada subcontrata outra (chamada quarteirizada) para executar total ou parcialmente o contrato celebrado com a empresa cliente. Entende-se que pode ser a totalidade do contrato porque o § 1º do art. 4º-A da Lei n. 6.019/74 refere que a terceirizada subcontrata outras empresas para realização desses serviços, sem impor qualquer limite ou restrição.

3. CARACTERIZAÇÃO E POSSIBILIDADES

Essa nova forma de atividades, certamente, pode se enquadrar dentre as modalidades de precarização do trabalho humano, porque altera profundamente os paradigmas tradicionais das relações de trabalho.

O principal traço caracterizador da quarteirização é, no seu modelo mais habitual, a gestão da terceirização, na medida em que coordena as empresas parceiras daquela tomadora de serviços, ou seja, gerenciar e administrar a relação entre a empresa e as terceirizadas.

As demais características, sempre destinadas ao benefício das empresas principais, são:

- criação de mecanismos que orientem os gestores no caminho da terceirização;
- adoção efetiva de regras elementares de terceirização a fim de evitar problemas futuros;
- fiscalização da rigorosa observância de obrigações trabalhistas, fiscais e previdenciárias por parte das terceirizadas;
- fiscalização das atividades das terceirizadas para impedir que pratiquem as mesmas atribuídas aos empregados da tomadora dos serviços;
- controlar a celebração de contratos com terceirizadas e a quantidade de trabalhadores terceirizados envolvidos;
- proporcionar que a empresa tomadora de serviços possa desenvolver com qualidade e eficiência a sua atividade fim; e
- eliminação da burocracia interna das empresas tomadoras de serviço no que respeita ao controle dos contratos e atividades das terceirizadas.

Para essas características existirem, as possibilidades de atuação das empresas quarteirizadas devem observar, dentre outras atividades: gerenciamento dos contratos, termos aditivos, sua vigência e documentos em geral da empresa tomadora de serviços, do desempenho de seus fornecedores, do pessoal das terceirizadas; cuidar do acesso físico do pessoal das terceirizadas ao âmbito da empresa tomadora, da mesma forma como gerenciar o seu acesso aos sistemas de informação da tomadora.

4. POSIÇÃO DA JURISPRUDÊNCIA

Quando se caracteriza fraude na contratação o vínculo empregatício dar-se-á diretamente com o tomador de serviços, conforme o inciso IV da Súmula n. 331 do TST.

Mas não é só na fraude. Igualmente a responsabilização se dá quando inadimplidos os direitos dos trabalhadores, recaindo sobre a empresa que monitora e fiscaliza as empresas executoras, da mesma forma quando a quarteirizada não possui condições econômico-financeiras para adimplir suas obrigações trabalhistas.

A Súmula n. 256 do TST dispunha:

> CONTRATO DE PRESTAÇÃO DE SERVIÇOS. LEGALIDADE – Salvo os casos de trabalho temporário e de serviço

---

5 Proc. n. TST-AIRR-1655-46.2012.5.15.0033, de 16.12.2015 (Banco Bonsucesso S.A. vs. Banco Semear S.A. Banco Votorantim S.A., Banco Original S.A., Banco Mercantil do Brasil S.A., Marinalva Jesus Trindade, Banco BMG S.A., L. V. Pereira Móveis, Izaias Leopoldo Viana e Maria Albina Cavani Santo).

de vigilância, previstos nas Leis ns 6.019, de 03.01.1974, e 7.102, de 20.06.1983, é ilegal a contratação de trabalhadores por empresa interposta, formando-se o vínculo empregatício diretamente com o tomador dos serviços.

Essa regra permaneceu longo período até ser cancelada em novembro de 2013. Atualmente, a matéria é objeto da Súmula n. 331 daquela Corte, e conta com a seguinte redação:

> CONTRATO DE PRESTAÇÃO DE SERVIÇOS. LEGALIDADE
>
> I – A contratação de trabalhadores por empresa interposta é ilegal, formando-se o vínculo diretamente com o tomador dos serviços, salvo no caso de trabalho temporário (Lei n. 6.019, de 03.01.1974).
>
> II – A contratação irregular de trabalhador, mediante empresa interposta, não gera vínculo de emprego com os órgãos da Administração Pública direta, indireta ou fundacional (art. 37, II, da CF/1988).
>
> III – Não forma vínculo de emprego com o tomador a contratação de serviços de vigilância (Lei n. 7.102, de 20.06.1983) e de conservação e limpeza, bem como a de serviços especializados ligados à atividade-meio do tomador, desde que inexistente a pessoalidade e a subordinação direta.
>
> IV – O inadimplemento das obrigações trabalhistas, por parte do empregador, implica a responsabilidade subsidiária do tomador dos serviços quanto àquelas obrigações, desde que haja participado da relação processual e conste também do título executivo judicial.
>
> V – Os entes integrantes da Administração Pública direta e indireta respondem subsidiariamente, nas mesmas condições do item IV, caso evidenciada a sua conduta culposa no cumprimento das obrigações da Lei n. 8.666, de 21.06.1993, especialmente na fiscalização do cumprimento das obrigações contratuais e legais da prestadora de serviço como empregadora. A aludida responsabilidade não decorre de mero inadimplemento das obrigações trabalhistas assumidas pela empresa regularmente contratada.
>
> VI – A responsabilidade subsidiária do tomador de serviços abrange todas as verbas decorrentes da condenação referentes ao período da prestação laboral.

Esse importante precedente cria a responsabilização subsidiária de empresas que contratam terceirizadas, e, por corolário, se aplica quando se tratar de contratar quarteirizadas.

A jurisprudência da Corte Superior, sistematicamente, admite essa subsidiariedade da empresa tomadora em relação às responsabilidades da empresa quarteirizada, como o caso do aresto abaixo:

> 2. EMPRESA DE TELECOMUNICAÇÕES. QUARTEIRIZAÇÃO. RESPONSABILIDADE SUBSIDIÁRIA. CONTRATO DE EMPREITADA.
>
> O Tribunal Regional, valorando a prova, registrou que a reclamante prestava serviços fixos para a empresa Oi, terceira reclamada, de forma quarteirizada, em face de sua contratação pela reclamada Brasilseg, por sua vez, subcontratada pela empresa Rapidão Cometa, a qual mantinha contrato com a Oi. Registrou que a hipótese não é de contrato entre empreiteiro e dona da obra. A delimitação fática do acórdão regional não demonstra a ocorrência de contrato de empreitada, mas a quarteirização/terceirização de serviços, em que a reclamante laborava exclusivamente em favor da recorrente por meio das demais reclamadas, resultando inafastável sua responsabilidade subsidiária, na forma da Súmula n. 331, IV, do TST, independentemente de atuar no ramo das telecomunicações. Pertinência do art. 896, § 4º, da CLT. Recurso de revista não conhecido.[6]

Nessa linha, caminham os Tribunais Regionais, como se constata dos dois decisórios abaixo:

> QUARTEIRIZAÇÃO. FRAUDE. TERCEIRIZAÇÃO DE SERVIÇOS JÁ TERCEIRIZADOS. O fenômeno da "Quarteirização" ocorre quando uma empresa prestadora de serviços, coloca à disposição da empresa Tomadora de Serviços, empregados de outra empresa, em serviços ligados à sua atividade fim. Nesse caso, a Empresa tenta esquivar-se das suas obrigações trabalhistas, por meio da intermediação de mão de obra, o que é vedado, nos termos da Súmula n. 331, Item I, do C. TST. Recurso da Segunda Reclamada não provido no particular.[7]
>
> RESPONSABILIDADE SUBSIDIÁRIA – Nos termos da jurisprudência sedimentada, no item IV, da Súmula n. 331/TST, o inadimplemento das obrigações trabalhistas, por parte do empregador, implica a responsabilidade subsidiária do tomador dos serviços, desde que haja participado da relação processual e conste também do título executivo judicial. Tal responsabilidade se estende também às hipóteses de quarteirização de serviços.[8]

5. CONCLUSÃO

As modernidades nas relações laborais não podem permitir que se fragilize a condição do trabalhador. Este, subordinado que é, dependente dos ganhos que recebe de quem lhe toma os serviços, por vez deixa-se decrescer na sua dignidade, aceita ter sua dignidade violada, submete-se a condições por vezes degradantes. Tudo isso é fruto da luta desigual entre capital e trabalho.

A jurisprudência em nosso país vem tentando corrigir a dureza de certas leis. Existe, no entanto, uma condição de

---

6 Cf. Proc. TST-RR-969-79.2010.5.09.0651, de 30.03.2016 (Telemar Norte Leste S.A. vs. Angelita Vera Luz Pinheiro, Brasil Suldeste Serviços de Portaria e Zeladoria Ltda. e Brasil Sisters Sistema Portaria e Zeladoria Ltda.-ME. Rela.: Min. Maria Helena Mallmann). Disponível em: <http://aplicacao4.tst.jus.br/consultaProcessual/consultaTstNumUnica.do?consulta=Consultar&conscsjt=&numeroTst=969&digitoTst=79&anoTst=2010&orgaoTst=5&tribunalTst=09&varaTst=0651&submit=Consultar>. Acesso em: 19 maio 2016.

7 Cf. Proc. TRT-15ª Região n. 0000428-33.2012.5.15.0126 (Cesari Empresa Multimodal de Movimentação de Materiais Ltda. e Atwalog Adonai Transportes e Logística Ltda. – EPP vs. André da Silveira e Syngenta Proteção de Cultivos Ltda. Rel.: Des. Hélcio Dantas Lobo Junior). Disponível em: <http://trt-15.jusbrasil.com.br/jurisprudencia/24592533/recurso-ordinario-ro-4283320125150126-sp-026324-2013-patr-trt-15/inteiro-teor-112085827>. Acesso em: 19 maio 2016.

8 Cf. Proc. TRT-5ª Região n. 0002168-98.2012.5.05.0192, de 11.12.2014 (Urania Silva Santos vs. Instituto de Cardiologia do Nordeste da Bahia Ltda., Rel.: Des. Marcos Gurgel). Disponível em: <http://trt-5.jusbrasil.com.br/jurisprudencia/159444846/recurso-ordinario-record-21689820125050192-ba-0002168-9820125050192/inteiro-teor-159444853>. Acesso em: 24 maio 2016.

irreversibilidade para a inserção do Brasil na economia mundial, onde a preocupação de alguns é com o ganho maior a cada dia, e de outros (a maioria), de obter o mínimo para sua sobrevivência.

Querem flexibilizar, desregulamentar, terceirizar, quarteirizar e outras tantas modalidades de contratação que, no final, terminarão por precarizar o trabalho humano.

Acreditamos que esses caminhos modernos são inevitáveis, mas, assim como o destino é inexorável, o livre arbítrio serve para ajustar os percalços do caminho e evitar mal maior.

Nesse passo, a responsabilidade subsidiária das empresas tomadoras de serviço deve ser fixada sempre que terceirizadas e quarteirizadas não possuírem a idoneidade econômica necessária para responder pelos direitos dos seus empregados. Pensamos que assim é o caminho que a jurisprudência trabalhista dominante tem tomado, e deve continuar tomando, como destaca item VI da Súmula n. 331/TST: *VI – A responsabilidade subsidiária do tomador de serviços abrange todas as verbas decorrentes da condenação referentes ao período da prestação laboral.*

É nesse sentido que se deve, estritamente tratando de quarteirização, resumir a condição dessa forma de contratação, que, se por um lado facilita o bom andamento da empresa contratante, de outro não pode penalizar o trabalhador.

CAPÍTULO 3

TERCEIRIZAÇÃO DE SERVIÇOS NA ADMINISTRAÇÃO PÚBLICA: LIMITAÇÕES E CONSEQUÊNCIAS JURÍDICAS

Gustavo Filipe Barbosa Garcia*

1. INTRODUÇÃO

O tema a ser analisado é sobre a terceirização no âmbito da Administração Pública, especialmente quanto aos seus limites e à responsabilidade decorrente dessa prática, tendo em vista a incidência dos direitos humanos e fundamentais.

É importante examinar, assim, em quais situações a terceirização é considerada lícita e ilícita, bem como as possíveis consequências para o ente público, inclusive na hipótese de cooperativas de trabalho.

2. CONSIDERAÇÕES SOBRE A TERCEIRIZAÇÃO

A terceirização pode ser entendida como a transferência de certas atividades do tomador de serviços, passando a ser exercidas por empresas distintas.

Para o Direito do Trabalho, interessa o fato de se ter trabalhador prestando serviços ao ente tomador, mas possuindo relação jurídica com a empresa prestadora de serviços. A relação, assim, passa a ser triangular ou trilateral.

Entre o empregado e o empregador (que é uma empresa prestadora de serviços) verifica-se a *relação de emprego*, ou seja, o *contrato de trabalho* (art. 442, *caput*, da CLT).

O vínculo entre o tomador (quem terceirizou alguma de suas atividades) e a empresa prestadora decorre de outro contrato, cujo objeto é a prestação do serviço empresarial.

No tema em estudo, verifica-se a terceirização de certa atividade da Administração Pública, por meio de contrato administrativo firmado com a empresa prestadora (precedido, em tese, de regular licitação[1]).

Na hipótese de terceirização, o empregado da empresa prestadora realiza o serviço ao ente tomador.

Trata-se de panorama diferenciado, pois, tradicionalmente, a relação jurídica de emprego é bilateral, ou seja, ela tem como sujeitos apenas o empregado e o empregador, que também é o tomador do serviço prestado.

A terceirização é um fenômeno verificado com grande frequência nos dias atuais, como forma de diminuição de custos, prestação de serviços com maior eficiência, produtividade e competitividade, que são objetivos intensamente buscados em tempos de globalização[2].

Entretanto, o sistema jurídico estabelece certos limites à terceirização. No âmbito trabalhista, as restrições são impostas, com fundamento nos direitos humanos, visando a tutelar as garantias inerentes ao contrato de trabalho e a dignidade da pessoa humana do trabalhador.

3. TERCEIRIZAÇÃO LÍCITA E TERCEIRIZAÇÃO ILÍCITA

A Lei n. 6.019/1974, com as modificações decorrentes da Lei n. 13.429/2017, passou a dispor não apenas sobre o trabalho temporário, mas também sobre a terceirização.

Frise-se que a Lei n. 13.429/2017 não restringe a sua incidência à esfera privada, podendo dar margem ao entendimento de que as suas previsões sobre terceirização podem ser aplicadas, em tese, também à Administração Pública, desde que sejam observadas as disposições específicas a respeito, como a exigência de licitação.

O art. 4º-A da Lei n. 6.019/1974, acrescentado pela Lei n. 13.429/2017, prevê que empresa prestadora de serviços a

---

* Livre-Docente pela Faculdade de Direito da Universidade de São Paulo. Doutor em Direito pela Faculdade de Direito da Universidade de São Paulo. Pós-Doutorado em Direito pela Universidade de Sevilla. Especialista em Direito pela Universidade de Sevilla. Professor Universitário em Cursos de Graduação e Pós-Graduação em Direito. Membro Pesquisador do IBDSCJ. Membro da Academia Brasileira de Direito do Trabalho, Titular da Cadeira 27. Advogado e Consultor Jurídico. Foi Juiz do Trabalho das 2ª, 8ª e 24ª Regiões, ex-Procurador do Trabalho do Ministério Público da União e ex-Auditor-Fiscal do Trabalho.

1 Cf. MEIRELLES, Hely Lopes. *Direito Administrativo brasileiro*. 26. ed. atualizada por Eurico de Andrade Azevedo, Délcio Balestero Aleixo e José Emmanuel Burle Filho. São Paulo: Malheiros, 2001. p. 255-256.

2 Cf. MARTINS, Sergio Pinto. *A terceirização e o direito do trabalho*. 3. ed. São Paulo: Malheiros, 1997. p. 22: "O objetivo principal da terceirização não é apenas a redução de custos, mas também trazer maior agilidade, flexibilidade e competitividade à empresa. Esta pretende com a terceirização a transformação de seus custos fixos em variáveis, possibilitando o melhor aproveitamento do processo produtivo, com a transferência de numerário para aplicação em tecnologia ou no seu desenvolvimento, e também em novos produtos."

terceiros é a pessoa jurídica de direito privado destinada a prestar à contratante "serviços determinados e específicos".

Portanto, a terceirização, mesmo na Administração Pública, só é admitida quanto a serviços delimitados previamente e especificados.

A Súmula n. 331 do Tribunal Superior do Trabalho versa sobre terceirização.

Tem-se como lícita a contratação de serviços de vigilância (Lei n. 7.102/1983), de conservação e limpeza, "bem como a de serviços especializados ligados à atividade-meio do tomador, desde que inexistente a pessoalidade e a subordinação direta" (inciso III da Súmula n. 331 do TST).

Em sentido inverso, a terceirização de atividade-fim, em princípio, segundo o entendimento mais tradicional da jurisprudência, não seria admitida.

Para a melhor compreensão, é necessário analisar os conceitos de atividade-fim, atividade-meio, pessoalidade e subordinação.

A *atividade-meio* é a de mero suporte, que não integra o núcleo, ou seja, a essência, das atividades empresariais do tomador, sendo *atividade-fim*, portanto, aquela que a compõe.

Quanto à *pessoalidade* (requisito da relação de emprego mencionado no art. 2º, *caput*, da CLT), significa a prestação dos serviços pelo próprio trabalhador (pessoa física, conforme art. 3º da CLT), sem que seja substituído constantemente por terceiros, aspecto este relevante ao empregador, que o contratou tendo em vista a sua pessoa. Como se nota, o contrato de trabalho caracteriza-se por ser *intuito personae*.

A *subordinação* (ou "dependência", na redação do art. 3º da CLT) significa que a prestação dos serviços é feita de forma dirigida pelo empregador, o qual exerce o poder de direção. O empregador é quem corre os riscos da atividade exercida e o empregado, justamente por não ser trabalhador autônomo, exerce sua atividade não por conta própria, mas sim alheia (ou seja, com subordinação jurídica ao empregador).

Na realidade, admite-se a terceirização, mesmo no âmbito da Administração Pública[3], de atividade-meio, desde que se trate de serviço especializado, exercido autonomamente, e estejam ausentes "a pessoalidade e subordinação direta"[4]. Cabe verificar o que isso significa.

Para o tomador, não deve importar a *pessoa* de quem está efetivamente prestando os serviços terceirizados, mas sim a atividade empresarial contratada, sendo irrelevante qualquer substituição de trabalhadores da prestadora. O ente estatal, no caso, contrata o serviço empresarial oferecido, mas não a mão de obra ou certo trabalhador.

Efetivamente, o trabalho humano, protegido constitucionalmente (arts. 1º, IV, 6º e 170 da Constituição da República), não pode, em hipótese alguma, ser objeto de intermediação, nem ter tratamento semelhante ao de mercadoria, sob pena de afronta ao direito fundamental da dignidade da pessoa humana (art. 1º, III, da Constituição Federal de 1988).

Na terceirização lícita, a rigor, quem deve fiscalizar, controlar e organizar as atividades do empregado (do serviço terceirizado) não é o ente tomador, mas sim o empregador, que é a empresa prestadora.

Na hipótese em análise, a relação jurídica da Administração Pública, é com a referida empresa, e não com os empregados desta.

---

3 Cf. Decreto-lei n. 200, de 25.02.1967, art. 10, § 7º. Cf. CARELLI, Rodrigo de Lacerda. *Formas atípicas de trabalho*. São Paulo: LTr, 2004. p. 48: "Verifique-se que em nenhum momento se fala em fornecimento de pessoal, o que seria até mesmo absurdo atualmente, em face da exigência constitucional de concurso público para a inserção de trabalhador na Administração. Vê-se que se trata claramente de terceirização, cessão de tarefas ou serviços a serem realizados autonomamente por empresas capacitadas tecnicamente (especializadas). Assim, houve a previsão de terceirização pelo Dec.-lei n. 200/1967, e não de fornecimento de trabalhadores."

4 Cf. Decreto n. 2.271, de 7 de julho de 1997:
"Art. 1º No âmbito da Administração Pública Federal direta, autárquica e fundacional poderão ser objeto de execução indireta as atividades materiais acessórias, instrumentais ou complementares aos assuntos que constituem área de competência legal do órgão ou entidade.
§ 1º As atividades de conservação, limpeza, segurança, vigilância, transportes, informática, copeiragem, recepção, reprografia, telecomunicações e manutenção de prédios, equipamentos e instalações serão, de preferência, objeto de execução indireta.
§ 2º Não poderão ser objeto de execução indireta as atividades inerentes às categorias funcionais abrangidas pelo plano de cargos do órgão ou entidade, salvo expressa disposição legal em contrário ou quando se tratar de cargo extinto, total ou parcialmente, no âmbito do quadro geral de pessoal.
Art. 2º A contratação deverá ser precedida e instruída com plano de trabalho aprovado pela autoridade máxima do órgão ou entidade, ou a quem esta delegar competência, e que conterá, no mínimo:
I – justificativa da necessidade dos serviços;
II – relação entre a demanda prevista e a quantidade de serviço a ser contratada;
III – demonstrativo de resultados a serem alcançados em termos de economicidade e de melhor aproveitamento dos recursos humanos, materiais ou financeiros disponíveis.
Art. 3º O objeto da contratação será definido de forma expressa no edital de licitação e no contrato exclusivamente como prestação de serviços.
§ 1º Sempre que a prestação do serviço objeto da contratação puder ser avaliada por determinada unidade quantitativa de serviço prestado, esta deverá estar prevista no edital e no respectivo contrato, e será utilizada como um dos parâmetros de aferição de resultados.
§ 2º Os órgãos e entidades contratantes poderão fixar nos respectivos editais de licitação, o preço máximo que se dispõem a pagar pela realização dos serviços, tendo por base os preços de mercado, inclusive aqueles praticados entre contratantes da iniciativa privada.
Art. 4º É vedada a inclusão de disposições nos instrumentos contratuais que permitam:
I – indexação de preços por índices gerais, setoriais ou que reflitam a variação de custos;
II – caracterização exclusiva do objeto como fornecimento de mão de obra;
III – previsão de reembolso de salários pela contratante;
IV – subordinação dos empregados da contratada à administração da contratante."

Da mesma forma, quem deve exercer o chamado poder disciplinar, perante o trabalhador terceirizado, é o seu empregador. Assim ocorrendo, o empregado não estará subordinado ao ente estatal, por ser mero tomador dos serviços oferecidos pela empresa prestadora, uma vez que o poder de direção estará sendo exercido por esta.

Cabe frisar ser aplicável ao Direito do Trabalho o princípio da primazia da realidade, no sentido de que importa a efetiva verdade dos fatos, e não a simples forma ou denominação atribuída ao negócio jurídico[5].

Portanto, se o trabalhador for contratado por empresa interposta, forma-se o vínculo de emprego diretamente com o tomador dos serviços, salvo em se tratando de trabalho temporário, observados os requisitos da Lei n. 6.019/1974 (inciso I da Súmula n. 331 do TST).

Vale dizer, caso, na realidade dos fatos, o empregado tenha vínculo com o tomador, este é o verdadeiro empregador, e não a empresa que somente intermediou a mão de obra, ainda que seja ela quem tenha figurado, formalmente, como contratante do trabalhador.

A correção dessa conclusão é confirmada ao se verificar que a referida intermediação representa fraude aos preceitos jurídico-trabalhistas, de natureza cogente, não produzindo efeitos em razão da nulidade incidente (art. 9º da CLT).

Se, com o fim de terceirizar certa atividade, for contratada empresa prestadora, mas o tomador exercer o poder diretivo perante o trabalhador, este, certamente, na realidade, passa a ter sua relação jurídica de emprego com o próprio tomador. Trata-se da consequência da terceirização ser considerada ilícita.

Além disso, mesmo a empresa que intermediou a mão de obra, pode também responder, de forma solidária, pelos créditos trabalhistas, com fundamento no art. 942 do Código Civil de 2002, c/c. art. 8º, parágrafo único, da Consolidação das Leis do Trabalho, justamente por ter participado da lesão do direito decorrente da terceirização fraudulenta.

Importante lembrar, no entanto, que nos casos de órgãos da Administração Pública direta, indireta ou fundacional, entende-se não ser possível o reconhecimento de vínculo de emprego com o Estado, em razão da ausência do requisito constitucional da prévia aprovação em concurso público (art. 37, II, e § 2º, da Constituição Federal de 1988 e Súmula n. 331, item II, do TST)[6].

Em consequência, no caso de terceirização efetivada por empresa estatal (art. 173, § 1º, II, da Constituição da República), havia entendimento de que não se poderia aplicar, ao empregado terceirizado, as normas coletivas da categoria profissional da tomadora[7].

Apesar do acima exposto, tendo em vista a incidência do *princípio da igualdade*, nos termos da Orientação Jurisprudencial n. 383 da SBDI-I do TST:

> Terceirização. Empregados da empresa prestadora de serviços e da tomadora. Isonomia. Art. 12, *a*, da Lei n. 6.019, de 03.01.1974. (mantida) – Res. n. 175/2011, DEJT divulgado em 27, 30 e 31.05.2011. A contratação irregular de trabalhador, mediante empresa interposta, não gera vínculo de emprego com ente da Administração Pública, não afastando, contudo, pelo princípio da isonomia, o direito dos empregados terceirizados às mesmas verbas trabalhistas legais e normativas asseguradas àqueles contratados pelo tomador dos serviços, desde que presente a igualdade de funções. Aplicação analógica do art. 12, *a*, da Lei n. 6.019, de 03.01.1974.

Não obstante o mencionado até aqui, conforme a Orientação Jurisprudencial n. 321 da SBDI-I do TST, em se tratando de vínculo empregatício com a Administração Pública, em relação a período anterior à vigência da Constituição Federal de 1988: "Salvo os casos de trabalho temporário e de serviço de vigilância, previstos nas Leis ns. 6.019, de 03.01.1974 e 7.102, de 20.06.1983, é ilegal a contratação de trabalhadores por empresa interposta, formando-se o vínculo empregatício diretamente com o tomador dos serviços, inclusive ente público, em relação ao período anterior à vigência da CF/1988" (Redação determinada pela Resolução n. 129/2005).

Efetivamente, no regime da Constituição Federal de 1967, com a Emenda n. 1/1969, a investidura em *cargo público* é que dependia, em princípio, da aprovação em concurso público, não havendo esta mesma exigência quanto ao emprego público, regido pela Consolidação das Leis do Trabalho. Em razão disso, quanto ao período anterior a 5 de outubro de 1988, caso a Administração Pública figure como tomadora de serviços, em se tratando de contratação de trabalhador por empresa interposta (terceirização ilícita), forma-se o vínculo empregatício diretamente com aquela.

Para o empregado público em específico, a prévia provação em concurso público é requisito exigido somente a partir da vigência da Constituição da República Federativa de 1988 (art. 37, II e § 2º). Portanto, a contratação, antes de 05.10.1988, sem esse requisito, não implica nulidade, e o vínculo de emprego prossegue normalmente. Aliás, se presentes os requisitos do art. 19 do Ato das Disposições Constitucionais

---

5 Cf. GARCIA, Gustavo Filipe Barbosa. *Curso de direito do trabalho*. 9. ed. Rio de Janeiro: Forense, 2015. p. 100.
6 Cf. ainda a Súmula n. 363 do TST: "A contratação de servidor público, após a CF/1988, sem prévia aprovação em concurso público, encontra óbice no respectivo art. 37, II, e § 2º, somente lhe conferindo direito ao pagamento da contraprestação pactuada, em relação ao número de horas trabalhadas, respeitado o valor da hora do salário mínimo, e dos valores referentes aos depósitos do FGTS" (Redação dada pela Resolução n. 121/2003).
7 Cf. a seguinte ementa: "Vínculo empregatício. Tomador dos serviços. Parcelas relativas à condição de bancário. Diante da impossibilidade de se reconhecer o vínculo empregatício com o banco tomador dos serviços, tendo em vista o art. 37, II, da Constituição Federal, não cabe deferir à reclamante pagamento de verbas relativas à categoria dos bancários. Isso porque, muito embora os serviços prestados sejam inerentes à atividade bancária, a categoria da reclamante é outra e não enseja o reconhecimento de direitos reconhecidos apenas aos bancários, ante a não formação do vínculo com a entidade bancária. Embargos conhecidos e providos" (TST, E-RR 488731/98.9, Rel. Juiz Conv. Vieira de Mello Filho, DJU 07.02.2003. In: *Trabalho em Revista*, Curitiba, Decisório Trabalhista, ano 21, n. 248, p. 47, mar. 2003).

Transitórias, o servidor será, inclusive, considerado estável no serviço público.

4. RESPONSABILIDADE SUBSIDIÁRIA DO TOMADOR DE SERVIÇOS

De acordo com o art. 5º-A, § 5º, da Lei n. 6.019/1974, acrescentado pela Lei n. 13.429/2017, a empresa contratante (tomadora) é subsidiariamente responsável pelas obrigações trabalhistas referentes ao período em que ocorrer a prestação de serviços, e o recolhimento das contribuições previdenciárias deve observar o disposto no art. 31 da Lei n. 8.212/1991.

Desse modo, ainda que a terceirização seja considerada lícita, a Súmula n. 331, em seu inciso IV, já estabelecia a responsabilidade subsidiária do tomador dos serviços, quando do inadimplemento das obrigações trabalhistas por parte do empregador, desde que haja participado da relação processual e conste também do título executivo judicial[8].

Ou seja, quem terceiriza certas atividades tem os deveres de escolher empresa prestadora de serviços idônea e de acompanhar o correto cumprimento dos preceitos trabalhistas.

Havendo o descumprimento dos direitos do empregado, o responsável principal é o empregador, no caso, a empresa prestadora de serviços. Caso esta não tenha condições patrimoniais de satisfazer esses direitos trabalhistas, o tomador passa a responder de forma subsidiária, em razão até mesmo do risco que assume por ter decidido no sentido da terceirização de suas atividades, deixando de contratar empregados para exercê-las diretamente.

Sobre o tema, cabe fazer menção às ponderações de Mauricio Godinho Delgado:

> No Direito do Trabalho a doutrina e a jurisprudência maturaram-se em direção ao encontro dessa responsabilidade subsidiária do tomador que se utiliza da prestação de serviços ou consecução de obra *como parte de sua dinâmica empresarial*. Hoje, o Enunciado n. 331 do TST, sob a epígrafe da terceirização, veio incorporar esse entendimento, reconhecendo a responsabilidade subsidiária da empresa tomadora de serviços pelas verbas trabalhistas devidas pela empresa concretizadora da obra ou serviço, ainda quando se tratando de terceirização lícita (destaques do original)[9].

Mesmo antes da Lei n. 13.429/2017, essa responsabilização subsidiária do ente tomador, conforme a aplicação da Súmula n. 331, IV, do TST, já representava o entendimento jurisprudencial cristalizado e pacificado quanto ao tema, resultante da aplicação de normas trabalhistas de proteção pertinentes à hipótese, com inspiração inclusive no art. 455 da CLT, não gerando, assim, violação do princípio da legalidade[10].

Qualquer disposição contratual entre o tomador e a empresa prestadora, excluindo a responsabilidade subsidiária da primeira, não tem eficácia perante o trabalhador, eis que a responsabilização decorre de norma de ordem pública, cogente, e, portanto, irrevogável pela vontade das partes.

Ademais, de acordo com o inciso VI da Súmula n. 331 do TST, acrescentado pela Resolução n. 174, de 24 de maio de 2011: "A responsabilidade subsidiária do tomador de serviços abrange todas as verbas decorrentes da condenação referentes ao período da prestação laboral."

Sendo assim, a integralidade das verbas trabalhistas devidas ao empregado, relativas ao período em que ocorreu a prestação do serviço, alcançam a responsabilidade subsidiária do tomador.

Entretanto, por critério de lógica e justiça, se a empresa não figurava como tomadora em certo período, pode-se dizer que não tem como responder subsidiariamente por verbas trabalhistas relativas apenas a essa época.

A maior controvérsia surge, no entanto, quando o ente tomador dos serviços é a Administração Pública, principalmente em razão do disposto no art. 71 e § 1º, da Lei n. 8.666, de 21 de junho de 1993, que regulamentou o art. 37, XXI, da Constituição Federal de 1988, instituindo normas para licitações e contratos da Administração Pública.

Quando o ente tomador dos serviços é a Administração Pública, mesmo com o disposto no art. 71 e § 1º, da Lei n. 8.666, de 21 de junho de 1993, *anteriormente*, o tema era objeto do inciso IV da Súmula n. 331 do Tribunal Superior do Trabalho, na redação determinada pela Resolução n. 96/2000, *atualmente modificada*:

> O inadimplemento das obrigações trabalhistas, por parte do empregador, implica a responsabilidade subsidiária do tomador dos serviços, quanto àquelas obrigações, inclusive quanto aos órgãos da administração direta, das autarquias, das fundações públicas, das empresas públicas e das sociedades de economia mista, desde que hajam participado da relação processual e constem também do título executivo judicial (art. 71 da Lei n. 8.666, de 21.06.1993).

Como se nota, o entendimento adotado pelo TST era de que a disposição da Lei n. 8.666/1993, sobre licitação, não afastava a responsabilidade *subsidiária* da Administração Pública, quando esta terceiriza as suas atividades[11]. O máximo que se poderia admitir é a exclusão de transferência da responsabilidade principal, ou seja, solidária.

Nesse enfoque, argumentava-se que se o empregado da empresa prestadora teve os seus direitos trabalhistas

---

8 "IV – O inadimplemento das obrigações trabalhistas, por parte do empregador, implica a responsabilidade subsidiária do tomador dos serviços quanto àquelas obrigações, desde que haja participado da relação processual e conste também do título executivo judicial."
9 DELGADO, Mauricio Godinho. *Introdução ao direito do trabalho*. 2. ed. São Paulo: LTr, 1999. p. 373.
10 Cf. MARTINS, Sergio Pinto. *Comentários à CLT*. 10. ed. São Paulo: Atlas, 2006. p. 404: "O inciso IV do Enunciado n. 331 do TST menciona que há responsabilidade subsidiária do tomador em relação ao inadimplemento das obrigações trabalhistas por parte daquele que terceiriza suas atividades. Toma por base o verbete do TST o art. 455 da CLT."
11 Cf. DELGADO, Mauricio Godinho. *Introdução ao direito do trabalho*, cit., p. 403-404.

inadimplidos, verificava-se a ausência de efetiva diligência no acompanhamento pelo tomador da observância e do cumprimento da legislação trabalhista pela empresa contratada, o que, no caso do ente público, não poderia ficar limitado ao momento da licitação, justificando a responsabilidade subsidiária do tomador.

Entretanto, cabe aqui ressaltar a relevante decisão do Pleno Supremo Tribunal Federal, a qual foi proferida em 24.11.2010, e que julgou (por maioria de votos) procedente o pedido formulado na Ação Declaratória de Constitucionalidade n. 16-9/DF, cujo objeto é o reconhecimento da validade do art. 71, § 1º, da Lei n. 8.666/1993.

O mencionado dispositivo legal assim dispõe:

> Art. 71. O contratado é responsável pelos encargos trabalhistas, previdenciários, fiscais e comerciais resultantes da execução do contrato.
>
> § 1º *A inadimplência do contratado, com referência aos encargos trabalhistas,* fiscais e comerciais *não transfere à Administração Pública a responsabilidade por seu pagamento,* nem poderá onerar o objeto do contrato ou restringir a regularização e o uso das obras e edificações, inclusive perante o Registro de Imóveis (Redação dada pela Lei n. 9.032/1995; destaquei).

Como se observa, nos casos de terceirização de serviços em que a Administração Pública figure como tomadora, o dispositivo legal em questão afasta a responsabilidade desta quanto aos encargos trabalhistas, mesmo nas hipóteses em que a empresa prestadora dos serviços deixa de cumpri-los. Conforme acima destacado, a decisão do STF foi no sentido da constitucionalidade dessa previsão legal.

Desse modo, prevalece o entendimento de ser vedada a responsabilização automática da Administração Pública, só cabendo a sua condenação se houver prova inequívoca de sua conduta omissiva ou comissiva na fiscalização dos contratos (STF, Pleno, RE 760.931/DF, Redator p/ ac. Min. Luiz Fux, j. 30.03.2017).

A respeito do tema, o Supremo Tribunal Federal, em 26.04.2017, fixou a seguinte tese de repercussão geral: "O inadimplemento dos encargos trabalhistas dos empregados do contratado não transfere automaticamente ao Poder Público contratante a responsabilidade pelo seu pagamento, seja em caráter solidário ou subsidiário, nos termos do art. 71, § 1º, da Lei n. 8.666/93" (RE 760.931/DF).

Ainda assim, é possível dizer que a exclusão da responsabilidade da Administração Pública aplica-se quando esta cumpre os preceitos normativos sobre licitações, fiscalizando o contrato administrativo firmado com a empresa prestadora dos serviços.

Nessa linha, pode-se defender que, conforme o caso em concreto e as suas peculiaridades, excepcionalmente, é possível a responsabilização do ente público tomador dos serviços terceirizados, quando houver fundada demonstração de que incorreu em dolo ou culpa na fiscalização contratual.

A respeito da questão, o Tribunal Superior do Trabalho, por meio da Resolução n. 174, de 24 de maio de 2011, revisou a Súmula n. 331, passando a assim dispor:

> IV – O inadimplemento das obrigações trabalhistas, por parte do empregador, implica a responsabilidade subsidiária do tomador dos serviços quanto àquelas obrigações, desde que haja participado da relação processual e conste também do título executivo judicial.
>
> V – Os entes integrantes da Administração Pública direta e indireta respondem subsidiariamente, nas mesmas condições do item IV, caso evidenciada a sua conduta culposa no cumprimento das obrigações da Lei n. 8.666, de 21.06.1993, especialmente na fiscalização do cumprimento das obrigações contratuais e legais da prestadora de serviço como empregadora. A aludida responsabilidade não decorre de mero inadimplemento das obrigações trabalhistas assumidas pela empresa regularmente contratada.

Destaque-se, ainda, a Orientação Jurisprudencial Transitória n. 66 da SBDI-I do TST, com a seguinte previsão:

> SPTRANS. Responsabilidade subsidiária. Não configuração. Contrato de concessão de serviço público. Transporte coletivo. A atividade da São Paulo Transportes S.A. (SP-Trans) de gerenciamento e fiscalização dos serviços prestados pelas concessionárias de transporte público, atividade descentralizada da Administração Pública, não se confunde com a terceirização de mão de obra, não se configurando a responsabilidade subsidiária.

Ainda quanto ao tema, é importante apresentar algumas considerações sobre a posição do chamado dono da obra, ao firmar contrato de empreitada, especialmente no que tange à possibilidade de sua responsabilização para fins trabalhistas.

O art. 455, *caput*, da CLT, versa sobre os "contratos de subempreitada", estabelecendo, como não poderia deixar de ser, a responsabilidade do subempreiteiro "pelas obrigações derivadas do contrato de trabalho que celebrar". Nada mais coerente, pois o subempreiteiro, como empregador, responde pelos direitos trabalhistas de seus empregados.

No entanto, o mesmo dispositivo amplia a regra de responsabilidade, ao prever o cabimento do "direito de reclamação", pelos empregados do subempreiteiro, "contra o empreiteiro principal pelo inadimplemento daquelas obrigações por parte do primeiro".

Como se nota, o empreiteiro, mesmo não sendo o empregador, responde pelo inadimplemento de obrigações trabalhistas dos empregados do subempreiteiro contratado. Tanto é assim que o parágrafo único do art. 455 da CLT ressalva ao empreiteiro, "nos termos da lei civil, ação regressiva contra o subempreiteiro e a retenção de importâncias a este devidas, para a garantia das obrigações previstas neste artigo". Assim, apesar da responsabilidade do empreiteiro, a lei indica que o responsável principal, na realidade, é o empregador (subempreiteiro).

O dispositivo comentado, tratando da relação do empreiteiro com subempreiteiro, não prevê a responsabilidade do dono da obra, ou seja, daquele contratou o empreiteiro, quanto às obrigações trabalhistas pertinentes aos empregados deste último[12]. Eis a explicação para o que dispõe a Orientação Jurisprudencial n. 191 da SBDI-I do TST, com a seguinte redação, decorrente da Resolução n. 175/2011:

> Contrato de empreitada. Dono da obra de construção civil. Responsabilidade (nova redação). Diante da inexistência de previsão legal específica, o contrato de empreitada de construção civil entre o dono da obra e o empreiteiro não enseja responsabilidade solidária ou subsidiária nas obrigações trabalhistas contraídas pelo empreiteiro, salvo sendo o dono da obra uma empresa construtora ou incorporadora.

Seguindo esta linha de entendimento, se a Administração Pública, não sendo empresa construtora nem incorporadora, apenas contrata o empreiteiro, figurando como mera dona da obra, e não como tomadora de serviços terceirizados propriamente, não responde por obrigações trabalhistas pertinentes aos empregados do empreiteiro.

De acordo com a parte final deste verbete, se o dono da obra for uma empresa construtora ou incorporadora, *a contrario sensu*, pode responder, de forma solidária ou subsidiária, pelas obrigações trabalhistas originadas de contratos de emprego mantidos pelo empreiteiro.

A ressalva se justifica porque, nesse caso, observa-se verdadeira terceirização de serviço pela empresa construtora ou incorporadora, ao transferir parte de sua atividade empresarial ao empreiteiro. Por isso, mesmo figurando como tomadora de serviço terceirizado licitamente, pode incidir a responsabilidade subsidiária, conforme art. 5º-A, § 5º, da Lei n. 6.019/1974, acrescentado pela Lei n. 13.429/2017, e Súmula n. 331, IV, do TST.

Tratando-se de mera intermediação de mão de obra, por meio de empresa interposta, forma-se o vínculo de emprego diretamente com a empresa tomadora (inciso I da mesma Súmula), desde que, como já mencionado, não se trate de ente integrante da Administração Pública (inciso II).

Por fim, cabe fazer menção à Orientação Jurisprudencial 185 da SBDI-I do TST, que assim prevê:

> Contrato de trabalho com a Associação de Pais e Mestres – APM. Inexistência de responsabilidade solidária ou subsidiária do Estado (Inserida em 08.11.2000. Nova redação – Res. n. 129/2005, *DJ* 20.04.2005). O Estado-Membro não é responsável subsidiária ou solidariamente com a Associação de Pais e Mestres pelos encargos trabalhistas dos empregados contratados por esta última, que deverão ser suportados integral e exclusivamente pelo real empregador.

Na hipótese do verbete em questão, entende o Tribunal Superior do Trabalho que a mencionada associação civil, com finalidade específica, não se equipara à empresa prestadora de serviços, não figurando o Estado-membro, portanto, como tomador de serviços terceirizados (não sendo alcançado, assim, pela responsabilidade subsidiária)[13].

Como já decidido pelo TST: "o simples fato do reclamante executar as atividades para as quais foi contratado em estabelecimento de ensino do Estado não autoriza que a este seja imposta qualquer responsabilidade em relação aos encargos trabalhistas daí decorrentes. Cabe, isto sim, ao real empregador, ou seja, o Círculo de Pais e Mestres, suportá-los integralmente, visto que é ele quem dirige e remunera a prestação dos serviços" (TST, SBDI-I, E-RR-301.378/96.0, Rel. Min. Milton de Moura França, trecho do voto, *DJU* 02.06.2000).

5. COOPERATIVAS DE TRABALHO

A Lei n. 8.949/1994 acrescentou o parágrafo único ao art. 442 da Consolidação das Leis do Trabalho, estabelecendo que: "Qualquer que seja o ramo de atividade da sociedade cooperativa, não existe vínculo empregatício entre ela e seus associados, nem entre estes e os tomadores de serviços daquela."

Esse dispositivo acarretou considerável aumento de terceirizações por meio das chamadas cooperativas de prestação de serviço.

O art. 90 da Lei n. 5.764/1971, sobre as sociedades cooperativas, já estabelecia que: "Qualquer que seja o tipo de cooperativa, não existe vínculo empregatício entre ela e seus associados." O que a Lei n. 8.949/1994 explicitou é a ausência de relação de emprego entre os associados da cooperativa e os seus tomadores de serviço.

Entretanto, segundo o já mencionado princípio da primazia da realidade, somente o verdadeiro cooperado é que não será considerado empregado. Caso seja utilizado somente o rótulo de cooperativa para simular verdadeiro contrato de trabalho, isso será considerado fraude à legislação trabalhista, sendo nulo de pleno direito (art. 9º da CLT)[14].

O verdadeiro cooperado beneficia-se de serviços prestados pela cooperativa diretamente a ele associado (Lei n. 5.764/1971, art. 4º, *caput*). Além disso, o cooperativismo autêntico viabiliza a obtenção de vantagens e resultados ao cooperado muito superiores, quando comparados à atuação de forma isolada, em razão da ampla estrutura colocada à disposição de cada filiado[15].

Se a cooperativa, na verdade, somente tem o objetivo de intermediação de mão de obra, havendo a prestação de

---

12 Cf. PRUNES, José Luiz Ferreira. *Trabalho terceirizado e composição industrial*. 2. ed. Curitiba: Juruá, 2000. p. 447.
13 "Responsabilidade subsidiária. Estado do Rio Grande do Sul. Círculo de pais e mestres. Ilegitimidade passiva do estado. O reclamante foi contratado pelo Círculo de Pais e Mestres, entidade com personalidade jurídica própria, para prestar serviços em escola pública estadual, sem qualquer ingerência do Estado. Nesse contexto, inviável a imposição a este último de qualquer responsabilidade subsidiária pelos encargos trabalhistas decorrentes da relação de emprego, que deverão ser suportados integral e exclusivamente pelo real empregador. Recurso de embargos provido" (TST, SBDI-I, E-RR-301.378/96.0, Rel. Min. Milton de Moura França, DJU 02.06.2000).
14 Cf. MARTINS, Sergio Pinto. *A terceirização e o direito do trabalho*, cit., p. 86: "Não se poderá utilizar da cooperativa para substituir a mão-de-obra permanente ou interna da empresa, pois seu objetivo é ajudar seus associados. A cooperativa não poderá ser, portanto, intermediadora de mão de obra."
15 Cf. DELGADO, Mauricio Godinho. *Curso de direito do trabalho*. São Paulo: LTr, 2002. p. 323-327.

serviços de forma subordinada, e não autônoma, em face do tomador, o vínculo de emprego forma-se diretamente com este, por não se tratar de cooperado propriamente.

No entanto, como já mencionado, em se tratando de órgãos da Administração Pública direta, indireta ou fundacional, não há possibilidade de reconhecimento do vínculo de emprego (Súmula n. 331, inciso II, do TST), em razão da ausência do requisito constitucional do concurso público (art. 37, II, e § 2º, da CRFB/1988)[16].

Mesmo assim, cabe frisar que as cooperativas podem ter empregados (art. 91 da Lei n. 5.764/1971). Portanto, caso os requisitos do vínculo de emprego estejam presentes em face da própria cooperativa, o ente público, tomador dos serviços, excepcionalmente, pode responder de forma subsidiária pelo inadimplemento das obrigações trabalhistas (STF, ADC 16/DF, RE 760.931/DF e Súmula n. 331, IV e V, do TST).

Deve-se registrar que a Lei n. 12.690, de 19 de julho de 2012, publicada no Diário Oficial da União de 20.07.2012, com entrada em vigor na data de sua publicação (art. 29), passou a dispor sobre a organização e o funcionamento das cooperativas de trabalho, instituiu o Programa Nacional de Fomento às Cooperativas de Trabalho (Pronacoop).

Entretanto, foram excluídas do âmbito da Lei n. 12.690/2012: as cooperativas de assistência à saúde na forma da legislação de saúde suplementar; as cooperativas que atuam no setor de transporte regulamentado pelo poder público e que detenham, por si ou por seus sócios, a qualquer título, os meios de trabalho; as cooperativas de profissionais liberais cujos sócios exerçam as atividades em seus próprios estabelecimentos; as cooperativas de médicos cujos honorários sejam pagos por procedimento (art. 1º, parágrafo único).

Cabe questionar se essa exclusão não colide com o princípio da igualdade (material), no sentido de saber se existem fundamentos suficientes, que diferenciem as referidas cooperativas das demais, justificando a disciplina legal diversa (art. 5º, *caput*, da CRFB/1988). De todo modo, para as cooperativas indicadas nos incisos I a IV do art. 1º, parágrafo único, são aplicáveis a Lei n. 5.764/1971 e o Código Civil (arts. 1.093 a 1.096).

Considera-se cooperativa de trabalho "a sociedade constituída por trabalhadores para o exercício de suas atividades laborativas ou profissionais com proveito comum, autonomia e autogestão para obterem melhor qualificação, renda, situação socioeconômica e condições gerais de trabalho" (art. 2º).

A mencionada *autonomia* da atividade laborativa ou profissional deve ser exercida de forma coletiva e coordenada, mediante a fixação, em Assembleia Geral, das regras de funcionamento da cooperativa e da forma de execução dos trabalhos, nos termos da Lei n. 12.690/2012 (art. 2º, § 1º).

Considera-se *autogestão* o processo democrático no qual a Assembleia Geral define as diretrizes para o funcionamento e as operações da cooperativa, e os sócios decidem sobre a forma de execução dos trabalhos, nos termos da lei (art. 2º, § 2º).

Cabe ressaltar, ainda, que a cooperativa de trabalho deve se reger pelos seguintes princípios e valores (art. 3º): adesão voluntária e livre; gestão democrática; participação econômica dos membros; autonomia e independência; educação, formação e informação; intercooperação; interesse pela comunidade; preservação dos direitos sociais, do valor social do trabalho e da livre iniciativa; não precarização do trabalho; respeito às decisões de assembleia, observado o disposto na Lei n. 12.690/2012; participação na gestão em todos os níveis de decisão de acordo com o previsto em lei e no Estatuto Social.

De acordo com a Lei n. 12.690/2012 (art. 4º), a cooperativa de trabalho, como gênero, pode ser das seguintes espécies: *de produção*, quando constituída por sócios que contribuem com trabalho para a produção em comum de bens e a cooperativa detém, a qualquer título, os meios de produção; e *de serviço*, quando constituída por sócios para a prestação de serviços especializados a terceiros, sem a presença dos pressupostos da relação de emprego.

De todo modo, *a cooperativa de trabalho não pode ser utilizada para intermediação de mão de obra subordinada* (art. 5º). Trata-se de importante previsão, aplicável também na esfera da Administração Pública, mas que já é inerente ao sistema jurídico, justamente em razão do valor social do trabalho e da dignidade da pessoa humana, de modo que o labor humano jamais pode ser tratado como mercadoria.

O art. 7º da Lei n. 12.690/2012 passar a garantir aos sócios das cooperativas de trabalho, embora não sendo empregados, certos direitos tipicamente trabalhistas. Vale dizer, mesmo sendo regular a cooperativa de trabalho, isto é, mesmo não havendo fraude, determinados direitos trabalhistas são assegurados aos cooperados.

Por fim, cabe o registro de que as cooperativas de trabalho devem observar as *normas de saúde e segurança do trabalho*, previstas na legislação em vigor, bem como em atos normativos expedidos pelas autoridades competentes (art. 8º). Ademais, o contratante da cooperativa de trabalho prevista no inciso II do *caput* do art. 4º da Lei n. 12.690/2012, isto é, o contratante da cooperativa de serviço, responde solidariamente pelo cumprimento das normas de saúde e segurança do trabalho quando os serviços forem prestados no seu estabelecimento ou em local por ele determinado (art. 9º).

6. CONCLUSÃO

A terceirização altera o parâmetro tradicional do vínculo de emprego, ao inserir a presença do ente tomador do serviço, tornando a relação jurídica nitidamente *triangular*.

Justamente por isso, para que se possa preservar o valor social do trabalho, a referida prática não pode ser generalizada para quaisquer atividades.

---

16 Cf. MARTINS, Sergio Pinto. *A terceirização e o direito do trabalho*, cit., p. 128.

A terceirização de serviços pela Administração Pública, por sua vez, apresenta diversas peculiaridades e exigências próprias.

Desse modo, embora com a Lei n. 13.429/2017 a questão certamente seja controvertida, a contratação de empresas prestadoras de serviços determinados e específicos, principalmente no setor público, em princípio, deve dizer respeito a atividades acessórias, tendo em vista a determinação constitucional do concurso público.

Por fim, mesmo nas hipóteses em que se admite a terceirização, prevalece o entendimento, firmado pelo STF, de que é proibida a responsabilização automática da Administração Pública, só se admitindo a sua condenação quando há prova inequívoca de sua conduta omissiva ou comissiva na fiscalização do contrato firmado com a empresa prestadora de serviços.

7. REFERÊNCIAS BIBLIOGRÁFICAS

CARELLI, Rodrigo de Lacerda. *Formas atípicas de trabalho*. São Paulo: LTr, 2004.

DELGADO, Mauricio Godinho. *Introdução ao direito do trabalho*. 2. ed. São Paulo: LTr, 1999.

_____. *Curso de direito do trabalho*. São Paulo: LTr, 2002.

GARCIA, Gustavo Filipe Barbosa. *Curso de direito do trabalho*. 9. ed. Rio de Janeiro: Forense, 2015.

MARTINS, Sergio Pinto. *A terceirização e o direito do trabalho*. 3. ed. São Paulo: Malheiros, 1997.

_____. *Comentários à CLT*. 10. ed. São Paulo: Atlas, 2006.

MEIRELLES, Hely Lopes. *Direito Administrativo brasileiro*. 26. ed. atualizada por Eurico de Andrade Azevedo, Délcio Balestero Aleixo e José Emmanuel Burle Filho. São Paulo: Malheiros, 2001.

PRUNES, José Luiz Ferreira. *Trabalho terceirizado e composição industrial*. 2. ed. Curitiba: Juruá, 2000.

CAPÍTULO 4

TERCEIRIZAÇÃO E ORGANIZAÇÃO SINDICAL BRASILEIRA: UM EMBATE ENTRE FLEXIBILIDADE E RIGIDEZ

José Claudio Monteiro de Brito Filho[*]

1. CONSIDERAÇÕES INICIAIS

Quando se discute um fenômeno que repercute diretamente no processo produtivo, e que é chamado de terceirização, via de regra, a análise fica centrada no fenômeno em si, debatendo-se o que é permitido ou não, como a jurisprudência se posiciona, se a terceirização é forma de precarização do trabalho, entre outras questões.

A análise, dessa feita, fica limitada ao fenômeno, sem que se verifique se há algo em seu entorno que possa assegurar que a terceirização possa ser controlada sem necessitar de uma ação direta do Estado, por meio da legislação ou da jurisprudência.

Pouco se discute, por exemplo, a respeito de um fato que tem o condão de interferir direta e decisivamente na terceirização, que é a forma como são organizadas, no Brasil, as entidades sindicais.

De certa forma, essa é uma consequência da visão paternalista que, no mais das vezes, é adotada no Brasil em relação aos trabalhadores, tanto pelos Poderes do Estado, quanto por boa parte da doutrina, sem que jamais se pense que, talvez, a solução mais adequada seja emancipar a classe trabalhadora.

Partindo dessa questão, o objetivo desse breve texto é verificar até que ponto a organização sindical brasileira é capaz de interferir na vida dos trabalhadores, no tocante a esse fenômeno de desconcentração da atividade produtiva denominado de terceirização.

Para isso, iniciaremos apresentando algumas noções básicas a respeito da terceirização, e como esse fenômeno é admitido no Brasil.

Depois, traçaremos as noções básicas a respeito da organização sindical brasileira para, ao final, verificarmos como essa forma de organização sindical é capaz de interferir, negativamente, na proteção dos trabalhadores em face da terceirização.

2. TERCEIRIZAÇÃO

Antes de adentrarmos na questão da terceirização, é preciso dizer que tomamos como premissa que esse tipo de labor é uma das formas possíveis de precarização do trabalho e, por isso, necessário iniciar com esta.

Não há uma definição precisa para trabalho precário, embora exista o consenso de que, por precarização do trabalho, compreende-se toda espécie de trabalho onde as condições de sua prestação estejam abaixo das condições oferecidas pela legislação trabalhista em geral.

É problema mundial, aparecendo com vigor até nos países desenvolvidos. Como afirmava Octavio Bueno Magano em 1997, amparado em Janice Castro:

> Nos Estados Unidos da América do Norte, a sua incidência tem se mostrado avassaladora. Mais de 90% dos postos de trabalho criados no referido país, em fevereiro de 1993, tiveram a forma de emprego precário e os prognósticos são no sentido de que, no ano 2000, os trabalhadores atípicos serão mais numerosos do que os detentores de empregos permanentes de jornada plena[1].

Uma das formas mais comuns de trabalho precário é o trabalho subordinado intermediado.

Por trabalhador subordinado intermediado vamos entender aquele que trabalha para tomador dos serviços intermediado por prestador de serviços que figura como seu real empregador.

Aí podem enquadrar-se duas hipóteses distintas: a locação de mão de obra e a terceirização.

A locação de mão de obra, no Brasil, é também chamada de trabalho temporário. Não confundir com a chamada *marchandage* que, segundo Amauri Mascaro Nascimento, caracteriza-se como "a instituição pela qual o empregador encarrega terceiro de contratar os serviços de que necessitará"[2], ao que acrescentaríamos, em caráter permanente.

---

[*] Doutor em Direito das Relações Sociais pela PUC/SP. Professor do Programa de Pós-Graduação e do Curso de Graduação em Direito do CESUPA. Professor do Programa de Pós-Graduação em Direito da UFPA. Titular da Cadeira n. 26 da Academia Brasileira de Direito do Trabalho. <jclaudiobritofilho@gmail.com>.
1 *Política do trabalho*. São Paulo: LTr, 1997. v. III, p. 279.
2 *Curso de direito do trabalho*. São Paulo: Saraiva, 1999. p. 444.

É que, não obstante esteja vedada a contratação de trabalhadores, em caráter permanente, por interposta pessoa, em caráter temporário ela é garantida pela Lei n. 6.019, de 3 de janeiro de 1974, com as alterações que lhe foram dadas pela Lei n. 13.429, de 31 de março de 2017.

Por essa Lei, que é regulamentada pelo Decreto n. 73.841, de 13 de março de 1974, é admitido o trabalho temporário nas empresas urbanas, sendo o trabalhador, que é denominado trabalhador temporário, contratado por empresa de trabalho temporário para prestar serviços a outrem, que recebe a denominação de empresa tomadora ou cliente.

A outra hipótese de intermediação do trabalho é a terceirização, que consiste na entrega de parte dos serviços de uma empresa para outra. É o que *Romita* denomina de "exteriorização do emprego" ou de "fracionamento da empresa"[3].

Segundo Carlos Henrique Bezerra Leite, consiste em "procedimento adotado por uma empresa que, no intuito de reduzir os seus custos e aumentar a sua lucratividade e, via de regra, a sua competitividade no mercado, contrata outra empresa que passará a prestar aqueles serviços que eram realizados habitualmente pelos empregados daquela"[4].

Admitida anteriormente apenas para os serviços de vigilância, nos termos da Lei n. 7.102, de 20 de junho de 1983, foi depois aceita de forma mais ampla, desde que o serviço não constitua parte da atividade-fim do tomador dos serviços. É o que verificava da jurisprudência uniforme do Tribunal Superior do Trabalho que, além da vigilância, aceitava a terceirização dos serviços "de conservação e limpeza, bem como a de serviços especializados ligados à atividade-meio do tomador, desde que inexistente a pessoalidade e a subordinação direta"[5].

Aliás, nessa fórmula pode-se vislumbrar a principal diferença entre a locação de mão de obra e a terceirização. Enquanto na primeira a contratação leva em consideração o trabalhador em si, necessário para o exercício de determinado trabalho, na segunda, o que se pretende é que a empresa prestadora, por seus próprios empregados, preste serviço determinado.

A terceirização, ainda enquanto não regulamentada por lei, vinha sendo utilizada em larga escala, como forma de o tomador dos serviços concentrar-se somente em sua atividade-fim, deixando para terceiros a tarefa de executar outros serviços. Hoje, prevista expressamente na Lei n. 6.019/1974, por força da inclusão de dispositivos nesse instrumento normativo pela Lei n. 13.429/2017, deve ter essa utilização mais intensificada.

Como vimos, vinha sendo o fenômeno reconhecido até pelo Tribunal Superior do Trabalho. A propósito, veja-se o que dela pensava o Ministro Francisco Fausto, hoje ex-integrante da Corte:

> A terceirização é, agora, a realidade mais palpável. Em vez de repudiá-la, temos de enfrentá-la, compatibilizando o atual sistema às necessidades mais prementes, de forma inclusive a evitar a infiltração de terceiros no comando empresarial, interferindo na essência da atividade industrial, bem como a contratação de serviços através de empresa interposta para a execução indireta de trabalho permanente, vinculado à atividade-fim da tomadora dos serviços de terceiros[6].

A terceirização, de fato, em si não era proibida. Como afirmava *Mascaro*, "[n]ada impede que empresas contratem outras empresas para prestação de serviços, caso em que entre a contratante e a contratada haverá um vínculo jurídico de direito civil ou comercial"[7]. Com efeito, o empresário, ao organizar sua atividade produtiva, deve ter o mínimo de flexibilidade que lhe permita competir com as outras empresas do setor.

O problema é que a terceirização precariza o trabalho, além de ser atividade propícia às fraudes.

Começando com a precarização, verifica-se, em primeiro lugar, que o trabalhador das empresas prestadoras normalmente tem direitos a menor, em comparação com os empregados das prestadoras. Além do mais, o contrato que as empresas prestadoras mantêm com as tomadoras também é precário, o que ocasiona instabilidade no contrato que mantêm com seus empregados, além de uma alta rotatividade de mão de obra[8].

Assim, embora não sejamos totalmente contrários à terceirização, acreditamos que ela somente deveria ser permitida se os trabalhadores tivessem garantidos todos os direitos trabalhistas concedidos aos empregados da empresa tomadora, com salários equivalentes aos pagos para a categoria à qual pertencem os empregados da tomadora, não os pagos na categoria da prestadora, quando fosse o caso, bem como se fosse obrigatório estabelecer um fundo que garantisse, de imediato, o pagamento desses direitos.

Menos que isso é manter relação de emprego abaixo das condições mínimas necessárias à preservação da dignidade do trabalhador, em comparação com outros que laboram em favor da mesma empresa e da mesma categoria econômica.

---

3 *Política de emprego*. Curitiba: Genesis, 1993. p. 43.
4 *Direito do trabalho*: primeiras linhas. Curitiba: Juruá, 1996. p. 90.
5 Item III da Súmula n. 331. Cabe observar que essa questão está em discussão, tanto no plano judicial, como no legislativo. No plano Judicial, no ARE (Recurso Extraordinário com Agravo) 713211, no Supremo Tribunal Federal, em que é Relator o Ministro Luiz Fux, e que teve repercussão geral reconhecida pelo Plenário Virtual, onde será discutido o que é a atividade-fim de um empreendimento, para fins de terceirização. O processo está concluso para o Relator desde 31 de julho de 2015. Disponível em <http://www.stf.jus.br/portal/processo/verProcessoAndamento.asp?incidente=4304602>. Acesso em: 25 abril 2016. Já no plano legislativo em razão do PLC (Projeto de Lei da Câmara) 30-2015, de autoria do então Deputado Federal Sandro Mabel, e que "Dispõe sobre os contratos de terceirização e as relações de trabalho deles decorrentes". Nesse projeto, discute-se a possibilidade de a terceirização ocorrer em qualquer atividade da empresa tomadora dos serviços. O PLC, aprovado na Câmara, está atualmente em tramitação no Senado. Disponível em <http://www25.senado.leg.br/web/atividade/materias/-/materia/120928>. Acesso em: 25 abril 2016.
6 Terceirização no direito do trabalho. In: RODRIGUES, Aluisio (Coord.). *Direito constitucional do trabalho*. São Paulo: LTr, 1997. v. II, p. 124.
7 *Curso de direito do trabalho*. São Paulo: Saraiva, 1999. p. 445.
8 Tome-se como exemplo as empresas de asseio e conservação, onde são comuns as dispensas em massa porque o contrato mantido com uma determinada tomadora acabou, e a prestadora foi substituída por outra.

Dito isso, aos que eventualmente perguntarem qual seria, então, a vantagem da terceirização, a resposta seria simples: a possibilidade de a empresa concentrar seus esforços nas atividades efetivamente definidas como sua finalidade básica, nunca a de despender menos recursos, visto que, para que tal ocorra, é preciso que os trabalhadores sejam desprotegidos, o que não é admissível.

Quanto às fraudes, embora aparentemente o trabalhador esteja protegido contra a inadimplência de seu real empregador, o prestador de serviços, pois o entendimento uniforme sempre foi de que o tomador responde pelos débitos trabalhistas das empresas que lhe prestam serviços[9], e isso agora está expressamente definido no art. 5º-A, § 5º, da citada Lei n. 13.429/2017, não é assim tão simples.

Primeiro porque a fraude não ocorre apenas pelo não pagamento dos créditos trabalhistas dos trabalhadores. Ela acontece, muitas vezes, na própria atividade prestada. Nem sempre é simples definir, dentro de uma empresa, o que é atividade-fim e o que é atividade-meio[10].

Segundo porque é frequente o desvirtuamento da terceirização, com as tomadoras pretendendo não a execução dos serviços sob a direção da prestadora, mas a própria subordinação dos trabalhadores. A esse respeito, afirma Ophir Cavalcante Júnior que, se o trabalho terceirizado ocorre na tomadora, com sua supervisão técnica e administrativa, "enfim, sob a direção e integral responsabilidade da contratante, haverá desvio na utilização da terceirização pela ausência de autonomia da contratada"[11].

A proteção que advogamos, todavia, ao contrário do que se possa imaginar, não necessariamente exigiria um comando legal nesse sentido, pois há mecanismo alternativo que pode conduzir à mesma direção, o que veremos logo adiante, depois de observarmos as condições básicas para a organização sindical brasileira.

Desde logo, todavia, fazemos uma observação que é importante: toda a discussão a respeito da terceirização ocorre a partir de algo que os tomadores de serviços utilizam, que é a, pelo menos, relativa flexibilidade com que organizam suas respectivas atividades.

3. A ORGANIZAÇÃO SINDICAL BRASILEIRA

O Brasil tem suas normas sobre sindicalização, ainda hoje e em boa parte, cunhadas com base no corporativismo, adotado a partir da década de 1930, não possuindo regime de plena liberdade sindical.

Para José Francisco Siqueira Neto, no art. 8º, constitucional, "as transgressões ao princípio da Liberdade Sindical residem nos incisos II, IV e VII". Para o autor, o restante do artigo apenas regularia as "especificidades nacionais previstas pela própria Convenção n. 98 da OIT"[12].

Comungamos com o pensamento de Siqueira Neto. De forma geral, apenas. Com efeito, muito embora o texto constitucional de 1988 tenha abrandado, de forma significativa, a rigidez do período anterior, manteve, em relação a alguns aspectos da sindicalização, normas incompatíveis com modelo que consagre a liberdade sindical.

Se verificarmos a Constituição Federal, principalmente o art. 8º, veremos que, ao lado das liberdades coletivas de associação e de administração, garantidas em regime de liberdade, foram mantidas restrições às liberdades coletivas de organização (unicidade sindical, base territorial mínima, sindicalização por categoria e sistema confederativo da organização sindical) e de exercício das funções (representação exclusiva da categoria pelo sindicato, inclusive nas negociações coletivas e manutenção da competência normativa da Justiça do Trabalho), além de se restringir a liberdade sindical individual, pelas restrições à liberdade coletiva retro.

É por isto que já afirmamos, anteriormente, que "Temos, então, um sistema sindical híbrido: de um lado, com liberdade e, de outro, com a manutenção de parte da estrutura do corporativismo, sob o controle de normas rígidas"[13].

Isto porque, se verificarmos as técnicas utilizadas pelo Estado para a implantação do regime corporativista, embora tenhamos sindicato único e sindicalização por categoria, temos, de outra banda, desvinculação jurídica entre Estado e entidades sindicais e reconhecimento do direito de greve.

É claro que, se formos considerar apenas dois modelos, com o de liberdade ou existindo por completo ou não existindo, o Brasil seria classificado no modelo restante, de reconhecimento sob controle do Estado.

Ocorre que não se pode dizer que este controle exista, pelo menos discricionariamente. O que subsiste, no Brasil, é um modelo fechado de sindicalismo, mas, mantido pela vontade dos próprios integrantes do movimento sindical[14].

---

9   Ainda a Súmula n. 331 do Tribunal Superior do Trabalho, item IV.

10 *Elvécio Moura dos Santos*, procurando apresentar parâmetros que permitam a separação da atividade-meio da atividade-fim, informa que a última pode ser identificada como: "I – aquela que consta dos atos constitutivos (contrato ou estatuto social) como sendo o objeto social da empresa; II – aquela que, por representar a vocação principal da empresa, recebe a maior concentração dos seus esforços; III – aquela que faz com que a empresa se torne especializada em seu segmento, fruto da busca da eficiência e da competitividade" (A terceirização e a atuação do Ministério Público do Trabalho. *Revista do MPT*, Brasília: Procuradoria-Geral do Trabalho; São Paulo: LTr, n. 15, p. 59, mar. 1998). Ver, a respeito, nota feita mais acima, a respeito do julgamento dessa questão pelo Supremo Tribunal Federal. Cabe ressaltar, a propósito, que não está claro na Lei n. 13.429/2017, que acrescentou dispositivos relativos à terceirização na Lei n. 6.019/1974, a possibilidade de terceirização nas atividades-fim, pelo que acreditamos que ainda prevalence o entendimento de que a terceirização só é admissível nas atividades-meio, embora só o tempo possa dizer que entendimento prevalecerá.

11 *A terceirização das relações laborais*. São Paulo: LTr, 1996. p. 136.

12 *Contrato coletivo de trabalho*: perspectiva de rompimento com a legalidade repressiva. São Paulo: LTr, 1991. p. 87.

13 O sindicalismo no serviço público. In: SILVA NETO, Manoel Jorge e (coord.). *Constituição e trabalho*. São Paulo: LTr, 1998. p. 134.

14 Ver, a respeito, o nosso *Direito sindical*. 5. ed. São Paulo: LTr, 2015. p. 68-69.

O modelo, pois, é por nós definido como híbrido porque, de um lado, não oferece ampla liberdade sindical e, de outro, existe sem interferências do Estado.

E as restrições mais importantes estão na liberdade sindical coletiva de organização, uma vez que ela não foi contemplada pelo texto constitucional brasileiro, pois a estrutura do sistema de representação sindical é completamente rígida, permanecendo como moldada na década de 1930, quando da implantação do modelo corporativista.

As restrições à liberdade sindical coletiva de organização são, basicamente, quatro: unicidade sindical, base territorial mínima, sindicalização por categoria e sistema confederativo da organização sindical.

Elas estão previstas no art. 8º, II e IV, que preceituam:

> Art. 8º É livre a associação profissional ou sindical, observado o seguinte:
>
> II – é vedada a criação de mais de uma organização sindical, em qualquer grau, representativa de categoria profissional ou econômica, na mesma base territorial, que será definida pelos trabalhadores ou empregadores interessados, não podendo ser inferior à área de um Município;
>
> IV – a assembleia geral fixará a contribuição que, em se tratando de categoria profissional, será descontada em folha, para custeio do *sistema confederativo da representação sindical* respectiva, independentemente da contribuição prevista em lei. (destacamos)

Trataremos de todas as restrições, fixando-nos, todavia, em duas delas: a unicidade sindical e a representação por categoria, por terem maior relevância para o que é por nós discutido nesse texto.

Começando com o sistema confederativo, ele implica na manutenção de modelo em que só são admitidas como organizações sindicais os sindicatos, as federações e as confederações, e com atividades previamente definidas em lei, ou seja, sem a liberdade que a Convenção n. 87 da OIT consagra, de poderem trabalhadores (principalmente) e empregadores criar as organizações que sejam de sua escolha.

Passando para a unicidade sindical, significa ela a possibilidade de existência de uma única entidade sindical, representativa do mesmo grupo, em determinada base física, por imposição estatal[15].

Modelo oposto ao da unicidade sindical é o da pluralidade sindical, que importa na possibilidade de existência de mais de uma entidade sindical representativa do mesmo grupo, em determinada base.

Segundo Cássio Mesquita Barros, na pluralidade sindical "é facultada a criação, simultânea ou não, numa mesma base territorial, de mais de um sindicato representativo de trabalhadores ou de empresários da mesma profissão. A França, a Suíça e a Itália admitem o plurissindicalismo"[16].

Neste modelo pode existir mais de uma organização sindical representativa dos integrantes de determinado grupo, criando-se e se mantendo as organizações sindicais em decorrência da vontade dos interessados, sem que o Estado possa interferir.

Coexiste neste modelo, com a pluralidade sindical em si, que é quando, de fato, tem-se mais de um sindicato representando o mesmo grupo, na mesma base, a unidade sindical, onde existe única entidade sindical representando determinado grupo em determinada base, mas, agora, não por imposição do Estado e, sim, em razão da vontade livre dos interessados, trabalhadores e empregadores[17].

É que, salvo imposição estatal esdrúxula que impusesse a pluralidade sindical, a decisão entre ter uma ou mais de uma entidade representativa de seus interesses é, sempre, dos interessados.

Notemos que, no Brasil, a unicidade não é somente a regra; é o modelo de preferência dos representantes sindicais, pois a defesa da unicidade ainda é a base do pensamento de boa parte do movimento sindical que lutou, na Constituinte, contra seu fim, até porque o modelo criou uma elite que dele se beneficia e dificilmente deixará que ele termine, sem ao menos protestar, tentando preservar seus privilégios.

Prevalecendo a unicidade, não é possível a representação de trabalhadores de categoria já organizada em sindicato por outra entidade sindical.

Temos também a restrição da base territorial mínima, que é delimitada pelos interessados, devendo ser, pelo menos, igual a um município.

A disposição, como já tivemos oportunidade de expor, produz duas modificações, relativamente ao sistema anteriormente vigente: impossibilita a existência de entidades sindicais com base inferior a um município e faz com que a definição da base já não dependa de ato do ministro do Trabalho[18].

Há, dessa feita, um avanço e um retrocesso. Um avanço, por não mais poder o Ministro do Trabalho impor a base territorial dos sindicatos, o que era feito anteriormente, pelo art. 517, § 1º, da CLT. O fato de os interessados, trabalhadores e empregadores poderem delimitar a base territorial não quer dizer, porém, que esta liberdade produza maiores efeitos.

Ela é praticamente anulada pela unicidade sindical, pois a livre vontade fica condicionada à inexistência, na base pretendida, de outra entidade sindical que reúna o mesmo grupo, profissional ou econômico.

---

15 Para Fábio Túlio Barroso, a unicidade sindical é uma delimitação quantitativa da organização sindical brasileira, porque "não poderá haver mais de uma entidade sindical que represente o mesmo grupo profissional ou econômico" (*Manual de direito coletivo do trabalho*. São Paulo: LTr, 2010. p. 113).

16 Pluralidade, unidade e unicidade sindical. In: FRANCO FILHO, Georgenor de Sousa (coord.). *Curso de direito coletivo do trabalho*. São Paulo: LTr, 1998. p. 77.

17 Afirma Amauri Mascaro Nascimento que "Diferem unicidade (por lei) e unidade (por vontade). A unidade não contraria o princípio da liberdade sindical; a liberdade pode ser usada para a unidade" (*Direito sindical*. São Paulo: Saraiva, 1989. p. 241). Talvez se possa dizer que, em verdade, o modelo é um só, admitindo pluralidade e unidade.

18 BRITO FILHO, José Claudio Monteiro de. *A sindicalização no serviço público*. Curitiba: Genesis, 1996. p. 59.

O avanço, desta feita, resulta somente da retirada, das mãos do Estado, do poder de, contrariando a vontade daqueles que se pretendem unir em associação sindical, decidir o tamanho da base e outorgá-la.

Um retrocesso, por ter sido ampliada a base territorial mínima, de distrital para municipal. Neste caso, observe-se, já havia a restrição, considerando-se o retrocesso a ampliação em si.

Por fim, há a representação por categoria.

Terceira das restrições do art. 8º, II, constitucional, a sindicalização por categoria é mais uma das amarras postas em nosso ordenamento jurídico que impede a adoção da plena liberdade sindical.

Para compreendê-la, é preciso, antes, compreender o que motiva o agrupamento das pessoas e de que forma isto pode ocorrer.

Já nos manifestamos sobre a questão, fazendo-o da seguinte forma:

> Os sindicatos, assim como outras espécies do gênero associação, formam-se em torno de um conjunto de pessoas com interesses comuns. Esses interesses, quando se trata de entidades sindicais, qualificam-se por serem profissionais ou econômicos.
>
> É, portanto, a solidariedade de interesses que irá motivar a formação, entre trabalhadores (em sentido amplo) e empregadores, de um vínculo que os une.
>
> Esse vínculo, de solidariedade, segundo Mozart Victor Russomano (*Princípios gerais de Direito Sindical*. 2. ed. Rio de Janeiro: Forense, 1997. p. 80) ou, como prefere a CLT, social básico (*vide* art. 511), é o que forma ou se denomina de categoria.
>
> Ainda conforme Russomano, ao contrário do sindicato, que se forma em decorrência da vontade de seus integrantes, a categoria é necessária (*idem*). Haveria, então, sempre, uma categoria representada por determinado sindicato.
>
> Isso pressupõe, porém, um mínimo de homogeneidade, não sendo possível adotar o critério de existência necessária de categorias quando se tem a sindicalização heterogênea (para os fins deste estudo, entendida como aquela em que as pessoas, trabalhadores e empregadores, podem sindicalizar-se sem levar em conta uma profissão ou uma atividade comuns, considerando, para seu agrupamento, critérios de pura conveniência)[19].

Por essas linhas gerais pode-se, de plano, perceber que a sindicalização, a união das pessoas em sindicato, ocorre de duas formas possíveis, homogênea e heterogeneamente.

Na primeira, existem traços comuns, de profissão ou atividade, que conduzem à união, quando, então, temos a sindicalização por categoria. Na segunda, a união é totalmente livre, surgindo por critérios de total conveniência.

A respeito de categoria, é importante observar que ela tem uma definição clássica, que contrapõe empregados (categoria profissional) a empregador (categoria econômica), como afirma Arion Sayão Romita, que entende, ainda, que categoria "alude a sistema econômico produtivo"[20].

Acreditamos que esta noção, perfeitamente coerente com o sistema vigente antes da Constituição Federal de 1988, já não se aplica.

A possibilidade de sindicalização dos servidores públicos, prevista no art. 37, VI, do texto constitucional, bem com a necessidade de se dar a trabalhadores dos setores privado e público um tratamento igualitário, no tocante à sindicalização, o que torna o art. 8º da CRFB aplicável a ambos, impõe que se considere que a obrigatoriedade de sindicalização por categoria, no Brasil, é geral[21].

É preciso, pois, abandonar, na noção de categoria, esta amarra que a liga a sistema econômico produtivo, dando-se definição mais ampla, que leve em conta critérios de homogeneidade.

Categoria deve ser definida, então, como o conjunto de pessoas que, por força de seu trabalho ou de sua atividade, possuem interesses comuns, formando um vínculo social básico.

As categorias podem surgir de forma espontânea, caso da Espanha, onde, embora vigore regime de liberdade sindical, prevalece o enquadramento por ramos de atividade, conforme Flávio Antonello Benites Filho[22], ou de forma obrigatória, como é a hipótese do Brasil.

As categorias, dentro da homogeneidade, formam-se de acordo com a profissão e com a atividade.

Quando ocorre a formação de acordo com a profissão, temos a formação dos sindicatos horizontais que, conforme Romita, "são os que agrupam trabalhadores que exercem o mesmo ofício ou profissão, independentemente da empresa em que trabalham ou do ramo de produção em que estas desenvolvem sua atividade"[23]. Nesta forma, só é possível a sindicalização de trabalhadores.

Quando temos a formação de acordo com a atividade, temos a sindicalização vertical, que se divide em por indústria (ou por atividade) e por empresa.

Na primeira, leva-se em conta a atividade desenvolvida pelos que tomam os serviços, enquadrando-se tanto os tomadores (quando isto é possível, caso do Brasil, no setor privado) como os trabalhadores que lhes prestam serviços e, na segunda, considera-se a empresa onde os trabalhadores prestam serviços.

A primeira forma aceita a sindicalização de trabalhadores e empregadores e, a segunda, por óbvio, somente de trabalhadores.

---

19 BRITO FILHO, José Claudio Monteiro de. Sindicalização por categoria. *Revista do Ministério Público do Trabalho*, São Paulo: LTr, ano VII, n. 14. p. 84, set. 1997.
20 *Regime jurídico dos servidores públicos civis*: aspectos trabalhistas e previdenciários. São Paulo: LTr, 1992. p. 43, nota 26.
21 A respeito da conclusão deste parágrafo, ver o nosso *A sindicalização no serviço público* (Curitiba: Genesis, 1996. p. 13).
22 *Direito sindical espanhol*: a transição do franquismo à democracia. São Paulo: LTr, 1997. p. 113.
23 Sindicalização por categoria. *Revista LTr*, São Paulo, v. 59, n. 3, p. 296, mar. 1995.

No Brasil, no setor privado, as regras sobre sindicalização por categoria estão no art. 511, §§ 1º a 4º, da CLT.

Por eles, percebe-se que a regra geral, no Brasil, é a sindicalização vertical por atividade, formando-se as categorias econômicas e profissionais de acordo com o ramo de atividade de onde estão inseridos os empregadores, sendo considerada exceção a sindicalização por profissão – quando ocorre a formação do que se denomina categoria profissional diferenciada – e inexistente a sindicalização por empresa.

Observe-se, a propósito, que a atividade que determina o enquadramento sindical é a atividade preponderante da empresa, entendida, nos termos do art. 581, § 2º, da CLT, como a que caracteriza "a unidade de produto, operação ou objetivo final, para cuja obtenção todas as demais atividades convirjam, exclusivamente, em regime de conexão funcional".

Pode ocorrer, todavia, de a empresa realizar diversas atividades econômicas, sem preponderância. Nesse caso, como se verifica ainda no art. 581, § 1º, ocorre um múltiplo enquadramento, ou, como se tem convencionado denominar, um duplo enquadramento, que será tanto dos empregadores como dos empregados enquadrados pela regra geral do art. 511, §§ 1º e 2º, da CLT, como mencionado acima.

É como ensina Arnaldo Süssekind:

> [h]averá atividade preponderante se todos os estabelecimentos ou setores da empresa operarem, integrados e exclusivamente, para a obtenção de determinado bem ou serviço. Mas se a atividade em um estabelecimento ou departamento puder ser destacada, sem que o funcionamento da empresa seja afetado na consecução do seu principal objetivo, aquela será independente para fins de sindicalização[24].

A jurisprudência acolhe esse entendimento, como se verifica das ementas abaixo, a segunda na primeira parte, não obstante o posicionamento final:

> ENQUADRAMENTO SINDICAL – CONTRIBUIÇÃO ASSISTENCIAL E CONFEDERATIVA – EMPRESA FILIADA ESPONTANEAMENTE A MAIS DE UM SINDICATO PATRONAL.
>
> Na hipótese dos autos, a Reclamada, embora tendo como atividade preponderante o comércio varejista, filiou-se espontaneamente ao sindicato patronal do segmento de hotéis, bares e restaurantes. Desse modo, reconheceu e possibilitou a existência de categorias profissionais distintas dentro de sua empresa. Isso porque, se a empresa se identifica com mais de um ramo de atividade, filiando-se a mais de um sindicato patronal, não pode impedir a correspondente representação sindical dos trabalhadores. Recurso de Revista não conhecido. (TST, 3ª Turma, processo RR 459931/2003, relatora ministra Maria Cristina Irigoyen Peduzzi, publicado no DJ de 25 de abril de 2003).
>
> ENQUADRAMENTO SINDICAL. ATIVIDADES EMPRESARIAIS DIVERSAS. 1. Atividades empresariais diversas, quando distintas e independentes, justificam enquadramento sindical correspondentes às respectivas categorias econômicas. 2. Pode ocorrer de o empreendimento se desenvolver através de vários segmentos que convergem para uma única atividade dita preponderante. No caso dos autos, verifica-se esta última hipótese, sendo a atividade preponderante a da construção civil, para a qual convergem os serviços destinados à ampliação do sistema de esgoto. Recurso a que se nega provimento. (TRT/ 9ª Região, 3ª Turma, processo RO 9951/1999, ac. 06398/2000, relatora juíza Rosalie Michaele Bacila Batista, publicado no DJ/PR TRT de 24 de março de 2000).

As categorias no setor privado brasileiro, a propósito, formam-se conforme os seguintes critérios de homogeneidade: identidade (atividades ou profissões idênticas), similaridade (atividades semelhantes) e conexidade (atividades que se complementam).

Cumpre observar que a sindicalização por categoria, sendo mais uma restrição à livre organização das entidades, não se coaduna com o princípio da liberdade sindical, gerando diversas dificuldades de ordem prática, impedindo a mobilidade dos trabalhadores de uma entidade para outra, bem como sua união de forma mais espontânea.

Apresentado esse panorama, é fácil verificarmos que a organização sindical brasileira ocorre sob o signo da rigidez, não havendo muitas alternativas que possam ser exploradas pelos interessados, especialmente os trabalhadores.

4. CONSIDERAÇÕES FINAIS: A TERCEIRIZAÇÃO E O AGRAVAMENTO DE SEUS MALES PELA FALTA DE LIBERDADE SINDICAL DE ORGANIZAÇÃO, NO BRASIL

Como foi visto no item 2, a terceirização é um fenômeno que se vem instalando no Brasil, com vigor, já há um par de décadas, especialmente por conta da forma como os detentores do capital atuam: com o máximo de flexibilidade que for admitido pela legislação e pela jurisprudência. Isso faz com que a terceirização possa, dependendo de como se entender a amplitude do que agora foi definido pela Lei n. 13.429/2017, atingir níveis bem acima do que seria tolerável ou, em relação ao primeiro momento, inimaginável.

A forma mais eficaz de os trabalhadores se oporem à terceirização e aos seus efeitos, como a redução dos direitos trabalhistas e dos salários, como é possível e comum acontecer, seria atuar também com a flexibilidade que lhes permitisse enfrentar eventuais problemas adaptando-se às novas situações.

Isso, todavia, não pode ocorrer, pois, ao contrário dos tomadores de serviços, os trabalhadores estão de mãos atadas, presos a uma rigidez inaceitável, em relação à sua principal força, que é a união em torno de objetivos comuns, e o que, ao menos em teoria, garantiria uma igualdade de posições relativamente aos detentores do capital.

Como visto, a organização sindical brasileira é estabelecida de forma rígida, não podendo o trabalhador optar pelo seu pertencimento a uma organização sindical distinta da que é definida como a que pode representá-lo, em determinada

---

24 SÜSSEKIND, Arnaldo et al. Instituições de direito do trabalho. 20. ed. São Paulo: LTr, 2002. v. 2, p. 1.118.

base territorial, nem, caso nenhuma das existentes o satisfaça, atuar para criar uma nova, tudo por conta da restrição da unicidade sindical.

Ao lado disso ainda há outra restrição, como também observamos no item 3, que é a representação por categoria, cujas regras impedem que as organizações sindicais de trabalhadores possam ser criadas livremente, de acordo com suas necessidades, e sim, como regra geral, levando em consideração a atividade preponderante do empregador.

No caso da terceirização, o efeito dessas regras pode ser de extrema prejudicialidade aos trabalhadores. É o caso, por exemplo, do empregado que, dispensado pela empresa tomadora de serviços, é contratado por outra empresa, que vai prestar serviços para a sua antiga empregadora, por meio da terceirização. Houvesse liberdade de organização, esse empregado poderia continuar filiado ao seu antigo sindicato, mantendo a representação deste, e com a garantia de manutenção dos direitos por ele conquistados junto à categoria econômica. Mais, poderia, até, caso tivéssemos sindicatos livres, e via de regra mais fortes, pleitear destas organizações (no caso exemplificado, do seu sindicato) medidas que impedissem que o tomador dos serviços terceirizasse sem restrições, ou de forma mais limitada.

Como essa liberdade de filiação não existe, pois somente vai até o direito de se filiar ao único sindicato que é definido como seu representante, pode acontecer de, mudando do emprego, o empregado ter o seu enquadramento sindical alterado, caso seja ele (o enquadramento) definido pela regra geral, ou seja, pela atividade preponderante do empregador, e a atividade do novo seja diferente da do anterior.

Imagine-se, por exemplo, uma empresa do ramo da metalurgia que resolve terceirizar sua atividade de asseio e conservação. Caso um dos antigos empregados dessa metalúrgica seja dispensado e venha a ser empregado pela empresa que irá prestar os serviços de asseio, e, pensando que, no antigo emprego esse empregado trabalhava com asseio e conservação, ter-se-á a seguinte situação: enquanto empregado da metalúrgica, mesmo trabalhando com asseio e conservação, esse empregado era enquadrado como trabalhador nas indústrias metalúrgicas; passando a ser empregado da empresa prestadora de serviços, não será mais metalúrgico, e sim será trabalhador do ramo de asseio e conservação. E isso mesmo que ele continue a realizar as mesmas atividades laborais que realizava antes, sem mudança de local de trabalho. Nesse caso, em havendo direitos de natureza trabalhista garantidos por contrato coletivo aos empregados dessa empresa metalúrgica, esse trabalhador, ainda que continue a prestar serviços em favor da mesma empresa (embora agora em uma relação agora triangular, em que no meio está uma empresa prestadora de serviços), e no mesmo local de antes, não estará mais, no plano jurídico, em condições de gozar desses direitos.

Se tivéssemos liberdade sindical de organização, no Brasil, a situação poderia ser diferente, pois o empregado poderia decidir, dentre os sindicatos existentes, aquele que, em seu entender, representaria melhor os seus interesses, evitando, no exemplo indicado, um duplo prejuízo: o de ser obrigado a, para trabalhar, aceitar ser empregado agora de uma terceira empresa, e, ao mesmo tempo, ainda perder direitos conquistados pela via da negociação coletiva – isso no caso de o contrato coletivo poder ser imposto ao novo contratante.

A rigidez do modelo de organização, nesse caso, milita contra os seus destinatários principais, os trabalhadores, o que é, no mínimo, um paradoxo, embora explicado, como dito no item 3, pelo fato de que prevaleceu a vontade dos representantes dos trabalhadores, e não, necessariamente, destes.

O que é preciso, na verdade, até como forma de abrir espaço para a regularização de diversos problemas que afligem os trabalhadores no Brasil, é garantir a estes sua emancipação, e ela, seguramente, passa pela liberdade sindical de organização, principal razão da falta de liberdade sindical no Brasil.

De fato, é necessário acabar com essa ideia de que os trabalhadores devem ser tutelados, sempre, pelo Estado e por organizações sindicais rigidamente constituídas, com as últimas servindo em favor de uma situação que coloca os seus dirigentes como beneficiários do monopólio, e com instituições do primeiro pensando que, por meio de remendos e uma normatização rígida é possível contrapor-se às ações nocivas desses representantes e de detentores mal intencionados do capital, todos mantendo em grilhões aqueles que deveriam decidir seu próprio destino: os trabalhadores.

CAPÍTULO 5

EXTERNALIZAÇÃO PRODUTIVA: SUBCONTRATAÇÃO E TERCEIRIZAÇÃO. COMO NÃO PRECARIZAR? NECESSÁRIA APLICAÇÃO DO PRINCÍPIO DA IGUALDADE DE TRATAMENTO E DA RESPONSABILIDADE SOLIDÁRIA EM ASPECTOS DE DIREITOS INDERROGÁVEIS

Joselita Nepomuceno Borba*

INTRODUÇÃO

Em decorrência das profundas transformações no mundo da produção, a organização do trabalho vem passando por significativas reformulações. O padrão organizativo da atividade, centrado e vertical, cede lugar à autonomia e descentralização, na qual prevalece a desconcentração produtiva e econômica.

Para essa transformação também exerce papel decisivo o extraordinário avanço da ciência e da tecnologia, sofrendo, ainda, a empresa os impactos da globalização.

Nesse contexto, são muitas as empresas que tomam decisão estratégica de externalizar alguns de seus processos produtivos e, mediante *parceria*, descentralizar parte da atividade empresarial para, em razão da *especialização*, obter maior produtividade e mais qualidade do produto.

E o processo de delegação desponta como uma das técnicas de administração do trabalho reconhecidamente crescente e irreversível, em que a relação de emprego, bilateral e direta, entre empregador e empregado, experimentando substancial alteração, passa a ser trilateral por envolver o prestador de serviços, o fornecedor e tomador de serviços.

O trabalho é prestado ao contratante por força de contrato civil de prestação de serviços celebrado com o parceiro.

Em nosso sistema jurídico, a *subcontratação* não é prática nova, pois já contemplada pela Consolidação das Leis do Trabalho possibilidade de se transferir atividade-fim, caracterizada por etapa do processo produtivo, a terceiro mediante contrato de empreitada. A empreitada tem previsão também na lei civil comum.

A *terceirização*, no entanto, é fenômeno[1] mais recente, ainda enfrentando processo de sem regulamentação específica.

Diante do vazio legislativo quanto à regulamentação[2] – e frente à premente necessidade de o Judiciário trabalhista dar vasão à elevada litigiosidade envolvendo processo de terceirização, com inaceitável retrocesso social nas relações de trabalho – a mais alta Corte trabalhista firmou entendimento jurisprudencial admitindo o procedimento da terceirização, mas com restrição.

O reconhecimento voltou-se para a aplicação administrativa do fenômeno[3], como parte da estratégia das empresas para externalização do processo produtivo ou de realização de serviços, nas hipóteses excepcionalmente contempladas por leis esparsas, nos serviços de conservação e limpeza, bem como nos serviços especializados ligados à atividade-meio.

O contratado *especialista* tem autonomia e executa serviços claramente definidos ou produção particular, enquanto o contratante de *tarefa tradicional* não possui processo de controle desenvolvido daí a instituição de parceria. No entanto, geralmente subcontrata-se mão de obra como forma padrão de absorver força trabalho. Essa modalidade é vedada, por caracterizar fraude à legislação trabalhista, a ser transportado à órbita do ilícito.

No entanto, colocando à parte o debate apaixonado acerca da terceirização, tanto daqueles que a defendem com fervor, quanto dos que a repudiam com veemência, o certo é que não se pode admitir, frente à ordem jurídica imperante, que a terceirização seja instrumento de precarização das relações de trabalho, com contrato menos favorável ou desvantajoso para o empregado; que seja instrumento de redução ou aniquilamento de direitos inclusive pela inidoneidade financeira do contratado/parceiro; que sirva para enfraquecer as relações coletivas de trabalho pela pulverização da representação sindical ou que leve insegurança ao ambiente de trabalho, com real ameaça à saúde e à vida do trabalhador.

---

* Mestre e Doutora em Direito pela PUC/SP. Procuradora do Trabalho aposentada. Advogada. Professora.

1 Na doutrina, colhe-se a percepção de Luiz Carlos Robortella acerca do fenômeno, para quem a palavra terceirização indica "*a existência de um terceiro que, com competência, especialidade e qualidade, em condição de parceria, presta serviços ou produz bens para a empresa contratante*", classificando, ainda, o jurista tal fenômeno como prática de exteriorização de emprego inerente ao rol das subcontratações (*O moderno direito do trabalho*. LTr, 1994. p. 236).

2 O Projeto de Lei n. 30/2015, originário da Câmara dos deputados (PL n. 4.330), que tem por fim regulamentar contratos de terceirização e as relações de trabalho deles decorrentes, encontra-se tramitando no Senado Federal, na Comissão de Assuntos Econômicos e, em 03.04.2017, aguarda designação de Relator. Dessa forma, mesmo a recente Lei n. 13.429, de 31.01.2017, dispondo sobre relações de trabalho na empresa de prestação de serviços a terceiros, a regulamentação do instituto da terceirização depende da aprovação de lei própria, sendo o referido PLC n. 30/3015 o mais avançado na tramitação no Legislativo.

1. EXTERNALIZAÇÃO PRODUTIVA: MODELO ESPANHOL. CESSÃO DE EMPREGADO POR EMPRESA DE TRABALHO TEMPORÁRIO COM ISONOMIA DE TRATAMENTO. SUBCONTRATAÇÃO COM RESPONSABILIDADE SOLIDÁRIA

As mudanças na composição da força-trabalho e a desintegração dos empregos têm produzido abalos no centenário modelo clássico do contrato de trabalho, em que o empregado, numa relação direta, presta serviços ao empregador, pessoa física ou jurídica ou ente despersonalizado, com quem possui vínculo empregatício[4].

Ao tempo em que se busca outra construção teórica que possa marcar a passagem do contrato de trabalho subordinado a outro modelo capaz de dar proteção ao trabalho, e não só ao emprego, ganha destaque, com força e ares de irreversibilidade, a desconcentração produtiva, como bem se sabe, na maioria dos casos para reduzir custos trabalhistas.

Mas, a grande transformação, com tentativas de precarização das relações de trabalho, por um lado, e esforços para a regulamentação da externalização produtiva, por outro, não se traduz em fenômeno isolado.

Na regulamentação da Comunidade Europeia, ressalta Anna Ginès i Fabrellas, em substancioso ensaio[5], que não existe uma regulamentação global em matéria de externalização produtiva. A regulamentação é parcial, apenas em matéria de sucessão de empresas, mobilidade internacional de trabalhadores, cessão de trabalhadores mediante Empresa de Trabalho Temporário (ETT) e subcontratação na contratação pública[6].

No âmbito da Comunidade Europeia, portanto, não há regulamentação que estabeleça normas de proteção mínima em relação à subcontratação e suas consequências trabalhistas, a fim de proteger os trabalhadores e evitar que a descentralização produtiva redunde em maior precariedade dos trabalhadores[7].

Não existe regulamentação específica, mas princípios que regem a matéria, referindo-se Maria do Rosário Palma Ramalho[8], ao empreender estudo sobre a evolução do direito comunitário e a emergência do direito social na União Europeia, entre outros, aos princípios fundamentais que vão constituir o ponto de partida para o desenvolvimento das matérias sociais ao nível comunitário, como igualdade de remuneração entre trabalhadores e trabalhadoras por trabalho igual ou de igual valor, dever dos Estados Membros de promoverem melhorias das condições de trabalho e as normas que determinam a harmonização dos sistemas nacionais em áreas como empego, direito ao trabalho e a boas condições de trabalho, a segurança social e proteção contra acidentes e doenças profissionais, bem como princípio da livre circulação de trabalhadores, em termos materiais, uma decorrência do princípio geral da liberdade de estabelecimento.

O direito comunitário, consolidando a dimensão social da União Europeia[9], por seus mais importantes instrumentos normativos – diretivas e regulamentos comunitários – constitui o eixo central das legislações nacionais.

Exatamente sob o influxo do direito comunitário – e em busca de resposta para situação decorrente de crise econômica e seus reflexos no mercado de trabalho[10] – a Espanha, que considerava ilegal a cessão de trabalhador por empresa interposta, passou a admitir a prática por intermédio de empresa de trabalho temporário, devidamente autorizada conforme previsto em lei.

E assim a atividade da empresa de trabalho temporário deveria ser regulamentada por lei, cujo projeto apresentado[11] redundou na alteração do art. 43 do Estatuto do Trabalhador espanhol[12].

---

3 Cf. Maria do Perpétuo Socorro W. de Castro. *Terceirização. Uma expressão do Direito Flexível do trabalho na sociedade contemporânea*. LTr, 2014. p. 138.

4 Cf. disposições do art. 3º da CLT.

5 Anna Ginès i Fabrellas *Externalización productiva y elusión de compromissos laborales. La necessidade de revisar la normativa europea em matéria de subcontratación y sus consecuencias laborales*. Revisa Internacional y Comparada de Relaciones Laborales y Derecho del empleo. Volumen 4, num. 1, enero-marzo de 2016. ADAPT University Press, p. 4.

6 Diretiva 2001/23/CE do Conselho de 12 de março de 2001 – sucessão de empresas; Diretiva 96/71/CE de 16 de dezembro de 1996 e 2014/67/EU de 15 de maio do Parlamento Europeu e do Conselho – mobilidade internacional de trabalhadores; Diretiva 2008/104/CE do Parlamento Europeu e do Conselho de 19 de novembro de 2008 – cessão de trabalhador por meio de empresa de Trabalho Temporário; Diretiva 2014/24/EU do Parlamento Europeu e do Conselho de 26 de fevereiro – contratação pública.

7 Cf. Anna Ginès i Fabrellas, cit. p. 4.

8 *Direito Social da União Europeia*. Coimbra. Edições Almedina. 20009. p. 30.

9 Sobre finalidades fundamentais do Direito social da União Europeia, conferir por todos Alfredo Montoya Melgar. *Derecho del Trabajo*. Madrid:Editorial Tecnos. 36ª edición, 2015. p. 204-205.

10 Conforme se verifica da exposição de motivos do Real Decreto Lei n. 18/1993 a mudança na situação jurídica foi motivada pela crise econômica e seus reflexos no mundo do trabalho, a exigir mudança no Estatuto do Trabalhador espanhol capaz de gerar emprego.

11 Lei n. 14, de 1º.06.1994, de cuja exposição de motivos evidenciam-se, com clareza, a necessidade de mudança de paradigma legal, justificada inclusive pela tendência de Estados Membros da União Europeia em aceitar cessão temporária de empregado e o compromisso estatal no sentido de o mercado espanhol funcionar levando em conta as regras do jogo existentes na União Europeia.

12 Art. 43. Cesión de trabajadores. 1. La contratación de trabajadores para cederlos temporalmente a outra empresa sólo podrá efectuarse a través de empresas de trabajo temporal debidamente autorizadas en los términos que legalmente se establezcan. 2. En todo caso, se entende que se incurre en la cesión ilegal de trabajadores contemplada en lo presente artículo cuando se produzca alguna de las seguintes circunstancias: que el objeto de los contratos de servicios entre as empresas se limite a una mera puesta a disposición de los trabajadores de la empresa cedente a la empresa cesionaria, o que la empresa cedente carezca de una actividad o de una organización propia y estable, o no cuente con los médios necessários para el desarrollo de su actividad, o no ejerza las funciones inherentes a su condición de empresário. 3. Los empresários, cedente e cessionário, que infrinjan lo señalado en los apartados anteriores responderán solidariamente de las obligaciones contraídas con los trabajadores y con la Seguridad Social, sin prejuicio de las demás responsabilidades, incluso penales, que procedan por dichos actos. 4. Los trabajadores sometidos al tráfico prohibido tendrán derecho a adquirir la condición de fijos, a su elección, en la empresa cedente o cesionaria. Los derechos y obligaciones del trabajador en la empresa cesionaria serán los que correspondan en condiciones ordinarias a un trabajador que preste servicios en el mismo o el equivalente puesto de trabajo, si bien la antiguidade se computará desde el inicio de la cesión ilegal.

De acordo com o sistema espanhol a contratação de trabalhador para cessão temporária a outra empresa somente pode ocorrer por meio de empresa de trabalho temporário, a qual para se constituir necessita de autorização administrativa da Direção Provincial de Trabalho e Seguridade Social.

A autorização prévia, no entanto, não traduz mera formalidade burocrática, vez que somente é concedida se cumpridos os seguintes requisitos: disposição de estrutura organizada que permita cumprir as obrigações que assumir como empregador em relação ao objeto social; desenvolver exclusivamente a atividade objeto da empresa de trabalho temporário (objetivo único); inexistência de pendências fiscais ou de Seguridade Social; garantia financeira para cumprimento de obrigações salariais, indenizações e Seguridade Social; ausência de sanção com suspensão de atividades em duas ou mais ocasiões e inclusão da expressão *empresa de trabalho temporário* na razão social da empresa[13].

Verifica-se naquele sistema jurídico, ainda, que empresa de trabalho temporário é aquela cuja atividade consiste em colocar à disposição[14] de outra empresa usuária, com caráter temporário, trabalhadores por ela contratados. A contratação de trabalhadores para cessão temporária a outra empresa somente poderá ocorrer por meio de empresa de trabalho temporário, devidamente autorizada, nos termos previstos nesta Lei[15].

Por isso, como ressalta Anna Ginès i Fabrellas, em estudo já referido[16], a subcontratação de obras e serviços de uma parte ou toda a atividade produtiva é modalidade lícita de organização da produção, decorrendo a licitude da liberdade de iniciativa reconhecida pelo art. 38 da Constituição espanhola[17].

Com essa previsão legal, passou a Espanha a admitir outras formas de descentralização da atividade laboral, incorporando ao Estatuto do Trabalhador a possibilidade de cessão de trabalhador por pessoa interposta (ETT).

Mas, essa permissão vem acompanhada de exigência de idoneidade financeira da empresa de trabalho temporário[18] e da garantia de isonomia de tratamento[19], como forma de o sistema garantir mediante os adequados requisitos, limitações e controles, a manutenção dos direitos trabalhistas e de proteção social[20].

Ocorre, no entanto, que ao lado desse sistema de cessão de empregado por meio de empresa de trabalho temporário, prevê também o Estatuto do Trabalhador espanhol, com base na mencionada regra constitucional, que cuida dos direitos e liberdades, a possibilidade de contratação e subcontratação de obras ou serviços correspondentes à própria atividade. Na concepção desse sistema vê-se com nitidez que se desloca o eixo de vedação, na medida em que se admite a contratação e a subcontratação na atividade-fim, mas, em contra partida, assegura-se direitos e garantias ao trabalhador.

E, com isso, elimina discussão acerca de expressões vagas, imprecisas ou vaporosas, como "atividade-fim" e "especialização". Aliás, como ressalta Maria do Rosário Palma Ramalho[21], no sistema espanhol, em lugar de tais expressões utiliza-se "fuga lícita" ou "fuga ilícita" para distinguir entre externalização produtiva lícita ou fraude ao Direito do Trabalho.

Assim, nos termos do art. 42[22] do referido Estatuto, os empresários podem contratar ou subcontratar outros empresários para realização de obras ou serviços correspondentes à própria atividade.

---

13 Cf. art. 2º da Lei n. 14/1994, que regula a empresa de trabalho temporário.
14 Nos termos do art. 15 da Lei n. 14/1994, que regula as ETT, a direção e o controle da atividade se dá pela empresa tomadora dos serviços, *verbis*: Artículo 15. Dirección y control de la atividade laboral. 1. Cuando los trabalhadores desarrollen tareas em el ámbito de la empresa usuária, de acuerdo con lo previsto en esta norma, las facultades de dirección y control de la actividad laboral serán ejercidas por aquélla durante el tiempo de prestación de servicios en su ámbito. 2. En tales supuestos, y sin perjuicio del ejercicio por la empresa de trabajo temporal de la facultad disciplinaria atribuída por el artículo 58 del Estatuto de los Trabajadores, cuando una empresa usuária considere que por parte del trabajador se hubiera producido un incumplimiento contractual lo pondrá en conocimiento de la empresa de trabajo temporal a fin de que por ésta se adopten las medidas sancionadoras correspondientes.
15 Art. 1º da Lei n. 14/1994.
16 Idem. Ibidem.
17 Capitulo II. Direitos e Liberdades. Art. 38. Se reconoce la liberdad de empresa em el marco de la economia de mercado. Los poderes públicos garantizan y protegen su ejercicio y la defensa de la productividad, de acuerdo com las exigências de la economia general y, em su caso, de la planificación.
18 Ley 14/1994, de 1 de junio, vigente hasta el 31 de diciembre de 2006. Artículo 3. Garantía financiera. 1. Las empresas de trabajo temporal deberán constituir uma garantia, a disposición de la autoridade laboral que conceda la autorización administrativa, que podrá consistir em: Depósito en dinero efectivo o em valores públicos em la Caja General de Depósitos o em sus sucursales. Aval o fianza de caráter solidário prestado por um Banco, Caja de Ahorros, Cooperativa de Crédito, Sociedad de Garantía Recíproca o mediante póliza de seguros contratada al efecto.
19 Ley 14/1994, de 1 de junio, vigente hasta el 31 de diciembre de 2006. Artículo 11. Derechos de los trabajadores. 1. Los trabajadores contratados para ser cedidos a empresas usuárias tendrán derecho durante los períodos de prestación de servicios en las miesmas a percibir, como mínimo, la retribuición total estabelecida para el puesto de trabajo a desarrollar em lo convenio colectivo aplicable a la empresa usuária, calculada por unidad de tiempo. Dicha remuneración deberá incluir, em su caso, la parte proporcional correspondiente al descanso semanal las pagas extraordinárias, los festivos y las vacaciones, siendo responsabilidade de la empresa usuária la certificación de las percepciones finales del trabajador. A tal efecto, la empresa usuária deberá consignar dicho salario em lo contrato de puesta a disposición del trabajador.
20 Cf. consta da exposição de motivos da Lei espanhola n. 14/1994.
21 Cf. Anais do 14º Colóquio da Academia Brasileira de Direito do Trabalho, realizado em 23.03.2017, no Maksoud Plaza Hotel, versando sobre Terceirização: Novos debates de temas antigos, onde a Acadêmica discorreu sobre o sistema na União Europeia e também na Espanha.
22 Art. 42. Subcontratación de obras y servicios. 1. Los empresarios que contraten o subcontraten con otros la realización de obras o servicios correspondientes a la propia actividad de aquéllos deberán comprovar que dichos contratistas estén al corriente en el pago de las cuotas de la Seguridad Social. Al efecto, recabarán por escrito, com identificación de la empresa afectada, certificación negativa por descubiertos en la Tesorería General de la Seguridad Social, que deberá librar inexcusablemente dicha certificación en el término de treinta días improrrogables y em los teminos que reglamentariamente se establezcan. Transcurrido este plazo, quedrá exonerado de responsabilidad el empresário solicitante.

Do comando legal sobressaem duas diretrizes essenciais: a contratação ou subcontratação somente pode ocorrer entre empresas e o objeto da descentralização produtiva, na modalidade que equivale à chamada terceirização[23] no nosso sistema, volta-se para a própria atividade[24].

Além disso, como evidencia a formulação normativa espanhola[25], a empresa que subcontrata sua própria atividade responde solidariamente por obrigações inerentes a salário, seguridade social e prevenção de riscos trabalhistas a fim de proteger o trabalhador das empresas contratadas.

A responsabilidade é, portanto, limitada à hipótese de contratação ou subcontratação da própria atividade, assim compreendida a atividade nuclear ou inerente.

Com relação à contratação ou subcontratação de atividade complementar, ou seja, aquela não qualificada como própria atividade, não há responsabilidade da empresa principal em relação aos trabalhadores das empresas por ela contratada[26].

Essa distinção, originária da lei e devidamente interpretada pelo Judiciário espanhol, deixa à margem o trabalhador que, por força de contratação ou subcontratação, presta serviços de natureza complementar ou acessória a empresa contratante ou usuária, no entanto, a doutrina[27] já aponta a premente necessidade de introduzir de *lege ferenda* o princípio da igualdade de tratamento para a hipótese de externalização da produção também para atividades não nucleares, como forma adequada de proteger o trabalhador.

A invocada condição de paridade teria respaldo na normativa comunitária, como, aliás, previsto na Diretiva 2008/104/CE, do Parlamento Europeu do Conselho, relativa ao trabalho por meio de Empresas de Trabalho Temporário (ETT).

Em síntese, no sistema jurídico espanhol, mais especificamente nos arts. 42 e 43 do Estatuto dos Trabalhadores, há previsão de externalização produtiva por meio de empresa de trabalho temporário ou por contratação ou subcontratação para realização de obra ou serviços correspondentes à própria atividade.

Na primeira hipótese – empresa de trabalho temporário, há isonomia de tratamento, de forma que as condições de trabalho e de emprego de trabalhadores cedidos por empresa de trabalho temporário, durante a prestação dos serviços na empresa contratante, serão pelo menos correspondentes às contratadas diretamente pela empresa para ocupar o mesmo posto.

Na segunda – subcontratação de obras e serviços, aplica-se o princípio da responsabilidade solidária entre as empresas contratante e contratada relativamente a direitos indisponíveis (salário, seguridade e riscos do trabalho). Mas, como a proteção somente beneficia a subcontratação correspondente à própria atividade, os trabalhadores de empresas contratadas para execução de obra ou serviço em atividades qualificadas como complementares ou acessórias ficam desprotegidos.

Essa desigualdade de tratamento tem sido apontada pela doutrina a fim de, revisando a norma, estender a responsabilidade solidária a toda hipótese de subcontratação, seja da própria atividade, seja de atividade complementar ou acessória, evitando-se com isso surgimento de trabalhador, que se imagina, de segunda categoria.

Nesse contexto, lembra-se ainda que o sistema de cessão de trabalhador por empresa de trabalho temporário, em virtude da aplicação do princípio da isonomia e de garantias inerentes à idoneidade financeira levou, em consequência, a modalidade a ter elevado custo, o que desestimula esse tipo de contratação, levando à preferência pela modalidade de subcontratação.

Por isso, na percepção da citada professora catalã[29], faz-se necessária reforma legislativa a fim de se introduzir no sistema jurídico o princípio da igualdade de tratamento também para hipótese de contratação ou subcontratação de atividade

---

23 Como ressalta Maria do Rosário Palma Ramalho "terceirização" não é tema da Europa, onde se adota a expressão do inglês *outsourcing*", para indicar o fenômeno da externalização produtiva (Cf. Anais do 14º Colóquio da Academia Brasileira de Direito do Trabalho, realizado em 23.03.2017), lembrando Georgenor de Souza Franco Filho que a terceirização no Brasil equivale a "*outsourcing*", do inglês, que, literalmente, é "fornecimento vindo de fora, ocorrendo quando o trabalho é desenvolvido dentro de uma empresa por outra com autonomia" (*Mudanças: Terceirização* (2). Belém/PA. Jornal o Liberal. Opinião. Edição de 16.04.2017, fl.2)

24 Própria atividade ou atividade inerente é a que faz parte do ciclo produtivo e se incorpora ao produto ou ao resultado final, conforme interpretação do Tribunal Supremo, constante do seguinte julgado: *Caben em princípio dos interpretaciones de dicho concepto: a) la que entende que propia actividad es la actividad indispensable, de suerte que integrarán el concepto, ademàs de las que constituyen el ciclo de producción de la empresa, todas aquellas que resulten necesárias para la organización del trabajo;b) la que úniunicamentetegra em el concepto las actividades inherentes, de modo que sólo las tareas que corresponden al ciclo produtivo de la empresa principal se entenderán "própria atividad" de ella. Em el primer caso, se incluyen como propias las tareas complementarias. Em el segundo, estas labores no "nucleares" quedan excluídas del concepto y, em consecuencia de la regulación del artículo 42 del Estatuto de los Trabajadores. Como sañala la Sentencia de esta Sala de 18 enero 1995 (RJ 1995/514) "si se exige que las obras y servicios que se contratan o subcontratan deben corresponder a la propia actividad empresarial del comitente, es porque el legislador está pensando em uma limitación razonable que excluya uma interpretación favorable a cualquier clase de actividad empresarial". Es obvio que la primera de las interpretaciones posibles anula el efecto del mandato del artículo 42 del Estatuto de los Trabajadores que no puede tener outra finalidade que reducir los supostos de responsabilidade del empresário comitente. Por tanto há de acogerse la interpretación que entende que propia actividad de la empresa es la que engloba las obras y servicios nucleares de la comitente, entendendo, de acuerdoncon la sentencia referida que "nos encontraríamos ante uma contrata de este tipo cuando de no haberse concertado ésta, las obras y servicios debieran realizarse por el próprio empresário comitente so pena de prejudicar sensiblemente su actividad empresarial"* (STS, 4ª, 24.11.1998 (RJ 1998/10034). (Jurisprudência extraída do texto de Anna Ginès i Fabrellas Externalización... op.cit.p 6).

25 Estatuto do Trabalhador, art. 42.2 – El empresário principal, salvo el transcurso del plazo antes señalado respecto a la Seguridad Social, y durante el año siguiente a la terminación de su encargo, responderá solidariamente de las obligaciones de naturaliza salarial contraídas por los contratistas y subcontratistas com sus trabajadores y de las referidas a la Seguridad Social durante el período de vigencia de la contrata.

26 Nesse sentido Anna Ginès i Fabrellas, cit. p. 6.

27 Cf. Anna Ginès i Fabrellas, cit. p. 10.

28 Cf. proposição de Anna Ginès i Fabrellas, *op. cit.* p.12.

29 Anna Ginès i Fabrellas, cit. p. 9.

complementar, secundária ou acessória, generalizando-se, assim, a garantia inerente à responsabilidade solidária para proteger adequadamente os trabalhadores de modo geral e, dessa forma, evitar supressão de direitos trabalhistas por meio de subcontratação.

2. EXTERNALIZAÇÃO PRODUTIVA: TERCEIRIZAÇÃO E SUBCONTRATAÇÃO NO SISTEMA BRASILEIRO. BASE LEGAL E FRAUDE

Diversamente do modelo espanhol (subcontratação com responsabilidade solidária limitada ou ETT com isonomia), a que se reportou, a externalização da atividade produtiva no sistema nacional se dá por meio do processo de terceirização,

(i) sem observância do critério de isonomia de tratamento entre os empregados da empresa contratada, cedente da mão de obra, e empregados da empresa contratante, tomadora dos serviços, (ii) sem exigência de regras mínimas para criação e operacionalização de empresas de terceirização e (iii) sem efetivo e rigoroso controle de idoneidade.

A consequência é a adoção do processo de terceirização irresponsável, com inquestionável atentado a direitos e garantias do trabalhador, inclusive à segurança no trabalho e à previdência social, além do reflexo no Judiciário trabalhista, chamado a solucionar o altíssimo grau de litigiosidade inerente.

Contudo, mesmo diante dessa realidade, o primeiro aspecto a destacar é que terceirização, foco da atenção, é assimilada com subespécie do fenômeno da desconcentração produtiva e econômica, por meio de parceria, e não terceirização de tarefas com intuito de reduzir custos, como sinônimo de fraude, na forma em que é praticada, salvo raras exceções.

De fato, colocando em paralelo a terceirização como parte da estratégia das empresas para *externalização* do processo produtivo ou de realização de serviços (especialista com autonomia) e a inerente a *contratação de tarefas* (mão de obra), corresponde esta modalidade a tipo ilegal e, como tal, deve ser banido.

A partir dessa premissa, entende-se que a externalização do processo produtivo ou de realização de serviços encontra respaldo na ordem jurídica[30]. aspecto que não comporta mais dúvida, notadamente com edição da recentíssima Lei n. 13.429, de 31.03.2017, que a propósito de alterar dispositivos da Lei n. 6.019/74, que dispõe sobre trabalho temporário, acabou por introduzir no sistema jurídico a terceirização ampla[31].

Trata-se apenas da concepção ou da possibilidade de terceirizar, no contexto de lei que trata de trabalho temporário ou possibilidade de terceirizar por tempo limitado, mas sem dispor acerca da indispensável regulamentação própria. Por isso, na percepção de Georgenor de Souza Franco Filho, a terceirização não deveria ser tratada como parte da lei que trata do trabalho temporário, mas em lei própria, até porque se trata de institutos diferentes, com naturezas completamente distintas. E conclui o citado jurista: "Esse fato não altera sua existência"[32].

A par disso, na prática, os litígios decorrentes de situações de terceirização, assim como a noção de licitude ou ilicitude do processo, já se encontravam estão sedimentados na Súmula n. 331, do Tribunal Superior do Trabalho (TST).

A referida súmula considerava – e ainda considera, até o momento – como lícita a subcontratação de serviços em grupos: trabalho temporário, atividades de vigilância, conservação e limpeza e serviços especializados ligados à atividade-meio do tomador, este ainda cercado de viva controvérsia pela dificuldade, ante à complexidade e multiplicidade do processo produtivo, de se distinguir o que é atividade-meio e atividade-fim.

Em síntese, sob o ponto de vista da legalidade, embora não possua regulamentação específica – cujo PLC n. 30/2015, ainda tramita no Senado Federal, a externalização produtiva, nas modalidades terceirização e subcontratação, encontra base no sistema jurídico.

Em primeiro lugar, a subcontratação não é prática nova, pois já contemplada pela Consolidação das Leis do Trabalho, que prevê possibilidade de se transferir atividade-fim, caracterizada por etapa do processo produtivo a terceiros mediante contrato de empreitada.[33]

Depois, a terceirização é fenômeno mais recente pelo qual a empresa transfere a terceiro processo produtivo ou realização de serviços especializados. O subcontratante especialista tem autonomia e executa serviços claramente definidos ou produção particular.

Como não havia lei específica autorizando expressamente, a jurisprudência apenas admitido a terceirização em atividade-meio.

E, enquanto isso, acirram-se apaixonados debates,[34] envolvendo terceirização, tanto daqueles que a defendem com

---

30 É o que se depreende das disposições da Lei n. 6.019/1974, que dispõe sobre trabalho temporário em empresas urbanas; da Lei n. 7.102/1983 alterada pela Lei n. 8.863/1994, que regulamenta a contratação de serviços de segurança bancária e vigilância, entre outras contratações que podem ser enquadradas no conceito de terceirização: Lei n. 11.788/2008, que regulamenta o estágio; Lei n. 5.889/1973, relativa a trabalhadores rurais; Lei n. 8.897/1995, relativa a concessão de serviços públicos. Mais recentemente, as Leis ns. 8.987/1995 e 9.472/1997 passaram a admitir a contratação de terceiros para desenvolver atividades inerentes, acessórias ou complementares no âmbito das atividades por elas disciplinadas. **Agora, com a recente Lei n. 13.429, de 31.03.2017, o instituto foi reconhecido, mas ainda depende de regulamentação própria, como, aliás, previsto pelo PLC n. 30/2015, que tramita no Congresso Nacional.** Essa base legal vem respaldada pelos princípios constitucionais da livre iniciativa e dos que regem a ordem econômica (CF. arts. 1º, IV, e 170), que autorizam o livre empreender desde que respeitada a dignidade da pessoa humana/trabalhador e observados os ditames da justiça social.

31 Cf. arts. 4º-A e seguintes da citada Lei.

32 (*Mudanças: Terceirização* (2). Belém/PA. Jornal o Liberal. Opinião. Edição de 16.04.2017, fl. 2)

33 CLT Art. 455: Nos contratos de subempreitada responderá o subempreiteiro pelas obrigações derivadas do contrato de trabalho que celebrar, cabendo, todavia, aos empregados, o direito de reclamação contra o empreiteiro principal pelo inadimplemento daquelas obrigações por parte do primeiro. Art. 652 [...] III – os dissídios resultantes de contratos de empreitadas em que o empreiteiro seja operário ou artífice.

34 A propósito, o Ministro Ives Gandra da Silva Martins Filho, Presidente do Tribunal Superior do Trabalho, em entrevista sobre necessidade de marco regulatório para a terceirização, destacou: "O ultraprotecionismo foi de tal ordem no TST que esse projeto de lei correndo no Congresso Nacional puxa o

fervor, quanto dos que a repudiam com veemência, estado de ânimo que persiste com a previsão legal de terceirização ampla.

Diante da viva polêmica, o certo é que, se por um lado, não se pode admitir, frente à ordem jurídica, que a terceirização – e também a subcontratação, seja instrumento de precarização das relações de trabalho ou que seja instrumento de redução ou aniquilamento de direitos, por outro, também não se pode banir a autonomia contratual e do livre empreender por meio de externalização produtiva, na subespécie terceirização, taxando-a simplesmente de ilegal, o que decididamente não será mais possível, inclusive por força da Lei n. 13.429/2017.

Isso porque a legalidade advém da ordem jurídica, tanto do invocado princípio da livre-iniciativa, quanto do sistema infraconstitucional.

Assim, a subcontratação tem respaldo na CLT[35] e no Código Civil[36] e a terceirização em disposições de leis esparsas[37], e da Súmula n. 331[38] do Tribunal Superior do Trabalho e agora com expressa previsão na Lei n. 13.429/2017, que introduziu no sistema legal o instituto da terceirização ampla.

Essa base legal vem respaldada pelos princípios constitucionais da livre iniciativa e dos que regem a ordem econômica (CF art. 1º, V, e 170)[39], que autorizam o livre empreender desde que respeitada a dignidade da pessoa humana/trabalhador e observados os ditames da justiça social.

Entretanto, embora seja importante prestigiar a regulamentação específica da terceirização – e não só a previsão legal do instituto (Lei n. 13.429/2017) –, preservando-se os avanços da legislação social e, acima de tudo, a dignidade do trabalhador, o certo é que, enquanto não vem lei regulamentar, o sistema jurídico dispõe de mecanismo suficiente para enfrentar precarização das relações de trabalho e impedir retrocesso social.

De fato, as disposições da CLT[40], que tratam da nulidade do ato que tem por objetivo desvirtuar, impedir ou fraudar a legislação trabalhista e as regras do Código Civil[41], que

---

radicalismo para o outro lado. E o próprio Supremo Tribunal Federal, que já havia reconhecido repercussão geral em um determinado aspecto da terceirização, na questão das teles e de *call center*, acabou reconhecendo repercussão geral em tema genérico de terceirização com base em eventual violação ao art. 5º, II. Para o Supremo ter aberto essa porta de admitir repercussão geral por violação do princípio da legalidade, é que o TST está exagerando demais. Hoje, o tema da terceirização virou bandeira ideológica. Encontrei desembargador publicando livro sobre terceirização com o subtítulo: "Máquina de moer gente trabalhadora" [*de autoria do desembargador do TRT-10 Grijalbo Fernandes Coutinho*]. Para alguém dizer que terceirização é máquina de moer carne humana é porque já não tem mais argumento jurídico. Aí qualquer coisa vale. Então, se você começa a interpretar de forma a exagerar uma proteção que já existe na lei, a partir daí você vai ter a reação do outro lado". Disponível em: <http://www.conjur.com.br/2015-abr-30/entrevista-ives-gandra-martins-filho-vice--presidente-tst>. Acesso em: 24 maio 2016. A par disso, com a edição da Lei nº 13.429, de 31.03.2017, está acontecendo importante mobilização social contra a introdução do instituto da terceirização no sistema jurídico, nesse contexto, foi divulgado "Documento em defesa do Direito do Trabalho e da Justiça do Trabalho no Brasil" (<http://s.conjur.com.br/dl/manifesto-ministros-tst-defesa-direito.pdf>; <http://www.conjur.com.br/2016-jun-10/ministros-reagem-possivel-desconstrucao-direito-trabalho>), de autoria da maioria dos Ministros do TST, bem como Nota da Associação Nacional dos Procuradores do Trabalho (ANPT) criticando a aprovação do projeto de lei que libera terceirização indiscriminada (http://www.anpt.org.br/imprensa/noticias/3064-nota-publica-anpt-pede-rejeicao-de-texto-apresentado-por-relator-e-tambem-pelo-governo-sobre-a-reforma-trabalhista.

35 Empreitada e pequena empreitada, arts. 455 e 652, III, supratranscritos.
36 Contrato de prestação de serviços e empreitada Código Civil, Art. 593. A prestação de serviço, que não estiver sujeita às leis trabalhistas ou a lei especial, reger-se-á pelas disposições deste Capítulo. Art. 594. Toda a espécie de serviço ou trabalho lícito, material ou imaterial, pode ser contratada mediante retribuição. Art. 610. O empreiteiro de uma obra pode contribuir para ela só com seu trabalho ou com ele e os materiais.
37 Lei n. 6.019/1974, que institui o regime de trabalho temporário. Trabalho temporário é aquele prestado por pessoa física a uma empresa, para atender à necessidade transitória de substituição de seu pessoal regular e permanente ou à acréscimo extraordinário de serviços (não pode exceder de 3 meses – art. 10). A Lei n. 7.102/1983 estabelece normas para constituição e funcionamento das empresas particulares que exploram serviços de vigilância de transporte de valores e dá outras providências. A Lei n. 9.472/1997 (art. 94, II), que organiza serviços de telecomunicações: No cumprimento de seus deveres, a concessionária poderá, observadas as condições e limites estabelecidos pela Agência: [...] contratar com terceiros o desenvolvimento de atividades inerentes, acessórias ou complementares ao serviço, bem como a implementação de projetos associados. Mais recentemente as Leis ns. 8.987/1995 e 9.472/1997 admitem a contratação de terceiros para desenvolver atividades inerentes, acessórias ou complementares no âmbito das atividades por elas disciplinadas.
38 Súmula n. 331 do TST. CONTRATO DE PRESTAÇÃO DE SERVIÇOS. LEGALIDADE (nova redação do item IV e inseridos os itens V e VI à redação) – Res. n. 174/2011. I – A contratação de trabalhadores por empresa interposta é ilegal, formando-se o vínculo diretamente com o tomador dos serviços, salvo no caso de trabalho temporário (Lei n. 6.019, de 03.01.1974). II – A contratação irregular de trabalhador, mediante empresa interposta, não gera vínculo de emprego com os órgãos da Administração Pública direta, indireta ou fundacional (art. 37, II, da CF/1988). III – Não forma vínculo de emprego com o tomador a contratação de serviços de vigilância (Lei n. 7.102, de 20.06.1983) e de conservação e limpeza, bem como a de serviços especializados ligados à atividade-meio do tomador, desde que inexistente a pessoalidade e a subordinação direta. IV – O inadimplemento das obrigações trabalhistas, por parte do empregador, implica a responsabilidade subsidiária do tomador dos serviços quanto àquelas obrigações, desde que haja participado da relação processual e conste também do título executivo judicial. V– Os entes integrantes da Administração Pública direta e indireta respondem subsidiariamente, nas mesmas condições do item IV, caso evidenciada a sua conduta culposa no cumprimento das obrigações da Lei n.º 8.666, de 21.06.1993, especialmente na fiscalização do cumprimento das obrigações contratuais e legais da prestadora de serviço como empregadora. A aludida responsabilidade não decorre de mero inadimplemento das obrigações trabalhistas assumidas pela empresa regularmente contratada. VI – A responsabilidade subsidiária do tomador de serviços abrange todas as verbas decorrentes da condenação referentes ao período da prestação laboral.
39 Constituição Federal, art. 1º, V. A República Federativa do Brasil, formada pela união indissolúvel dos Estados e Municípios e do Distrito Federal, constitui-se em Estado Democrático de Direito e tem como fundamentos: [...] IV – os valores sociais do trabalho e da livre iniciativa. Art. 170. A ordem econômica, fundada na valorização do trabalho humano e na livre iniciativa, tem por fim assegurar a todos existência digna, conforme os ditames da justiça social, observados os seguintes princípios: I – soberania nacional; II – propriedade privada; III – função social da propriedade; IV – livre concorrência; V – defesa do consumidor; VI – defesa do meio ambiente, inclusive mediante tratamento diferenciado conforme o impacto ambiental dos produtos e serviços e de seus processos de elaboração e prestação; redução das desigualdades regionais e sociais; VIII – busca do pleno emprego; IX – tratamento favorecido para as empresas de pequeno porte constituídas sob as leis brasileiras e que tenham sua sede e administração no País. Parágrafo único. É assegurado a todos o livre exercício de qualquer atividade econômica, independentemente de autorização de órgãos públicos, salvo nos casos previstos em lei.
40 Art. 9º. São nulos de pleno direito os atos praticados com o objetivo de desvirtuar, impedir ou fraudar a aplicação dos preceitos contidos na presente Consolidação.
41 Art. 41. A liberdade de contratar será exercida em razão e nos limites da função social do contrato. Art. 422. Os contratantes são obrigados a guardar, assim na conclusão do contrato, como em sua execução, os princípios de probidade e boa-fé.

prestigia a liberdade de contratar, mas exige a observância da função social do contrato e que as partes atuem com boa-fé, tem plena aplicabilidade em processo fraudulento de terceirização e prevalece em caso de fraude, de forma que, em caso de fraude, a Justiça requalifica o contrato. Por fim, a Constituição Federal[42] traz como princípio maior, fundamento da própria República, a dignidade humana.

Nesse cenário, a externalização produtiva deve ser mantida sob rigoroso controle, sendo outra relevante consequência decorrente do alicerce de legalidade o impedimento de possível argumento, puro e simples, de que terceirização é prática ilegal[43] e, por isso, deve ser banida. Aliás, após realização de audiência pública, o TST reconheceu a legalidade de externalização produtiva em atividade-fim, quando a real prestação de serviço se dá fora do estabelecimento da empresa principal[44].

A ilegalidade reside, sim, na fraude. Essa deve ser combatida com firmeza.

3. ESFORÇO POLÍTICO PARA REGULAMENTAÇÃO DA TERCEIRIZAÇÃO

Há de se ressaltar, de plano, que a falta de regulamentação da terceirização no Brasil não decorreu ou decorre de simples ausência de vontade política, mas de compreensível dificuldade em se regulamentar aspecto que envolve Direito Material do Trabalho, com garantia de ampla participação da sociedade, assegurando-se que não ocorra retrocesso em direitos sociais e garantias fundamentais do trabalhador.

Dentro do esforço legislativo, acaba de ser editada a Lei n. 13.429, de 31.03.2017, que, acrescentando o art. 4º-A à Lei n. 6.019/1974, prevê terceirização ampla, por meio de empresa prestadora de serviços a terceiros, mas sem regulamentação específica. Quanto à regulamentação, no contexto dos esforços legislativos, o projeto de lei que mais avançou foi o de n. 4.330/2004, atualmente tramitando no Senado Federal com n. PLC 30/2015[45].

Entretanto, o certo é que autorização legal como ocorre, liberando indistinta e indiscriminadamente a terceirização, não atende, primeiro, porque não contempla proteção ao trabalhador, com a positivação, no mínimo, de regras de isonomia e de sistema de responsabilidade solidária para toda intermediação de mão de obra por interposta pessoa; depois, porque como se trata de fenômeno econômico e multidisciplinar – e não fenômeno jurídico, deixa à margem questão central do debate voltada à natureza da atividade.

Ademais, a externalização produtiva, como praticada, tem gerado precarização das relações de trabalho, com notória desigualdade entre trabalhadores contratados por empresa principal e trabalhadores contratados por empresa prestadora de serviços, além de ser responsável, em certa medida[46], pelo elevadíssimo índice de acidentes de trabalho, como, aliás, revelado em audiência pública realizada pelo Tribunal Superior do Trabalho[47].

---

42 Art. 1º A República Federativa do Brasil, formada pela união indissolúvel dos Estados e Municípios e do Distrito Federal, constitui-se em Estado Democrático de Direito e tem como fundamentos: [...] III – a dignidade da pessoa humana [...].

43 Ives Gandra da Silva Martins Filho, ao enfrentar especificamente essa questão, concluiu: "... não se pode pretender impedir a terceirização a todo custo, inclusive *contra legem*, nem distorcer realidades fáticas que demonstram a possibilidade, viabilidade e conveniência da terceirização de serviços. O que, sim, é necessário é a *adoção de medidas que protejam adequadamente os trabalhadores terceirizados,* assegurando-lhes não apenas os direitos trabalhistas mínimos, mas também as condições de trabalho seguras e dignas". (O fenômeno da terceirização e suas implicações jurídicas. DPU n. 43 – jan.-fev.2012. Assunto especial. Acesso em: 24 maio 2016. <http://www.direitopublico.idp.edu.br/direitopublico/article/view/1229/799>.

44 I) AGRAVO DE INSTRUMENTO DO BANCO RECLAMADO – TERCEIRIZAÇÃO DE SERVIÇOS BANCÁRIOS – SUBORDINAÇÃO JURÍDICA – SÚMULA N. 126 DO TST. 1. Após a audiência pública realizada pelo TST para aprofundamento sobre os aspectos técnicos do fenômeno da terceirização, com vistas à análise jurídica de sua licitude e dos meios de se coibirem os abusos quanto aos direitos dos trabalhadores, pode-se desenhar a moldura dentro da qual enquadrar os casos concretos a serem analisados por esta Corte, com seus quatro critérios bem definidos: a) a modalidade de terceirização que demanda atenção da Justiça do Trabalho é a da locação de mão de obra, em que o trabalhador labora ombro a ombro com os trabalhadores da empresa principal, nas dependências desta, diferentemente da prestação de serviços, que se dá nas dependências da empresa terceirizada, com entrega final dos bens ou serviços; b) é lícita a locação de mão de obra para atividade-meio da empresa tomadora dos serviços, desde que não caracterizada a subordinação direta ou a pessoalidade em relação à empresa principal, estabelecendo-se o vínculo direto com a empresa principal caso o conteúdo ocupacional do trabalho do empregado enquadre-se na atividade-fim de especialização da empresa principal; c) no setor privado, o inadimplemento das obrigações trabalhistas por parte da prestadora dos serviços impõe a responsabilidade subsidiária objetiva da tomadora dos serviços; d) no setor público, a responsabilidade subsidiária é subjetiva, dependendo da demonstração de culpa *in vigilando* ou *in eligendo* da administração pública. 2. No caso das instituições financeiras, os serviços típicos de bancário, pelo seu conteúdo ocupacional, são de natureza burocrática, ligados ao depósito de dinheiro, saque e compensação de cheques, abertura de contas, realização de operações de crédito, financiamento e investimento, pois o que caracteriza um banco é o comércio com a mercadoria de maior fluidez do mundo, que é o dinheiro, captando-o, guardando-o e fazendo-o multiplicar-se através da atividade creditícia. Ora, no setor bancário, essas atividades de cunho burocrático que compõem o dia a dia do bancário, nas agências, nos balcões ou nos bastidores da sede ou das filiais das instituições financeiras, integram o núcleo da atividade-fim dos bancos. [...] 5. Assim, a terceirização de atividade-fim da tomadora dos serviços só se admite na hipótese de real prestação de serviços fora do estabelecimento da empresa principal, como ocorre no caso dos correspondentes bancários, em que estes possuem seus próprios estabelecimentos, operam com seus próprios equipamentos e contratam e dirigem o trabalho de seus próprios empregados. [...] Processo: ARR – 128200-43.2007.5.15.0129. Relator Ministro: Ives Gandra Martins Filho, DEJT 02.12.2011. <http://www.tst.jus.br/consulta-unificada>.

45 PLC nº 30/2015, <https://www25.senado.leg.br/web/atividade/materias/-/materia/120928>. Acesso em: 20 abr. 2017.

46 O índice de acidente de trabalho é inerente a todos os setores da atividade produtiva, mas destaca-se com percentuais elevados o setor da construção civil. Todavia, o setor formal da indústria da construção civil rebate a estatística, sob o argumento de que é no setor informal (que opera à margem da lei ou no âmbito particular) da construção onde há maior incidência de acidentes de trabalho. E, ao final, todo o infortúnio é creditado indistintamente ao setor.

47 Audiência pública sobre terceirização, realizada no TST, nos dias 4 e 5 de outubro de 2011, com o objetivo de coletar elementos técnicos necessários à melhor compreensão socioeconômica do fenômeno da terceirização, levando subsídio e embasamento fático às decisões judiciais inerentes ao tema. Nesse espaço de tempo cerca de 40 especialistas, falando para assistentes dos variados setores da sociedade, expuseram sobre pontos positivos e negativos, vantagens e desvantagens e necessidade de adequar a terceirização. <http://www.tst.jus.br/noticias?p_p_id=3&p_p_lifecycle=0&p_p_state=maximized&p_p_mode=view&p_p_col_count=2&_3_struts_action=%2Fsearch%2Fsearch&_3_keywords=audiencia+publica+terceiriza%C3%A7%C3%A3o&_3_groupId=0&x=12&y=12>.

A delicada situação do Brasil em matéria de acidentes do trabalho, imputados na grande maioria à precarização das relações de trabalho, em decorrência da terceirização ilegal, já foi comparado a *"tsunami brasileiro"*,[48] a merecer não só atenção, mas providências urgentes que venham tutelar o trabalhador que emprega sua mão de obra por meio de interposta pessoa como forma de subsistência.

Assim, liberar externalização da atividade não significa caminho livre para aniquilar direitos e garantias dos trabalhadores de empresas terceirizadas, mesmo porque está na base do sistema jurídico, inclusive o trabalhista, direitos e garantias constitucionais, dentre eles isonomia e dignidade humana, que não aceitam retrocessos.

Dessa forma, dispor lei regulamentar, na forma como posta à análise do Senado Federal, sem sistema de responsabilidade solidária e sem adotar princípio da isonomia, só potencializará os conflitos nas relações de trabalho.

Portanto, o empresário que, por opção estratégica, delegar atividade inerente ao ciclo produtivo não pode ser impedido em razão da autonomia da vontade e do livre empreender assegurada pela Constituição Federal, mas, para equilibrar o sistema, o empreendedor deve atender aos princípios da isonomia e da responsabilidade solidária.

Afinal, não existe liberdade sem responsabilidade. Quanto mais livre, mais responsabilidade há de se fazer presente. Nessa direção, aliás, a legislação espanhola[49], que, ao regular parcialmente os efeitos das subcontratações sob a perspectiva do Direito do Trabalho, estabelece que as empresas que subcontratem sua própria atividade respondem solidariamente pelas obrigações salariais, de seguridade social e riscos do trabalho[50].

A legislação espanhola, como se vê, não estende a responsabilidade solidária entre empresa contratante e contratada de forma ampla e irrestrita, para todas as hipóteses, mas apenas nos casos de subcontratação da própria atividade e no que diz respeito a direitos essenciais do trabalhador.

Assim, como direitos trabalhistas ficam fora do alcance da responsabilidade solidária, esforços doutrinários se voltam, naquele país, para a inserção no sistema jurídico do princípio da igualdade de tratamento a fim de evitar externalização produtiva com base em redução de custos e para evitar precarização nas relações de trabalho.

Voltando ao nosso sistema, há muito firmei convicção no sentido de que, na reconhecida impossibilidade de refrear o fenômeno econômico com negativos impactos nas relações de trabalho, restava-nos admiti-lo, estabelecendo regras e fixando limites, essencialmente com previsão legal do princípio da isonomia entre empregados da empresa contratante e empregados da empresa parceira contratada.

Adotar tal princípio, juntamente com a garantia da responsabilidade solidária, ainda que para direitos de primeira grandeza, como meio ambiente de trabalho, seguridade social e salário, como ocorre na legislação espanhola, já seria um avanço, capaz de afastar a reinante precarização das relações de trabalho.

Argumentos contrários e resistências, nesse caso, residiriam na inevitável elevação de custos. Mas, há de se ter sempre em mente que externalização da atividade produtiva não visa reduzir custo. O seu importante e destacado papel no mercado é reconhecidamente melhorar a produtividade pela maior especialização das empresas. Ou seja, produtividade com competência das empresas, jamais intermediação de mão de obra.

4. ASPECTOS JURISPRUDENCIAIS: TRIBUNAL SUPERIOR DO TRABALHO (TST)

Diante do vazio legislativo imperante e para enfrentar as consequências da externalização produtiva, cada vez mais frequente, a primeira reação do Judiciário foi proibi-la[51], exceto nos casos de trabalho temporário e de vigilância.

Essa orientação jurisprudencial sofreu modificação, passando a impedir a intermediação de mão de obra por interposta pessoa na atividade-fim[52].

Assim, a contraprestação de trabalho por empresa interposta, na visão do TST, continua ilegal. A exceção fica por conta do trabalho temporário, sendo lícito também celebrar contrato de prestação de serviço de vigilância, de conservação e limpeza e de serviços especializados ligados à atividade meio.

No entanto, apesar do enunciado da Súmula n. 331 do TST, reinstalou-se a divergência jurisprudencial em virtude de a Lei Geral das Telecomunicações trazer autorização para terceirizar atividade inerente nesse segmento[53], além do que é previsível a reavaliação dessa jurisprudência à luz da recente Lei n. 13.429, de 31.03.2017.

Assim, a transferência de determinada atividade ou de específico ciclo produtivo a ser executado por terceiro continua polêmico.

5. ASPECTOS JURISPRUDENCIAIS: SUPREMO TRIBUNAL FEDERAL (STF)

Embora o fenômeno da externalização produtiva se apresente de forma disseminada, com consequências nefastas nas relações de trabalho, a matéria é controvertida nos tribunais e ainda sem consenso no âmbito político, quanto à regulamentação (PLC n. 30/2015).

---

48 Fernando Maciel. *Acidentes de trabalho: tsunami brasileiro*. Jornal Correio Brasiliense, de 12.04.2011. Disponível em: <www.agu.gov.br>.
49 Estatuto do Trabalhador espanhol, art. 42.
50 Cf. Anna Ginès i Fabrellas. *Op. cit.*, p. 5.
51 Súmula n. 256/TST.
52 Cf. Súmula n. 331/TST.
53 ARE.791.932/DF, tendo o tema específico recebido n. 739 no catálogo de repercussão Geral do STF.

Mas, a matéria foi levada à apreciação do Supremo Tribunal Federal (STF) e teve reconhecida repercussão geral[54], com o tema "terceirização de serviços para a consecução da atividade-fim da empresa", oportunidade em que se propôs a mais alta Corte do país a apreciar a constitucionalidade da restrição imposta pela Justiça do Trabalho à terceirização.

O fundamento adotado para o acolhimento da repercussão geral foi possível violação à liberdade de contratar no âmbito do princípio constitucional da legalidade, de que cuida o art. 5º, II, da Constituição Federal.

A repercussão geral ao tema da terceirização foi admitida[55] sob premissa, segundo a qual, proibir terceirização de forma generalizada na atividade-fim com base em interpretação jurisprudencial viola o princípio da liberdade de contratar, inerente ao princípio constitucional da legalidade, vez que inexiste lei vedando a prática[56].

Assim, terceirização de atividade-fim, sob a ótica do TST[57], continua vedada, enquanto a tormentosa questão do mundo do trabalho no país encontra-se sob o crivo constitucional do STF.

Enquanto isso, ante o efeito *erga omnes*[58] da repercussão geral, o STF tem admitido ação a fim de cassar decisão do Tribunal Superior do Trabalho, como, aliás, ocorreu nos autos da Reclamação n. 10.132/PR[59]. Essa ação foi julgada procedente pelo STF para cassar a decisão do TST que, com apoio na Súmula n. 331, considerou terceirização ilegal na atividade de *call center*.

O sobrestamento de processos, no entanto, não é restrito a tal atividade. Instado a complementar a prestação jurisdicional reafirmou o STF que a liberdade de contratar é conciliável com a terceirização dos serviços para o atingimento da atividade-fim[60], abrangendo a repercussão geral todo o tema *"terceirização de serviços para a consecução da atividade-fim"*.

---

54 RE.713.211/MG, tendo o tema recebido n. 725 no catálogo de repercussão geral do STF.
55 "RECURSO EXTRAORDINÁRIO COM AGRAVO. ADMINISTRATIVO. AÇÃO CIVIL PÚBLICA. POSSIBILIDADE DE TERCEIRIZAÇÃO E SUA ILICITUDE. CONTROVÉRSIA SOBRE LIBERDADE DE TERCEIRIZAÇÃO. FIXAÇÃO DE PARÂMETROS PARA A IDENTIFICAÇÃO DO QUE REPRESENTA ATIVIDADE-FIM. POSSIBILIDADE. 1. A proibição genérica de terceirização calcada em interpretação jurisprudencial do que seria atividade-fim pode interferir no direito fundamental de livre-iniciativa, criando, em possível ofensa direta ao art. 5º, II, da CRFB, obrigação não fundada em lei capaz de esvaziar a liberdade do empreendedor de organizar sua atividade empresarial de forma lícita e da maneira que entenda ser mais eficiente. 2. A liberdade de contratar prevista no art. 5º, II, da CF é conciliável com a terceirização dos serviços para o atingimento do exercício do exercício-fim da empresa. 3. O *thema decidendum*, *in casu*, cinge-se à delimitação das hipóteses de terceirização de mão de obra diante do que se compreende por atividade-fim, matéria de índole constitucional, sob a ótica da liberdade de contratar, nos termos do art. 5º, II, da CRFB. 4. Patente, assim, a repercussão geral do tema, diante da existência de milhares de contratos de terceirização de mão de obra em que subsistem dúvidas quanto à sua legalidade, o que poderia ensejar condenações expressivas por danos morais coletivos semelhantes àquela verificada nestes autos. 5. Diante do exposto, manifesto-me pela existência de Repercussão Geral do tema, *ex vi* art. 543 do CPC. (STF, j. 15.05.2014 DJE n. 109 divulgado em 05.06.2014 publicado 06.06.2014. Acesso <www.stf.jus.br>).
56 ARE 713211 RG/MG. RECURSO EXTRAORDINÁRIO COM AGRAVO. ADMINISTRATIVO. AÇÃO CIVIL PÚBLICA. POSSIBILIDADE DE TERCEIRIZAÇÃO E SUA ILICITUDE. CONTROVÉRSIA SOBRE A LIBERDADE DE TERCEIRIZAÇÃO. FIXAÇÃO DE PARÂMETROS PARA A IDENTIFICAÇÃO DO QUE REPRESENTA ATIVIDADE-FIM. POSSIBILIDADE.
1. A proibição genérica de terceirização calcada em interpretação jurisprudencial do que seria atividade-fim pode interferir no direito fundamental de livre iniciativa, criando, em possível ofensa direta ao art. 5º, II, da CRFB, obrigação não fundada em lei capaz de esvaziar a liberdade do empreendedor de organizar sua atividade empresarial de forma lícita e da maneira que entenda ser mais eficiente.
2. A liberdade de contratar prevista no art. 5º, II, da CF é conciliável com a terceirização dos serviços para o atingimento do exercício-fim da empresa.
3. O *thema decidendum*, *in casu*, cinge-se à delimitação das hipóteses de terceirização de mão de obra diante do que se compreende por atividade-fim, matéria de índole constitucional, sob a ótica da liberdade de contratar, nos termos do art. 5º, II, da CRFB.
4. Patente, assim, a repercussão geral do tema, diante da existência de milhares de contratos de terceirização de mão de obra em que subsistem dúvidas quanto à sua legalidade, o que poderia ensejar condenações expressivas por danos morais coletivos semelhantes àquela verificada nestes autos [...].
57 A Lei n. 13.429, de 31.03.2017, que dispôs sobre terceirização foi editada recentemente, há 20 dias, portanto, sem tempo suficiente para o TST colocar em pauta a questão da compatibilidade do teor de sua Súmula n. 331 com o comando da referida Lei.
58 CPC Art. 1.035. O Supremo Tribunal Federal, em decisão irrecorrível, não conhecerá do recurso extraordinário quando a questão constitucional nele versada não tiver repercussão geral, nos termos deste artigo. § 1º Para efeito de repercussão geral, será considerada a existência ou não de questões relevantes do ponto de vista econômico, político, social ou jurídico que ultrapassem os interesses subjetivos do processo. [...] § 5º Reconhecida a repercussão geral, o relator no Supremo Tribunal Federal determinará a suspensão do processamento de todos os processos pendentes, individuais ou coletivos, que versem sobre a questão e tramitem no território nacional.
59 Reclamação Constitucional n. 10132 PR. [...]. De fato, ao afastar a terceirização da atividade de *call center* por parte das empresas de telecomunicação, por entendê-las compreendidas no conceito de atividade-fim, o Tribunal de origem acaba por negar vigência ao disposto no art. 94, II, da Lei n. 9.472/1997, que expressamente as autoriza a contratar com terceiros o desenvolvimento de atividades inerentes, acessórias ou complementares ao serviço. Assim, resta caracterizada a situação de não observância do art. 97 da Constituição e da Súmula Vinculante n. 10 do STF. Ante o exposto, julgo procedente a presente reclamação, para cassar a decisão do Tribunal Superior do Trabalho proferida nos autos do Recurso de Revista n. 6749/2007-663-09-00 e determinar que outra seja proferida em seu lugar, com observância do princípio da reserva de plenário [...]. Rel. Min. Gilmar Mendes. Pub. DJe de 08.05.2014.
60 AÇÃO CIVIL PÚBLICA. TERCEIRIZAÇÃO ILÍCITA. OMISSÃO. DISCUSSÃO SOBRE A LIBERDADE DE TERCEIRIZAÇÃO. FIXAÇÃO DE PARÂMETROS PARA A IDENTIFICAÇÃO DO QUE REPRESENTA ATIVIDADE-FIM. POSSIBILIDADE. PROVIMENTO DOS EMBARGOS DE DECLARAÇÃO PARA DAR SEGUIMENTO AO RECURSO EXTRAORDINÁRIO. 1. A liberdade de contratar prevista no art. 5º, II, da CF é conciliável com a terceirização dos serviços para o atingimento do exercício-fim da empresa.
O *thema decidendum*, *in casu*, cinge-se à delimitação das hipóteses de terceirização de mão de obra diante do que se compreende por atividade-fim, matéria de índole constitucional, sob a ótica da liberdade de contratar, nos termos do art. 5º, inciso II, da CRFB. Patente, outrossim, a repercussão geral do tema, diante da existência de milhares de contratos de terceirização de mão de obra em que subsistem dúvidas quanto à sua legalidade, o que poderia ensejar condenações expressivas por danos morais coletivos semelhantes àquela verificada nestes autos. 3. Embargos de declaração providos, a fim de que seja dado seguimento ao Recurso Extraordinário, de modo que o tema possa ser Supremo Tribunal Federal Documento assinado digitalmente conforme MP n. 2.200-2/2001 de 24/08/2001, que institui a Infraestrutura de Chaves Públicas Brasileira – ICP-Brasil. **STF ARE 713211 AGR-ED / MG <www.tst.jus.br>**.

Ou seja, o objeto da repercussão geral é a constitucionalidade ou não da restrição imposta pela Justiça do Trabalho[61] à terceirização por meio da Súmula n. 331.

Com razão, portanto, Helder Amorim e Gabriela Neves Delgado, quando colocam em relevo que o STF chama a si e "assume a crua dimensão da luta de classes, desta vez judicializada com pretensão de definitividade, quando, no plano político, o tema é objeto de uma acirrada disputa que se arrasta há mais de dez anos no Congresso Nacional, sem que tenham as partes envolvidas, representantes do capital e do trabalho, conseguido almejar o mínimo consenso"[62].

Assim, com a edição da Lei n. 13.429, de 31.03.2017, observa-se que a posição do STF em sede de repercussão geral coincide com a *mens legis*, ao admitir a terceirização de modo geral, restando à Corte Constitucional dirimir possíveis controvérsias acerca de termos imprecisos e vagos adotados ou que venham a ser adotados, como "atividade-fim" de que trata a jurisprudência consolidada do TST, "serviços específicos" mencionados pela lei recém-editada ou mesmo "atividade inerente".

Nesse cenário de controvérsias e incertezas, considerando que a questão é constitucional e que está sob a apreciação do STF e, ainda, considerando a recente modificação legislaltiva, os agentes de fiscalização[63] e de defesa[64] da ordem jurídica trabalhista ficam, em meio à luta de classes, com atuação limitada ou mesmo prejudicada, antes por ausência de lei a defender[65], atualmente pela existência de permissivo legal para a terceirização, além de atuar a posição do STF como questão prejudicial a ser enfrentada nas demandas.

6. CONCLUSÃO

Até recentemente, subcontratar ou terceirizar em determinadas circunstâncias, com observância estrita dos direitos sociais e absoluta preservação da dignidade do trabalhador, era lícito.

Mas, para tanto, era preciso um ponto de concórdia: com ou sem regulamentação específica desse fenômeno não se admite precarização.

Certamente, retrocesso não pode ser tolerado, mesmo porque o desenvolvimento econômico não pode se sustentar à custa da força de trabalho em estado precário. Aliás, o sistema jurídico, constitucional e infraconstitucional, dispõe de regras para impedir a ilicitude, até que o poder político seja capaz de normatizar, por completo, a matéria.

Assim, conclui-se com o Ministro Luiz Philippe Vieira de Mello[66], no sentido de que o problema é a extensão e o modo como é feita a terceirização, de forma que, para a normatização em curso não empurrar, cada vez mais, as relações de trabalho para a precarização, para não ser porta de entrada da degradação dos direitos trabalhistas e para que não fomente mais litigiosidade contida, indispensável a introdução na lei que venha regular a terceirização e suas consequências nas relações de trabalho[67] do princípio da isonomia de tratamento entre empregados da empresa contratante e empregados da empresa contratada ou subcontratada e da responsabilidade solidária.

A par disso, vê-se que a recente Lei n. 13.429, de 31.03.2017, inseriu no sistema jurídico nacional a figura da terceirização geral, mas ainda não há lei dispondo sobre regulamentação específica. Espera-se que lei que vier a regulamentar a matéria, além de requisitos e exigências de idoneidade da empresa fornecedora de mão de obra, contemple princípios de responsabilidade solidária e de isonomia, com preservação de direitos e garantias do trabalhador.

7. REFERÊNCIAS BIBLIOGRÁFICAS

ABDALA, Vantuil. *Aperfeiçoamento de regras para terceirização.* Notas Trabalhistas. Sistema FIRJAN, Ano VI n. 57. Julho/agosto 2008. P. 1-2.

AMORIM, Helder Santos. *Terceirização no serviço público. Uma análise à luz da nova hermenêutica constitucional.* LTr Editora, 2009.

---

61 TST, conforme disponibiliza no Núcleo de Repercussão Geral e Recursos Repetitivos (NURER), indica que a repercussão geral, conferida pelo STF diz respeito à **terceirização de serviços para consecução de atividade fim da empresa** (tema 725), o que pode ser acessado no link <http://www.tst.jus.br/documents/10157/1209996/Temas+de+repercuss%C3%A3o+geral+de+Interesse+da+JT+2>, e não apenas restrito ao segmento econômico de *call center*. O foco da repercussão geral 725 foi a Súmula 331 do TST na parte em que proíbe terceirização na atividade fim.

62 *Os limites constitucionais a terceirização.* São Paulo: LTr, 2014. p. 72.

63 Cf. Art. 21. Compete à União: [...] XXIV – organizar, manter e executar a inspeção do trabalho. CLT. Art. 626. Incumbe às autoridades competentes do Ministério do Trabalho, Indústria e Comercio, ou àquelas que exerçam funções delegadas, a fiscalização do fiel cumprimento das normas de proteção ao trabalho.

64 Cf. Art. 127. O Ministério Público é instituição permanente, essencial à função jurisdicional do Estado, incumbindo-lhe a defesa da ordem jurídica, do regime democrático e dos interesses sociais e individuais indisponíveis.

65 O Ministro Presidente do TST Barros Levenhagen, ao falar em audiência pública no Senado Federal acerca da terceirização, nega que o Tribunal tenha legislado sobre o tema, lembrando que "*essa modalidade de contratação surgiu nos Estados Unidos e na Inglaterra no bojo do Consenso de Washington, durante os governos Margareth Thatcher e Ronald Reagan, "uma época de sobrevalorização do capital". A prática foi adotada pelo Brasil "sem grandes discussões" também num período de maior exacerbação do capitalismo. "Empresas surgiram do dia para a noite, contratando trabalhadores pouco qualificados que não tinham as mesmas vantagens dos empregados diretos, configurando uma situação de rematada injustiça*", para, a seguir, registrar que "*foi nesse contexto de "terceirização predatória" que, na ausência de legislação específica, o TST começou a construir sua jurisprudência sobre matéria*". Por isso, o Presidente do TST "*definiu como equivocada a ideia de que o TST teria legislado o tema. Ele citou os artigos 4º da Lei de Introdução ao Código Civil (LICC) e 126 do Código de Processo Civil (CPC) para explicar que o juiz não pode deixar de decidir alegando lacuna na lei, e, nesses casos, deve recorrer à analogia, aos costumes e aos princípios gerais de direito. "Com uma quantidade enorme de processos decorrentes da terceirização, o Tribunal tinha de se posicionar*", afirmou. O posicionamento adotado foi sendo aperfeiçoado ao longo dos anos, com as mudanças introduzidas na Súmula 331". Cf. notícia do TST. Acesso em: 24 maio 2016: <http://www.tst.jus.br/noticias/-/asset_publisher/89Dk/content/presidente-do-tst-abre-audiencia-publica-sobre-terceirizacao-no-senado>.

66 *Não se pode vender como mercadoria o trabalho humano.* Informativo da Associação Nacional dos Procuradores do Trabalho – ANPT. Entrevista. Ano VI n. 61 Março 2011. p. 11.

67 PL n. 30 Senado. Acesso em: **20 abr. 2017**.

CARMENA, Maria Pons. *Modelo social europeo y protección de los derechos sociales fundamentales*. Editora Reus. Madrid. 2015.

CASTRO, Maria do Perpétuo Socorro W. de. *Terceirização. Uma expressão do direito flexível do trabalho na sociedade contemporânea*. LTr, 2014.

COUTINHO, Grijalbo Fernandes. *Terceirização. Máquina de Moer Gente Trabalhadora*. LTr Editora, 2015.

DAU, Denise Motta; RODRIGES, Iram Jácome; CONCEIÇÃO, Jefferson José da (Organizadores). *Terceirização no Brasil. Do discurso da inovação à precarização do trabalho. (Atualização do debate e perspectivas)*. Editora Annablume 2009.

DELGADO, Gabriela Neves; AMORIM, Helder Santos. *Os limites constitucionais da terceirização*. LTr. 2014.

FABRELLAS, Anna Ginès i. *Externalización productiva y elusioón de compromissos laborales. La necessidade de revisar la normativa europea em matéria de subcontratación y sus consecuencias laborales*. Revista Internacional y Comparada de Relaciones Laborales y Derecho del Empleo. Volumen 4, núm. 1, enero-marzo de 2016. ADAPT University Press.

MAIOR, Jorge Luiz Souto. *A terceirização e a lógica do Mal*. Dignidade Humana e Inclusão Social. (Coord.) Gabriela Delgado. LTr. 2010.

MANNRICH, Nelson. A terceirização e os novos desafios do Direito do Trabalho. *Revista da Academia Brasileira de Direito do Trabalho*. V. 20. 2015, p. 1.

MARÍN, José Marín. *Los trabalhos, os dias... e o direito. Uma aproximación a la "pehistoria" del Derecho del Trabajo*. Editora Bomarzo. Albacete/Espanha.

MELGAR, Alfredo Montoya. *Derecho del Trabajo*. Editora Tecnos. Madrid. 36ª 2015.

MELO FILHO, Luiz Felippe Vieira de. *Não se pode vender como mercadoria o trabalho humano*. Informativo da Associação Nacional dos Procuradores do Trabalho – ANPT. Ano VI n. 61 Março 2011. Entrevista, p. 11.

MINISTÉRIO DE TRABAJO Y ASSUNTOS SOCIALES. Edita y distribuye Subdirección General de Publicaciones. *El dialogo social en la Union Europea*. Madrid. 1997.

ORIONE, Marcus. Crescimento brasileiro e operário em construção. *Folha de São Paulo*. Opinião A3. 10.05.2011.

PÈREZ-BUSTAMANTE, Rogelio. *Instituciones de la Unión Europea (1951-2007)*. Editora Edisofer s.l. Madrid, 2007.

RIRAGLIA, Lígia Mendes Moreira. *A terceirização trabalhista no Brasil*. Editora Quartier Latin, 2008.

RIVERO, Gloria Rojas (coord). *Origens del contrato de trabajo y nacimento del Sistema de Protección Social*. Editora Bomarzo. Albacete/Espanha. 2012.

ROBORTELLA, Luiz Carlos. *O moderno direito do trabalho*. LTr, 1994.

SILVA, Antônio Alvares da. *Terceirização: um tigre de papel*. Editora RTM. 2015.

CAPÍTULO 6

O FENÔMENO JURÍDICO DA TERCEIRIZAÇÃO: ASPECTOS ATUAIS E RELEVANTES NO BRASIL

Luiz Eduardo Gunther*

1 INTRODUÇÃO

Quando se pensa no significado da terceirização, logo surge a pergunta: qual o papel do Direito para compreender a realidade da vida? E depois: há autonomia no Direito? Sem a resposta a essas perguntas, fica-se em dúvida a respeito do papel da terceirização, como pode ela ser efetivamente compreendida, dimensionada, e, mais importante, aceita (ainda que parcialmente) ou rejeitada (totalmente).

Nesse sentido, A. Castanheira Neves apresenta a seguinte indagação: "O Direito hoje e com que sentido?", refletindo sobre o problema atual da autonomia do Direito[1].

Absolutamente imprescindível é a análise do sentido do Direito, no mundo contemporâneo, para tentar desvendar o fenômeno jurídico existente no complexo vocábulo que se passou a conhecer como "terceirização".

Como se poderia esclarecer esse fenômeno, tão atual e debatido? Segundo Indalécio Gomes Neto, "a terceirização de serviços, obras, tarefas e atividades é uma tendência econômica de reorganização da produção capitalista"[2].

Observem-se os vocábulos que o autor empregou: "tendência econômica" e "reorganização da produção capitalista". Trata-se, portanto, de fenômeno de inegável conteúdo econômico.

O mesmo autor esclarece que "a terceirização hoje é tomada como uma ferramenta de gestão empresarial, que consiste na contratação de serviços especializados". E diz mais: que essa contratação de serviços especializados permite "à empresa contratante concentrar energia em sua principal vocação"[3].

Têm-se, assim, as expressões "contratação de serviços especializados" e "empresa contratante". Entra-se no mundo dos contratos, da empresa, do Direito.

Mas Direito em qual sentido? Há autonomia no Direito? Pode-se esclarecer, compreender e aplicar o vocábulo *terceirização* em sentido jurídico?

Para que se possa conferir à palavra *Direito* o sentido de Direito e, ao mesmo tempo, garantir a sua autonomia, indispensável revelar sua dimensão ética. Seriam três, segundo A. Castanheira Neves, as condições constitutivas e de emergência do Direito enquanto tal: a) uma condição mundano-social; b) uma condição humano-existencial; e c) uma condição ética[4].

A primeira condição (mundano-social) manifesta-se pela pluralidade humana na unicidade do mundo, que partilhamos por meio de um certo tipo situacional-comunicativo, como, por exemplo, as relações sociais. A segunda condição (humano--existencial) revela-se pelo problema institucional de integração ou de ordem, possibilitando a existência humana. A terceira e última condição (ética) reconhece a cada homem a dignidade de sujeito ético, a dignidade de pessoa e assim "simultaneamente com um valor indisponível para o poder e a prepotência dos outros e comunitariamente responsabilizado para com os outros"[5].

Juridicamente falando, então, como se pode dizer o que o fenômeno em estudo significa? Como é possível enunciá-lo, estabelecer seus caracteres, sua natureza jurídica?

2. O SIGNIFICADO JURÍDICO DO VOCÁBULO TERCEIRIZAÇÃO

O primeiro passo para entender o significado jurídico da terceirização é buscar sua origem.

O vocábulo *terceirização* foi adotado no Brasil, inicialmente, no âmbito da Administração de Empresas e depois os Tribunais do Trabalho também passaram a utilizá-lo, como revela Sergio Pinto Martins[6]. Nesse sentido, o fenômeno pode ser descrito como "a contratação de terceiros visando a realização de atividades que não constituam o objeto principal da empresa"[7].

---

* Desembargador do Trabalho no TRT da 9ª Região-PR. Professor do Centro Universitário Curitiba – UNICURITIBA. Doutor em Direito do Estado pela UFPR. Membro da Academia Brasileira de Direito do Trabalho, da Academia Paranaense de Direito do Trabalho, do Instituto Histórico e Geográfico do Paraná, do Centro de Letras do Paraná e da Associação Latino-Americana de Juízes do Trabalho. Coordenador do Grupo de Pesquisa que edita a Revista Eletrônica do TRT 9 (<http://www.mflip.com.br/pub/escolajudicial/>).

1   NEVES, A. Castanheira. *O direito hoje e com que sentido?* O problema atual da autonomia do direito. 3. ed. Lisboa: Instituto Piaget, 2012.
2   GOMES NETO, Indalécio; BRITO, Rider Nogueira de. *A terceirização no Brasil.* Curitiba: Íthala, 2012. p. 42.
3   *Idem.*
4   NEVES, A. Castanheira. *Op. cit.*, p. 70-71.
5   *Ibidem*, p. 71-72.
6   MARTINS, Sergio Pinto. *A terceirização e o direito do trabalho.* 13. ed. rev. e ampl. São Paulo: Atlas, 2014. p. 8.
7   *Idem.*

A terceirização poderia ser uma solução para todos os problemas empresariais? Alice Monteiro de Barros acredita que não, e menciona a necessidade de cautela "do ponto de vista econômico, pois implica planejamento de produtividade, qualidade e custos". Além do mais, enfatiza, a necessidade de cuidados redobrados do ponto de vista jurídico, pois o uso de mão de obra terceirizada pode implicar "reconhecimento direto de vínculo empregatício com a tomadora de serviços, na hipótese de fraude", ou "responsabilidade subsidiária dessa última, quando inadimplente a prestadora de serviços"[8].

Pode-se dizer que existem duas formas básicas de terceirização: a terceirização externa e a terceirização interna. A primeira forma (externa) surgiu no "setor automotivo e hoje invade a indústria em geral". Nesse caso, "uma empresa fabrica o produto, ou parte dele, e o vende à outra, que o completa e/ou monta". A fábrica, na verdade, externaliza etapas de seu ciclo produtivo, "ao invés de produzir por si mesma", organizando-se em rede. Na segunda forma (interna), "exemplo mais visível é o das empresas de asseio e conservação, mas que envolve também os *call centers*", o que equivale dizer "uma empresa negocia os próprios trabalhadores, alugando-os à outra". Segundo Márcio Túlio Viana, que nos dá todas essas explicações, essa última situação configura "o que sempre se chamou de *marchandage*"[9].

Como saber sobre a regularidade da terceirização? Existem limitações a serem observadas? Onde se apoiar para saber o que se pode ou não fazer quando se trata desse fenômeno?

Pode-se dizer que a terceirização compõe medidas com a finalidade de adequar "as relações de emprego às transformações que emergem no sistema de produção". Coloca-se, desse modo, a terceirização, ao lado de outras modificações na utilização da força de trabalho, "como trabalho em tempo parcial, trabalho temporário, *job sharing* e banco de horas"[10].

Essa realidade, da contratação da mão de obra por empresa interposta, venceu as resistências e "somente se consolidará depois que o Poder Legislativo disciplinar a relações de trabalho no âmbito desse setor". Devem, pois, ser fixadas as hipóteses, "os limites, as obrigações, os direitos e as garantias dos respectivos atores". Incluem-se nesse rol as empresas prestadoras, as tomadoras de serviços e os respectivos empregados[11].

Pela explicação dada, vê-se a multiplicidade de sentidos (e dificuldades) contidos no vocábulo *terceirização*.

3. SETORES E/OU ATIVIDADES QUE ADMITEM A TERCEIRIZAÇÃO – DIFICULDADES PARA A REGULAMENTAÇÃO

Quais os setores e atividades que admitem a terceirização? Quais as dificuldades para estabelecer regras a esse respeito?

Estudos voltam-se a compreender (e limitar) a terceirização apenas aos "serviços especializados". Nessa linha, a especialização do serviço teria sido "um dos elementos principais na construção da doutrina da terceirização". A justificativa apresenta-se na dinâmica das empresas de repassarem a terceiros a execução de atividades periféricas, "concentrando seus esforços no objeto principal da instituição (atividade-fim)"[12].

A Associação Nacional dos Magistrados do Trabalho – Anamatra, na I Jornada de Direito do Trabalho, com o apoio do TST, em novembro de 2007, aprovou o Enunciado n. 10, no qual se vê a defesa dessa especialização:

> Terceirização. Limites. Responsabilidade solidária. A terceirização somente será admitida na prestação de serviços especializados, de caráter transitório, desvinculados das necessidades permanentes da empresa, mantendo-se, de todo modo, a responsabilidade solidária entre as empresas[13].

Esclarece Alberto Emiliano de Oliveira Neto que, no segmento econômico da construção civil, pode-se apurar a existência de serviços especializados, tais como: "instalações elétricas, instalações hidráulicas, gesso e pintura". Considera, entretanto, que tais serviços jamais poderiam ser terceirizados, pois representam a atividade principal de qualquer construtora aqueles de: "fundação, alvenaria, reboco e carpintaria"[14].

Quanto aos setores da energia elétrica e da telecomunicação, pode ou não haver terceirização?

Segundo Georgenor de Sousa Franco Filho, a Lei n. 8.987, de 13.02.1995, em um primeiro momento, e a Lei n. 9.472/1997, em seguida, são claras: "não somente aquelas atividades essencialmente consideradas meio, mas também aquelas inerentes à atividade dessas empresas podem ser terceirizadas"[15].

---

8 BARROS, Alice Monteiro de. *Curso de direito do trabalho*. 8. ed. rev. e atual. São Paulo: LTr, 2012. p. 358.
9 VIANA, Márcio Túlio. Audiência pública sobre terceirização: um depoimento sintético. VIANA, Márcio Túlio: RENAULT, Luiz Otávio Linhares; FATTINI, Fernanda Carolina; FABIANO, Isabela Márcia de Alcântara; BENEVIDES, Sara Costa (Coord.). *O que há de novo em direito do trabalho*: homenagem a Alice Monteiro de Barros e Antônio Álvares da Silva. 2. ed. São Paulo: LTr, 2012. (p. 680-682). p. 680.
10 CHAHAD, José Paulo Z. ZOCKUN, Maria Helena. A terceirização do trabalho no Brasil: um estudo de caso. In CHAHAD, José Paulo Zeetano; CACCIAMALI, Maria Cristina (Org.). *Mercado de trabalho no Brasil*: novas práticas trabalhistas, negociações coletivas e direitos fundamentais no trabalho. São Paulo: LTr, 2003. (p. 105-124). p. 106.
11 PEREIRA, João Batista Brito. A terceirização, a lei e a Súmula n. 331 do TST. In MARTINS FILHO, Ives Gandra; DELGADO, Mauricio Godinho; PRADO, Ney; ARAÚJO, Carlos (Coord.). *A efetividade do direito e do processo do trabalho*. Rio de Janeiro: Elsevier, 2010. (p. 67-76). p. 75.
12 OLIVEIRA NETO, Alberto Emiliano de. Terceirização na construção civil. In RAMOS FILHO, Wilson; WANDELLI, Leonardo Vieira; ALLAN, Nasser Ahmad (Coord.). *Trabalho e regulação no estado constitucional*. Curitiba: Juruá, 2013. v. IV. (p. 17-29). p. 27.
13 *Ibidem*, p. 27-28.
14 *Ibidem*, p. 27.
15 FRANCO FILHO, Georgenor de Sousa. A terceirização nos serviços públicos de energia elétrica e de telecomunicações. *Revista da Academia Nacional de Direito do Trabalho*. Edição especial – ano XVIII – n. 18 – 2010 – Homenagem ao Professor Emérito Amauri Mascaro Nascimento. São Paulo: LTr, 2010. (p. 61-65). p. 64.

Aprofundando seu entendimento, esse autor afirma a possibilidade de terceirização em praticamente todas as atividades dos setores de energia elétrica e das telecomunicações, "exceção àquelas que são nítida, exclusiva e irremediavelmente só da empresa: transmissão, emissão ou recepção"[16].

No mesmo diapasão desse posicionamento doutrinário inclina-se aresto do Colendo Tribunal Superior do Trabalho, esclarecendo:

> A Lei Geral de Telecomunicações (LGT; Lei n. 9.472/1997) ampliou as hipóteses de terceirização de serviços. Assim, a previsão contida no art. 94, II, no sentido de que é possível a contratação de empresa interposta para a prestação de atividades inerentes ao serviço de telecomunicações, autoriza a terceirização das atividades preceituadas no § 1º do art. 60 da LGT[17].

Esse mesmo julgado esclarece ser irrelevante discutir se a função desempenhada pela reclamante "enquadra-se como atividade-fim ou meio, ante a licitude da terceirização, uma vez respaldada em expressa previsão legal"[18].

A empresa Petrobras, em 2000, tinha 38 mil empregados próprios e 49 mil terceirizados. Em 2006 esses números saltaram para 62 mil e 176 mil, respectivamente. Dois anos depois a diferença ficou bem maior: 74 mil efetivos contra 260 mil prestadores de serviços. Esses terceirizados assumem tarefas que, em tese, só poderiam ser exercidas por funcionários próprios, como "fiscalizar plataformas em alto mar". Além disso, normalmente eles são chefiados diretamente pelos concursados, quando, na verdade, "deveriam ser orientados pelas empresas terceirizadas". O Ministério Público do Trabalho combateu essas irregularidades e, no ano de 2006, firmou acordo com o Governo Federal "para substituir os terceirizados em contratos irregulares até 2010". A previsão era reduzir o processo, mas isso não aconteceu. A empresa mudou, em 2010, a forma de contabilizar os empregados, "excluindo os terceirizados que atuam fora das suas unidades". Desse modo, mesmo sem demitir ninguém, "da noite para o dia, a empresa fez desaparecer quase 20 mil prestadores de serviços dos seus relatórios". Os números foram calibrados em 2011, com nova maquiagem, alterando a nomenclatura "empregados terceirizados" para "empregados de empresas prestadoras de serviço". A empresa encerrou o ano de 2012 "com 85 mil efetivos e o impressionante saldo de 360 mil terceirizados". Trata-se de número superior ao dobro, comparado com os seis anos anteriores[19].

A admissibilidade da terceirização em atividade-fim é reconhecida em algumas situações por parte da doutrina trabalhista. Alice Monteiro de Barros recorda autores que, de forma exemplificativa, com amparo no art. 170 da Constituição, consideram regular a delegação, pela indústria automobilística, "de determinados serviços vinculados à atividade-fim das empresas, decorrentes das novas técnicas de produção ou de novas tecnologias". Também menciona "os serviços ligados à perfuração de poços de petróleo em empresas que o exploram, entre outras"[20].

Quando se estuda a terceirização, os contratos de franquia surgem, quase sempre como um possível exemplo. A Lei n. 8.955, de 1994, em seu art. 2º, conceitua a franquia empresarial:

> Franquia empresarial é o sistema pelo qual um franqueador cede ao franqueado o direito de uso de marca ou patente, associado ao direito de distribuição exclusiva ou semiexclusiva de produtos ou serviços e, eventualmente, também ao direito de uso de tecnologia de implantação e administração de negócio ou sistema operacional desenvolvidos ou detidos pelo franqueador, mediante remuneração direta ou indireta, sem que, no entanto, fique caracterizado vínculo empregatício[21].

Segundo Alice Monteiro de Barros, a jurisprudência do C. TST posiciona-se no sentido de "afastar a responsabilidade subsidiária do franqueador, nos casos de franquia típica". Isso ocorre, naturalmente, porque as partes do contrato de franquia "mantêm total autonomia na condução de seus negócios, inexistindo subordinação entre elas". Essa orientação, contudo, não pode prevalecer se constatado o desvirtuamento do contrato de franquia, por exemplo, com a inserção de cláusulas que atribuem ao franqueado a obrigação de prestar serviço ao franqueador, "revelando que a intenção deste último era transferir ao primeiro a execução de uma parcela da sua atividade empresarial". Nessa situação seria possível concluir, inegavelmente, pela existência de uma forma de terceirização, "de molde a impor ao franqueador responsabilidade subsidiária pelo pagamento do crédito trabalhista deferido aos empregados do franqueado"[22].

Embora não se possa afirmar que a terceirização está sempre levando à ilicitude, pode-se dizer, com toda a certeza, que não existem critérios claros e estáveis para saber onde, quando e como a empresa pode terceirizar seus serviços.

4. A TERCEIRIZAÇÃO NO SERVIÇO PÚBLICO

Os serviços da Administração Pública são os com maior frequência terceirizados. Quando são regulares ou irregulares essas terceirizações?

A terceirização no setor público é um dos aspectos relevantes do fenômeno que se estuda neste artigo. O § 1º do art. 71 da Lei n. 8.666/1993 estabelece que: "a inadimplência do contratado, com referência aos encargos estabelecidos neste

---

16 *Ibidem*, p. 65.
17 BRASIL. Tribunal Superior do Trabalho. TST-RR 3540-87.2009.5.03.0016 – Ac. 8ª T. 18.810, Rel. Min. Dora Maria da Costa. In *Revista LTr* n. 75/04, p. 488-492.
18 Idem.
19 FARHAT, Rodrigo. Estatal descumpre Constituição e terceiriza sem limite. *Labor – Revista do Ministério Público do Trabalho*. Ano I, n. 2, 2013. p. 18-22.
20 BARROS, Alice Monteiro de. *Op. cit.*, p. 358.
21 *BRASIL*. Lei 8.955, de 15 de dezembro de 1994. Dispõe sobre o contrato de franquia empresarial (*franchising*) e dá outras providências. Disponível em: <http://www.planalto.gov.br/ccivil_03/leis/l8955.htm>. Acesso em: 14 jan. 2015.
22 BARROS, Alice Monteiro de. *Op. cit.*, p. 363.

artigo (comerciais, trabalhistas e fiscais), não transfere à Administração Pública a responsabilidade de pagamento."[23]

O maior problema, no setor público, relaciona-se "à inadimplência das terceirizadas com os trabalhadores ao fim do contrato". Quase sempre, a exigência da licitação pelo menor preço "leva à contratação de empresas frágeis financeiramente"[24].

Normalmente os estudiosos do Direito Administrativo, quanto a esse aspecto, interpretam a terceirização por dois caminhos: o da licitude e o da ilicitude. Sendo lícita a terceirização, consideram que se aplica a norma citada em sua literalidade, isto é, "o Poder Público se exime de responsabilidade, mesmo porque o contrato se faz entre pessoas jurídicas autônomas, ambas capazes de responder por seus atos". Entretanto, sendo ilícita a terceirização, "o extremo oposto acontece, pois não só a Administração responde solidariamente, como o administrador paga por improbidade administrativa"[25].

O Supremo Tribunal Federal, por intermédio da Ação Direta de Constitucionalidade número 16, reconheceu a constitucionalidade da Lei n. 8.666/1993. Em razão disso o Tribunal Superior do Trabalho alterou a redação da Súmula n. 331. A partir dessa mudança, os entes integrantes da Administração Direta e Indireta passaram a responder subsidiariamente "apenas" quando evidenciada a sua conduta culposa no que toca ao cumprimento dos deveres que lhe são impostos pela Lei de Licitações, "principalmente a fiscalização do cumprimento das obrigações contratuais e legais da prestadora de serviço como empregadora". Isso significa, também, que "comprovada a inexistência de culpa da Administração Pública, o trabalhador ficará sem receber o pagamento das verbas às quais possui direito"[26].

Constatada, e comprovada, em determinada ação judicial movida por trabalhador terceirizado contra seu empregador, e contra o ente público, que contratou este último, o inadimplemento das obrigações (trabalhistas) decorrentes daquele contrato administrativo pelo contratado, caberá à Administração Pública, com exclusividade, para evitar que sua conduta seja considerada omissa e ilícita, nos termos e para os efeitos dos arts. 186 e 927, *caput*, do Código Civil, alegar e comprovar, cabalmente, no curso da instrução processual, que:

a) praticou todos os atos administrativos detalhadamente estabelecidos nos apontados preceitos da Lei n. 8.666/1993 e na Instrução Normativa n. 6/2013, do Ministério do Planejamento, Orçamento e Gestão (MPOG);

b) fiscalizou, no curso e no encerramento daquele contrato administrativo, a plena observância dos direitos trabalhistas do correspondente reclamante;

c) uma vez constatado seu inadimplemento, tomou todas as medidas e as providências legalmente previstas para prevenir ou ressarcir o trabalhador terceirizado vítima daqueles atos ilícitos[27].

Segundo Carlos Henrique Bezerra Leite, "ao substituir a tradicional solidariedade passiva entre o tomador e o intermediário da locação ilegal de serviços", parece evidente que a Súmula n. 331, item IV, do TST, pretendeu, de forma inequívoca, "amenizar a posição jurídica do tomador dos serviços", que, desse modo, só responde (subsidiariamente) pela dívida quando esgotado o patrimônio ou a solvabilidade do terceiro-intermediário". Adverte esse doutrinador, no entanto, responder "tanto o tomador privado quanto o ente público". Para ele, as razões que determinam tal responsabilidade, de ordem social e jurídica, "não autorizam haja semelhante diferenciação de tratamento". Não seria menor, nem diferente, a culpa *in vigilando*, que se encontra na base de tal responsabilidade, "quando se trata de contratante público"[28].

Pelo que se verifica dessas incursões doutrinárias, a matéria merece, sim, reflexão adequada e, talvez, para não subsistir dúvida, equacionamento legal.

5. A GARANTIA DA RESPONSABILIDADE SOLIDÁRIA

Um dos aspectos mais relevantes da terceirização gira em torno da questão de como responsabilizar as empresas que praticam essa atividade irregularmente ou não cumprem as condições contratuais, deixando os trabalhadores "a ver navios".

Segundo estudo do Sindicato das Empresas de Prestação de Serviços a Terceiros de São Paulo, há hoje cerca de 8,2 milhões de trabalhadores que "precisam de uma resposta do Estado consistente e efetiva" quanto à terceirização. Parece, realmente, não haver mais capacidade de tolerância para a "omissão do direito positivo". A delimitação do objeto da terceirização, bem como a definição da responsabilidade solidária das empresas "configura meio hábil de impedir o uso abusivo do instituto"[29].

---

23 BRASIL. Lei n. 8.666, de 21 de junho de 1993. Regulamenta o art. 37, XXI, da Constituição Federal, institui normas para licitações e contratos da Administração Pública e dá outras providências. Disponível em: <http://www.planalto.gov.br/ccivil_03/leis/l8666cons.htm>. Acesso em: 12 jan. 2015.
24 MAIA, Samantha. Direitos ameaçados. Terceirização. Decisão do STF afetará o sistema trabalhista criado há 70 anos. Revista *Carta Capital*. 17 de setembro de 2014. p. 42.
25 VIANA, Márcio Túlio. A terceirização revisitada: algumas críticas e sugestões para um novo tratamento da matéria. In ALVARENGA, Rúbia Zanotelli; TEIXEIRA, Érica Fernandes (Org.). *Novidades em direito do trabalho e processo do trabalho*: estudos em homenagem aos 70 anos da CLT. São Paulo: LTr, 2013. (p. 209-223). p. 221.
26 GONÇALVES, Antônio Fabrício de Matos; FONTES, Camila de Abreu. Responsabilidade da Administração Pública à luz da nova redação da Súmula n. 331 do TST. In REIS, Daniela Muradas; MELLO, Roberta Dantas de; COURA, Solange Barbosa de Castro (Coord.). *Trabalho e justiça social*: um tributo a Mauricio Godinho Delgado. São Paulo: LTr, 2013. (p. 191-202). p. 201.
27 PIMENTA, José Roberto Freire. A responsabilidade da Administração Pública nas terceirizações, a decisão do Supremo Tribunal Federal na ADC n. 16-DF e a nova redação dos itens IV e V da Súmula n. 331 do Tribunal Superior do Trabalho. *Revista Eletrônica do TRT9*. Disponível em: <http://www.mflip.com.br/pub/escolajudicial/?numero=10>. Acesso em: 16 jan. 2015. (p. 12-52). p. 41.
28 LEITE, Carlos Henrique Bezerra. *Curso de direito do trabalho*. 4. ed. rev. ampl. e atual. Curitiba: Juruá, 2013. p. 286.
29 MELO, Luis Antônio Camargo de. Terceirização. In REIS, Daniela Muradas; MELLO, Roberta Dantas de; COURA, Solange Barbosa de Castro (Coord.). *Trabalho e justiça social*: um tributo a Mauricio Godinho Delgado. São Paulo: LTr, 2013. (p. 166-172). p. 167.

A responsabilidade por ato de terceiro é objetiva, porque o fato gerador é o risco inerente à atividade (Código Civil, arts. 933 e 942 e CLT, art. 2º), o que pode e deve, sem qualquer problema, ser aplicado ao tomador de serviços, "incluindo todos aqueles que participam da cadeia produtiva e que auferem benefícios da atividade desenvolvida"[30].

Invocando o Estatuto dos Trabalhadores da Espanha (art. 42), há quem considere conveniente a edição de lei atribuindo ao tomador dos serviços "a responsabilidade solidária de todas as empresas integrantes da cadeia produtiva, para assegurar ao obreiro maior garantia"[31].

Tendo em vista, no processo de terceirização, um descompasso com a higidez, saúde e segurança no meio ambiente laboral, considera-se possível a responsabilização solidária do tomador do serviço a partir das normas de saúde e segurança no trabalho. Segundo Francisco Milton Araújo Júnior, "entrelaçando as atividades produtivas e as respectivas responsabilidades", verifica-se que a leitura do art. 942, parágrafo único, do Código Civil, estabelece que "são solidariamente responsáveis com os autores os coautores". Desse modo, é possível estabelecer claramente que o sistema produtivo, "ao adotar o processo de terceirização, e, por conseguinte, ao conectar as empresas tomadoras e prestadoras de serviço", fixa que o conjunto produtivo "assume e divide a lucratividade e o ônus das atividades". Neste último se insere a responsabilidade solidária das empresas (tomadoras/terceirizadas) no caso de acidente de trabalho[32].

Os critérios da Súmula n. 331 do TST, segundo Márcio Túlio Viana, embora possam prevalecer, como regra geral, podem ser aperfeiçoados, especialmente no que diz respeito à responsabilização, de modo a:

a) substituir o critério da responsabilidade subsidiária pelo da responsabilidade solidária;

b) aplicar o critério da solidariedade entre contratante e contratada não só no caso da terceirização lícita, mas na hipótese de terceirização ilícita, independentemente do reconhecimento do vínculo de emprego com o tomador;

c) no caso de uma cadeia de tomadores e fornecedores, aplicar o critério de solidariedade entre todos[33].

O cerne de toda a controvérsia em torno da terceirização da mão de obra, segundo Guilherme Augusto Caputo Bastos, "está na responsabilização pelo adimplemento dos créditos trabalhistas". Tomando por base "o princípio da segurança jurídica", depende-se, na terceirização, de uma definição clara sobre qual empresa, tomadora ou prestadora dos serviços, "será demandada no polo passivo da demanda, o que é essencial ao trabalhador". Recorda esse autor que, no Direito Comparado, existe uma tendência para que a responsabilização pelo adimplemento dos débitos trabalhistas, nos casos de terceirização, "se dê de forma solidária e não subsidiária entre tomador e prestador de serviços, ao contrário, portanto, do previsto na Súmula n. 331, IV". Cita, nesse sentido, os ordenamentos jurídicos da Argentina, Chile, Colômbia, Venezuela, México e Espanha. Quanto à Espanha, faz referência ao art. 42 do Estatuto dos Trabalhadores, enfatizando que esse país atribui "responsabilidade solidária a todas as empresas integrantes da cadeia produtiva e estende aos trabalhadores das terceirizadas os mesmos direitos dos trabalhadores inseridos na empresa tomadora". Considera imprescindível, assim, "a adoção da responsabilização solidária pelo adimplemento dos débitos trabalhistas". Trata-se de medida importante, "a imprimir maior proteção ao trabalhador terceirizado", que, desse modo, "poderá acionar, indistintamente, a empresa com a qual se forma o vínculo empregatício, bem como a empresa tomadora dos serviços"[34].

Outras razões, subjacentes ao próprio contrato triangular de terceirização, recomendam a responsabilidade solidária, no dizer de Sebastião Vieira Caixeta:

a) necessidade de satisfação imediata do crédito alimentar;

b) possibilidade de ajustar garantias no contrato de terceirização;

c) possibilidade de controle, pelo tomador, das obrigações trabalhistas e previdenciárias, evitando o inadimplemento;

d) possibilidade de retenção de repasses das faturas devidas para ressarcimento de pagamentos feitos;

e) condição mais favorável do tomador para fazer a cobrança regressiva[35].

Parece claro que um dos aspectos essenciais é a responsabilização solidária na atividade terceirizada, cujos critérios devem ser estabelecidos de forma objetiva.

6. O PAPEL DO TST, DO STF E DO CONGRESSO NACIONAL NA COMPREENSÃO DO PROBLEMA E AS POSSÍVEIS SOLUÇÕES

Quando se perquire sobre a terceirização, avulta o ativismo judicial do TST, e agora, possivelmente, do STF. É o papel do Congresso Nacional? Não deveria este último poder constituído assumir efetivamente o seu papel nessa questão?

---

30 CAIXETA, Sebastião Vieira. Apontamentos sobre a normatização do instituto da terceirização no Brasil: por uma legislação que evite a barbárie e o aniquilamento do direito do trabalho. In REIS, Daniela Muradas; MELLO, Roberta Dantas de; COURA, Solange Barbosa de Castro (Coord.). *Trabalho e justiça social*: um tributo a Mauricio Godinho Delgado. São Paulo: LTr, 2013. (p. 183-190). p. 187.
31 BARROS, Alice Monteiro de. *Op. cit.*, p. 361.
32 ARAÚJO JÚNIOR, Francisco Milton. A terceirização e o descompasso com a higidez, saúde e segurança no meio ambiente laboral – responsabilidade solidária do tomador do serviço a partir das normas de saúde e segurança no trabalho. *Revista Trabalhista Direito e Processo*. Ano 13, n. 49. São Paulo: LTr, novembro 2014. (p. 41-53). p. 49-50.
33 VIANA, Márcio Túlio. Audiência pública sobre terceirização: um depoimento sintético. VIANA, Márcio Túlio: RENAULT, Luiz Otávio Linhares; FATTINI, Fernanda Carolina; FABIANO, Isabela Márcia de Alcântara; BENEVIDES, Sara Costa (Coord.). *O que há de novo em direito do trabalho*: homenagem a Alice Monteiro de Barros e Antônio Álvares da Silva. 2. ed. São Paulo: LTr, 2012. (p. 680-682). p. 681.
34 BASTOS, Guilherme Augusto Caputo. Terceirização – aspectos polêmicos. In MARTINS FILHO, Ives Gandra; DELGADO, Mauricio Godinho; PRADO, Ney; ARAÚJO, Carlos (Coord.). *A efetividade do direito e do processo do trabalho*. Rio de Janeiro: Elsevier, 2010. (p. 87-100). p. 100.
35 CAIXETA, Sebastião Vieira. *Op. cit.*, p. 187.

Indaga-se a quem está lendo este texto se já ouviu falar no vocábulo *crowdsourcing*? Significa, ao pé da letra, segundo Hélio Zyllberstajn, "terceirização em massa". Na verdade, significa contratar trabalhos realizados em pequenas tarefas na Internet, quase na forma de pesquisa. Os interessados (dezenas, centenas, milhares, por isso a palavra *crowd*) enviam suas respostas ou sugestões que, se aproveitadas, são pagas pelos contratantes. Para evitar problemas com o fisco, no Brasil, segundo esse autor, os pagamentos são pequenos, "situando-se abaixo da faixa da isenção tributária". Embora esse exemplo de contratação de trabalhadores seja, evidentemente, um caso extremo, ilustra muito bem "o controle existente entre a velocidade e a diversidade das mudanças no mercado de trabalho" e "a lentidão na percepção e na evolução do Direito do Trabalho e mais genericamente das políticas de regulamentação do mercado de trabalho"[36].

Seria mesmo necessário regulamentar via marco legal a terceirização? Ou seria suficiente o entendimento jurisprudencial reiterado do Tribunal Superior do Trabalho sobre o tema?

Guilherme Augusto Caputo Bastos assevera, de forma contundente, que a demora no estabelecimento de um marco regulatório para o trabalho terceirizado "contribui para a existência de fraude aos direitos dos trabalhadores, que muitas vezes acabam se submetendo a empregadores aproveitadores e oportunistas". Considera, pois, urgente que o Poder Legislativo equacione a polêmica em torno da "questão referente à terceirização da mão de obra". Registra esse estudioso do tema que, se de um lado, não se pode admitir o "aviltamento das conquistas trabalhistas", de outro não se pode fechar os olhos "para a nova realidade do mercado mundial, e exigir novas fórmulas para o seu enfrentamento"[37].

Conforme notícia veiculada pelo *site* do STF no mês de junho de 2014, o Plenário Virtual do Supremo Tribunal Federal reconheceu a repercussão geral da matéria discutida no Recurso Extraordinário com Agravo (ARE) 791.932, "que trata da possibilidade de terceirização de *call center* de empresas de telefonia".

A manifestação do Relator da ARE, Ministro Teori Zavascki, foi no sentido de que "a matéria transcende os limites subjetivos da causa, pois a questão está reproduzida em inúmeras demandas, muitas delas já em fase de recurso no STF".

No entendimento do TST, "não é legítima a terceirização dos serviços de *call center* pelas empresas de telecomunicações por se tratar de atividade-fim". O recurso empresarial ao STF afirma que o TST deixou de aplicar o artigo 94, inciso II, da Lei n. 9.272/1997 (Lei Geral das Telecomunicações), que permite a terceirização de "atividades inerentes, acessórias ou complementares ao serviço", sem declarar, em Plenário, sua inconstitucionalidade.

Para o Ministro Teori Zavascki, relator da matéria no STF, "a questão possui repercussão geral do ponto de vista jurídico, já que envolve a declaração ou não de inconstitucionalidade do art. 94, II, da Lei n. 9.472/97"[38].

Notícia do site do C. TST de outubro de 2014 dá conta de que o sobrestamento de todos os processos que discutam a validade de terceirização da atividade de *call center*, nas concessionárias de telecomunicações, foi determinado pelo Ministro Teori Zavascki, do Supremo Tribunal Federal, relator do Recurso Extraordinário com Agravo (ARE) 791.932, com repercussão geral reconhecida.

Enquanto o mérito desse recurso não for julgado, "a tramitação de todas as causas sobre a matéria estão suspensas, em todas as instâncias da Justiça do Trabalho". Duas exceções, apenas, foram consideradas: a) os processos ainda em fase de instrução (sem sentença de mérito); e b) as execuções em andamento (decisões transitadas em julgado).

No reconhecimento do pedido, o Ministro afirmou que a decisão a ser proferida pelo STF no caso repercutirá decisivamente sobre a qualificação jurídica da relação de trabalho estabelecida entre as operadoras de serviços de *call center* e seus contratados, "afetando de modo categórico o destino das inúmeras reclamações ajuizadas por trabalhadores enquadrados nesse ramo de atividade perante a Justiça do Trabalho"[39].

Na dicção de Bruno Milano Centa e Marco Antônio César Villatore, é importante regulamentar o tema da terceirização, o que tem sido reconhecido por inúmeros países, inclusive pela OIT. Essa organização internacional, por meio da Convenção n. 181 (embora sem grande número de adesões), reconheceu a existência e a importância "das agências privadas de intermediação e se preocupa em assegurar garantias aos trabalhadores que nelas se inserem". Para esses articulistas, é essencial regulamentar essas situações de fato, que representam uma realidade no mundo contemporâneo, pois "negar a existência dessas agências só traz prejuízo aos trabalhadores que encontram nelas o seu meio de subsistência"[40].

Para os autores citados (Centa-Villatore), é imprescindível a adoção de um novo marco regulatório, pois impera no Brasil a insegurança jurídica. A jurisprudência, como a maior fonte de Direito a balizar as condutas dos empregadores, nesse particular,

---

36 ZYLLBERSTAIN, Hélio. Visões econômicas da flexibilização dos direitos trabalhistas. In MANNRICH, Nelson; VOGEL NETO, Gustavo Adolpho; FLORINDO, Valdir; FREDIANI, Yone (Coord.). *Novos temas e desafios no mundo do trabalho*. Anais da Academia Nacional de Direito do Trabalho, 2012. São Paulo: LTr, 2013. (p. 205-220). p. 205.

37 BASTOS, Guilherme Augusto Caputo. Op. cit., p. 100.

38 STF analisará terceirização de *call center* em empresas de telefonia. *Notícias STF*, 27 de junho de 2014. Disponível em: <http://www.stf.jus.br/portal/cms/verNoticiaDetalhe.asp?idConteudo=270044>. Acesso em: 15 jan. 2015.

39 Ministro determina sobrestamento de processos sobre terceirização de *call center* em empresas de telefonia. *Notícias do TST*, 2 de outubro de 2014. Disponível em: <http://www.tst.jus.br/noticias/-/asset_publisher/89Dk/content/stf-determina-sobrestamento-de-processos-sobre-terceirizacao-de-call-center-em-empresas-de-telefonia>. Acesso em: 15 jan. 2015.

40 CENTA, Bruno Milano; VILLATORE, Marco Antônio César. Terceirização na Organização Internacional do Trabalho e nos Estados-partes do Mercosul – consequências sociais e econômicas. In CAVALCANTE, Jouberto de Quadros Pessoa; VILLATORE, Marco Antônio César (Coord.). *Direito Internacional e a Organização Internacional do Trabalho*: um debate atual. São Paulo: Atlas, 2015. (p. 117-141). p. 139.

é "suscetível à mudança constante de entendimento". Essa situação se agrava quando as decisões judiciais fundam-se em conceitos "também sujeitos à interpretação e delimitação complexa, tais quais são a atividade-meio e a atividade-fim"[41].

Interessante e denso trabalho sobre o tema, analisando a autorização constitucional para a prática excepcional da terceirização em atividade-meio (CF, arts. 37, XXI e 173, § 1º, III), conclui que "a terceirização em atividade-fim das empresas estatais viola a Constituição em dupla dimensão":

a) na afronta ao regime de emprego socialmente protegido (art. 7º);

b) no desrespeito à regra do concurso público, como exigência de impessoalidade (art. 37)[42].

Reconheceu o Plenário Virtual do STF (no ARE 713.211-MG) a repercussão geral contida no exame dos parâmetros a serem observados "para a identificação de que tarefas podem ser terceirizadas por empregadores". Como exposto pelo Relator Ministro Luiz Fux, reconheceu-se "a ausência de balizas legais para o tema, objeto de milhares de ações nos Tribunais Trabalhistas do país". A empresa alega que "não existe definição jurídica sobre o que sejam exatamente "atividade-meio" e "atividade-fim", sustentando, ainda, que tal distinção é incompatível "com o processo de produção moderno"[43].

Segundo o *site* do STF, a Associação Brasileira do Agronegócio (ABAG) ajuizou a Arguição de Descumprimento de Preceito Fundamental (ADPF) 324. A pretensão da entidade é que o STF reconheça a inconstitucionalidade da interpretação adotada "em reiteradas decisões da Justiça do Trabalho" relativas à terceirização, tomadas, no seu entendimento, "em clara violação aos preceitos constitucionais fundamentais da legalidade, da livre iniciativa e da valorização do trabalho"[44].

O relator da ADPF é o Ministro Luís Roberto Barroso. Em manifestação recente o Presidente do TST defendeu súmula contra terceirização de atividade-fim. Conforme o Ministro Barros Levenhagen, diante da falta de leis e roupagem jurídica sobre essa forma de contratação, formulou-se uma "fonte subsidiária de Direito" e não "regra de hermenêutica". Para ele, o objetivo foi preservar princípios constitucionais como "o valor social do trabalho e o da isonomia salarial"[45].

Sobre essa intensa discussão doutrinária e jurisprudencial, a Revista Eletrônica do TRT9 (Paraná), que em sua história iniciada em 2011 já conta com mais de um milhão e duzentos e cinquenta mil acessos, publicou duas edições sobre a terceirização, a de n. 10 (agosto de 2012) e a de n. 35 (novembro e dezembro de 2014). As Revistas podem ser acessadas pelo *site* <http://www.mflip.com.br/pub/escolajudicial/>.

Espera-se, assim, um comportamento ativo do Congresso Nacional, que tem em suas mãos, desde o ano de 2004, o PL n. 4.330/2004, cujo objeto é a extensão de todas as atividades (excetuando apenas o trabalho doméstico) à possibilidade de terceirização.

Esse Projeto prevê que todas as funções de uma empresa podem ser exercidas por terceirizados, inclusive a atividade-fim. A responsabilidade pelo vínculo empregatício cabe somente à empresa prestadora de serviços. Regulamenta-se a responsabilidade da empresa contratante em fiscalizar o uso dos equipamentos de segurança e procedimentos contra acidente de trabalho[46].

Pelo que se constata, esse Projeto ainda não obteve consenso, e existem outros em tramitação (e que podem tramitar de forma aglutinativa). O que importa, sem dúvida, é que exista uma definição legal, que possa evitar a imensa quantidade de demandas a respeito desse tema.

Existe, assim, a promessa da implementação de normas claras sobre a terceirização, que podem trazer não só aos jurisdicionados, mas especialmente a empresários e trabalhadores um caminho mais adequado sobre o qual podem seguir seus passos diariamente na construção de um Brasil menos conflitivo e mais direcionado ao trabalho decente dentro da Justiça Social.

7. REFERÊNCIAS BIBLIOGRÁFICAS

ARAÚJO JÚNIOR, Francisco Milton. A terceirização e o descompasso com a higidez, saúde e segurança no meio ambiente laboral – responsabilidade solidária do tomador do serviço a partir das normas de saúde e segurança no trabalho. *Revista Trabalhista Direito e Processo*. Ano 13, n. 49. São Paulo: LTr, novembro 2014. p. 41-53.

Associação questiona entendimento da Justiça do Trabalho sobre terceirização. *Notícias do STF* de 29.08.2014. Disponível em: <http://www.stf.jus.br/portal/cms/verNoticiaDetalhe.asp?idConteudo=273986>. Acesso em: 16 jan. 2015.

BARROS, Alice Monteiro de. *Curso de direito do trabalho*. 8. ed. rev. e atual. São Paulo: LTr, 2012.

BASTOS, Guilherme Augusto Caputo. Terceirização – aspectos polêmicos. In MARTINS FILHO, Ives Gandra; DELGADO, Mauricio Godinho; PRADO, Ney; ARAÚJO, Carlos (Coord.). *A efetividade do direito e do processo do trabalho*. Rio de Janeiro: Elsevier, 2010.

BRASIL. *Câmara dos Deputados*. PL n. 4.330/20014. Dispõe sobre o contrato de prestação de serviço a terceiros e as relações de trabalho dele decorrentes. Disponível em: <http://www.camara.gov.br/proposicoesWeb/fichadetramitacao?idProposicao=267841>. Acesso em: 16 jan. 2016.

---

41 *Ibidem*, p. 140.
42 DELGADO, Gabriela Neves; AMORIM, Helder Santos. *Os limites constitucionais da terceirização*. São Paulo: LTr, 2014. p. 159.
43 STF definirá limites para terceirização. *Migalhas*, terça-feira, 20.05.2014. Disponível em: <http://www.migalhas.com.br/Quentes/17,MI201171,101048-STF+definira+limites+para+terceirizacao>. Acesso em: 16 jan. 2015.
44 Associação questiona entendimento da Justiça do Trabalho sobre terceirização. *Notícias do STF* de 29.08.2014. Disponível em: <http://www.stf.jus.br/portal/cms/verNoticiaDetalhe.asp?idConteudo=273986>. Acesso em: 16 jan. 2015.
45 Presidente do TST defende súmula contra terceirização de atividade-fim. *Consultor Jurídico*. 02.01.2015. Disponível em: <http://www.conjur.com.br/2015-jan-02/presidente-tst-defende-sumula-atividade-fim-terceirizada>. Acesso em: 16 jan. 2015.
46 BRASIL. *Câmara dos Deputados*. PL n. 4.330/20014. Dispõe sobre o contrato de prestação de serviço a terceiros e as relações de trabalho dele decorrentes. Disponível em: <http://www.camara.gov.br/proposicoesWeb/fichadetramitacao?idProposicao=267841>. Acesso em: 16 jan. 2016.

BRASIL. Lei n. 8.666, de 21 de junho de 1993. Regulamenta o art. 37, inciso XXI, da Constituição Federal, institui normas para licitações e contratos da Administração Pública e dá outras providências. Disponível em: <http://www.planalto.gov.br/ccivil_03/leis/l8666cons.htm>. Acesso em: 12 jan. 2015.

BRASIL. Lei n. 8.955, de 15 de dezembro de 1994. Dispõe sobre o contrato de franquia empresarial (*franchising*) e dá outras providências. Disponível em: <http://www.planalto.gov.br/ccivil_03/leis/l8955.htm>. Acesso em: 14 jan. 2015.

BRASIL. Tribunal Superior do Trabalho. TST-RR 3540-87.2009.5.03.0016 – Ac. 8ª T. 18.810, Rel. Min. Dora Maria da Costa. In *Revista LTR* n. 75/04, p. 488-492.

CAIXETA, Sebastião Vieira. Apontamentos sobre a normatização do instituto da terceirização no Brasil: por uma legislação que evite a barbárie e o aniquilamento do direito do trabalho. In REIS, Daniela Muradas; MELLO, Roberta Dantas de; COURA, Solange Barbosa de Castro (Coord.). *Trabalho e justiça social*: um tributo a Mauricio Godinho Delgado. São Paulo: LTr, 2013.

CENTA, Bruno Milano; VILLATORE, Marco Antônio César. Terceirização na Organização Internacional do Trabalho e nos Estados-partes do MERCOSUL – consequências sociais e econômicas. In CAVALCANTE, Jouberto de Quadros Pessoa; VILLATORE, Marco Antônio César (Coord.). *Direito Internacional e a Organização Internacional do Trabalho*: um debate atual. São Paulo: Atlas, 2015.

CHAHAD, José Paulo Z. ZOCKUN, Maria Helena. A terceirização do trabalho no Brasil: um estudo de caso. In CHAHAD, José Paulo Zeetano; CACCIAMALI, Maria Cristina (Org.). *Mercado de trabalho no Brasil*: novas práticas trabalhistas, negociações coletivas e direitos fundamentais no trabalho. São Paulo: LTr, 2003.

DELGADO, Gabriela Neves; AMORIM, Helder Santos. *Os limites constitucionais da terceirização*. São Paulo: LTr, 2014.

FARHAT, Rodrigo. Estatal descumpre Constituição e terceiriza sem limite. *Labor – Revista do Ministério Público do Trabalho*. Ano I, n. 2, 2013, p. 18-22.

FRANCO FILHO, Georgenor de Sousa. A terceirização nos serviços públicos de energia elétrica e de telecomunicações. *Revista da Academia Nacional de Direito do Trabalho*. Edição especial, ano XVIII, n. 18, 2010 – Homenagem ao Professor Emérito Amauri Mascaro Nascimento. São Paulo: LTr, 2010.

GOMES NETO, Indalécio. BRITO, Rider Nogueira de. *A terceirização no Brasil*. Curitiba: Íthala, 2012.

GONÇALVES, Antônio Fabrício de Matos; FONTES, Camila de Abreu. Responsabilidade da Administração Pública à luz da nova redação da Súmula n. 331 do TST. In REIS, Daniela Muradas; MELLO, Roberta Dantas de; COURA, Solange Barbosa de Castro (Coord.). *Trabalho e justiça social*: um tributo a Mauricio Godinho Delgado. São Paulo: LTr, 2013.

LEITE, Carlos Henrique Bezerra. *Curso de direito do trabalho*. 4. ed. rev. ampl. e atual. Curitiba: Juruá, 2013.

MAIA, Samantha. Direitos ameaçados. Terceirização. Decisão do STF afetará o sistema trabalhista criado há 70 anos. *Revista Carta Capital*. 17 de setembro de 2014. p. 42.

MARTINS, Sergio Pinto. *A terceirização e o direito do trabalho*. 13. ed. rev. e ampl. São Paulo: Atlas, 2014.

MELO, Luis Antônio Camargo de. Terceirização. In REIS, Daniela Muradas; MELLO, Roberta Dantas de; COURA, Solange Barbosa de Castro (Coord.). *Trabalho e justiça social*: um tributo a Mauricio Godinho Delgado. São Paulo: LTr, 2013

Ministro determina sobrestamento de processos sobre terceirização de *call center* em empresas de telefonia. *Notícias do TST*, 2 de outubro de 2014. Disponível em: <http://www.tst.jus.br/noticias/-/asset_publisher/89Dk/content/stf-determina-sobrestamento-de-processos-sobre-terceirizacao-de-call-center-em-empresas-de-telefonia>. Acesso em: 15 jan. 2015.

NEVES, A. Castanheira. *O direito hoje e com que sentido?* O problema atual da autonomia do direito. 3. ed. Lisboa: Instituto Piaget, 2012.

OLIVEIRA NETO, Alberto Emiliano de. Terceirização na construção civil. In RAMOS FILHO, Wilson; WANDELLI, Leonardo Vieira; ALLAN, Nasser Ahmad (Coord.). *Trabalho e regulação no estado constitucional*. Curitiba: Juruá, 2013. v. IV. p. 17-29.

PEREIRA, João Batista Brito. A terceirização, a lei e a Súmula n. 331 do TST. In MARTINS FILHO, Ives Gandra; DELGADO, Mauricio Godinho; PRADO, Ney; ARAÚJO, Carlos (Coord.). *A efetividade do direito e do processo do trabalho*. Rio de Janeiro: Elsevier, 2010.

PIMENTA, José Roberto Freire. A responsabilidade da Administração Pública nas terceirizações, a decisão do Supremo Tribunal Federal na ADC n. 16-DF e a nova redação dos itens IV e V da Súmula n. 331 do Tribunal Superior do Trabalho. *Revista Eletrônica do TRT9*. Disponível em: <http://www.mflip.com.br/pub/escolajudicial/?numero=10>. Acesso em: 16 jan. 2015. p. 12-52.

Presidente do TST defende súmula contra terceirização de atividade-fim. *Consultor Jurídico*. 02.01.2015. Disponível em: <http://www.conjur.com.br/2015-jan-02/presidente-tst-defende-sumula-atividade-fim-terceirizada>. Acesso em: 16 jan. 2015.

STF analisará terceirização de call center em empresas de telefonia. *Notícias STF*, 27 de junho de 2014. Disponível em: <http://www.stf.jus.br/portal/cms/verNoticiaDetalhe.asp?idConteudo=270044>. Acesso em: 15 jan. 2015.

STF definirá limites para terceirização. *Migalhas*, terça-feira, 20.05.2014. Disponível em: <http://www.migalhas.com.br/Quentes/17,MI201171,101048-STF+definira+limites+para+terceirizacao>. Acesso em: 16 jan. 2015.

VIANA, Márcio Túlio. A terceirização revisitada: algumas críticas e sugestões para um novo tratamento da matéria. In ALVARENGA, Rúbia Zanotelli; TEIXEIRA, Érica Fernandes (Org.). *Novidades em direito do trabalho e processo do trabalho*: estudos em homenagem aos 70 anos da CLT. São Paulo: LTr, 2013.

_____. Audiência pública sobre terceirização: um depoimento sintético. VIANA, Márcio Túlio: RENAULT, Luiz Otávio Linhares; FATTINI, Fernanda Carolina; FABIANO, Isabela Márcia de Alcântara; BENEVIDES, Sara Costa (Coord.). *O que há de novo em direito do trabalho*: homenagem a Alice Monteiro de Barros e Antônio Álvares da Silva. 2. ed. São Paulo: LTr, 2012.

ZYLLBERSTAIN, Hélio. Visões econômicas da flexibilização dos direitos trabalhistas. In MANNRICH, Nelson; VOGEL NETO, Gustavo Adolpho; FLORINDO, Valdir; FREDIANI, Yone (Coord.). *Novos temas e desafios no mundo do trabalho*. Anais da Academia Nacional de Direito do Trabalho, 2012. São Paulo: LTr, 2013.

CAPÍTULO 7

A AÇÃO COMUNICATIVA COMO ELEMENTO CENTRAL DE FORMAÇÃO DA NORMA CONSTITUCIONAL E O PROBLEMA DA TERCEIRIZAÇÃO NO BRASIL*

Rafael da Silva Marques**

INTRODUÇÃO

Com a aprovação da Lei n. 13.429/2017, que introduziu no sistema jurídico nacional a possibilidade de terceirização, tem início do debate a respeito da inconstitucionalidade da dita lei, em especial quanto à terceirização de atividade fim. O que se pergunta é se a lei que prevê a terceirização, em especial da atividade-fim de uma empresa é, de fato, inconstitucional.

O objetivo deste texto é analisar a constitucionalidade ou não de uma lei que preveja a terceirização, sem deixar de lado a "terceirização" como conceito e como prática reiterada pelas empresas e poder público.

Esse texto tem início, e isso é central, lançando uma presunção: a de que o *processo de formação da norma constitucional é comunicativo*, onde impera a ação comunicativa[3]. Os argumentos, lançados pelos constituintes sem qualquer vício, serviram para calorosos debates por dois anos, prevalecendo o texto constitucional promulgado em 05 de outubro de 1988. Essa presunção, para este artigo, é absoluta. Antes, contudo, da análise da questão da constitucionalidade ou não da terceirização será estudado o conceito de relação de emprego, incorporado pela Constituição Federal de 1988 e se ele diz respeito apenas à relação prestador e tomador de trabalho, nos exatos termos dos arts. 2º e 3º da CLT, ou pode ser ampliado ao ponto de permitir contratos triangulares de prestação de serviços.

Partindo-se da premissa de que o processo constitucional de formação da norma jurídica é comunicativo, que evidentemente pode ser refutada em razão dos agentes reais de poder, é que se inicia a análise da terceirização de serviços no Brasil. Apenas acrescenta-se que a presunção de que o processo de formação da norma constitucional é comunicativo justifica-se pela necessidade de se fazer aplicar no mundo prático o conceito de Constituição como conquista e não como forma de dominação.

Dito isso, é interessante destacar que dentro do processo comunicativo de formação da norma constitucional gestou-se o que consta no art. 7º da Constituição brasileira de 1988.

E é este mesmo art. 7º da CF/1988, que além de garantir a melhoria da condição social dos trabalhadores, consagra, como regra, a relação de emprego[4]. Permitir a relação de emprego é autorizar a ação estratégica/instrumental. A regra de formação da Constituição é comunicativa. Pode ela, pois que fruto do entendimento (comunicativo), entretanto, autorizar a ação instrumental/estratégica? Pode o congresso nacional, por lei ordinária, mudar conceito (relação de emprego) fruto do poder constituinte originário sem a devida legitimação democrática?

O propósito deste texto é resolver o problema das normas que consagram a utilização do outro como meio. Utiliza-se, para isso, um tema da moda: a terceirização. Se o <u>processo comunicativo de formação da Constituição garante ou deixa um espaço à ação estratégica/instrumental</u>, esta forma de ação, que não é compatível com o Estado Democrático de Direito[5], <u>deve ser lida e aplicada tendo por base o processo de formação da norma que a criou</u>, processo comunicativo, <u>ação comunicativa</u>. E é somente se lida de forma comunicativa (princípios comunicativos) é que pode ser aplicada. Do contrário, haverá inconstitucionalidade.

É difícil justificar este entendimento. Utiliza-se além dos conceitos habermasianos de ação comunicativa e estratégica/instrumental (limites deste texto leiam-se como sinônimos), inclusão do outro, bem como dos estudos de dialética, história e hermenêutica de Stein. Ainda, faz parte deste estudo, uma tentativa, ainda que descompromissada, de se casar a teoria habermasiana e marxista (procedimental e materialista).

---

* Agradeço, por demais, as contribuições do professor Dr. Janriê Rodrigues Reck.
** Juiz do trabalho tutular da quarta vara do trabalho de Caxias do Sul, RS, mestre, doutor em direito e membro da Associação Juízes para a Democracia.
1 Disponível em: <http://www.camara.gov.br/proposicoesWeb/prop_mostrarintegra?codteor=246979>. Acesso em: 18 maio 2015, às 17h44min.
2 Disponível em: <http://cartamaior.com.br/?/Editoria/Politica/-Terceirizar-atividade-finalistica-e-inconstitucional-e-atinge-direitos-fundamentais-/4/33268>. Acesso em: 14 abril 2015, às 17h49min.
3 O agir comunicativo consiste na ação direcionada ao entendimento, onde pelos menos dois sujeitos agem de forma coordenada ou mesmo superam esta coordenação, pelo dialogo, reconhecendo, um frente ao outro, as pretensões de validez deste discurso, afastando-se do cálculo centrado em si, para compartilhar os planos de ação do outro. HABERMAS, Jürgen, *Teoria de La Acción Comunicativa. V. I, Racionalidad de la Acción y racionalización Social*, Madrid. Taurus, 1987.
4 Art. 7º São direitos dos trabalhadores urbanos e rurais, <u>além de outros que visem à melhoria de sua condição social</u>: I – <u>relação de emprego</u> protegida contra despedida arbitrária ou sem justa causa, nos termos de lei complementar, que preverá indenização compensatória, dentre outros direitos; (...) (destaca-se).
5 Art. 1º A República Federativa do Brasil, formada pela união indissolúvel dos Estados e Municípios e do Distrito Federal, constitui-se em <u>Estado Democrático de Direito</u> e tem como fundamentos: (...) (destaca-se).

1. CONCEITO DE RELAÇÃO DE EMPREGO NA CONSTITUIÇÃO DE 1988

Preceitua o art. 7º, I, da Constituição brasileira de 1988 que *"são direitos dos trabalhadores urbanos e rurais, além de outros que visem à melhoria da sua condição social: I – relação de emprego (...)"*. Discute-se muito no Brasil a respeito da concretização da segunda parte do 7º, I, da Constituição (garantia contra a despedida arbitrária ou sem justa causa)[6]. Não se busca, entretanto, uma real análise do conteúdo da primeira parte do dito inciso do art. 7º.

Ora, se são direitos dos trabalhadores urbanos e rurais a relação de emprego, norma constitucional esta cogente[7], não se pode permitir haja trabalho por conta alheia mediante intermediação de mão de obra, conhecida como terceirização.

A norma constitucional deve ser interpretada sempre tendo por base o Estado Democrático de Direito[8], o princípio da dignidade humana e os direitos fundamentais. Segundo Clemerson Clève, existem duas formas de se interpretar os preceitos constitucionais. A primeira, indiferente e não sensível aos instrumentos que vieram para transformar a nova ordem constitucional se chama *dogmática da razão do Estado*. A segunda, que busca estudar o direito constitucional tendo por norte a dignidade humana é conhecida como *dogmática constitucional emancipatória*.[9]

Se a norma constitucional garante a relação de emprego e o faz em razão da existência da livre iniciativa, art. 1º, IV, da Constituição[10], e a coloca como direito dos trabalhadores, somente podendo ser criados novos direitos que visem à *melhoria da condição social destes*, não pode existir relação de trabalho por conta alheia que não seja de forma direta para com aquele que toma os serviços.

Isso ocorre porque o espaço que a lei permite que uma pessoa se utilize de outra como meio é a relação de emprego[11].

E se assim é, este conceito deve ser interpretado de forma restrita. Não se pode fazer com que uma norma que autorize a acumulação da *"mais-valia"* nas mãos de um ou uns, seja de aplicação ampla e irrestrita, em detrimento daqueles que sofrem a exploração e que ainda assim geram esta riqueza.

Há a autorização sim para a ação estratégica/instrumental[12], mas regulada pela norma constitucional, que se estrutura sobre o Estado Democrático de Direito, direitos fundamentais e dignidade humana.

Ainda, os seres racionais não podem ser utilizados apenas como meio para que outros cheguem aos fins a que se propõem. Habermas ensina que o agir comunicativo é a regra, pois faz com que o outro seja um fim em si mesmo e não apenas um meio[13].

Trabalhando o ser humano de forma alienada, alienando sua própria existência a seu empregador, alienação esta com a permissão da Constituição, não se pode entender que a interpretação do art. 7º, I, primeira parte, da Constituição brasileira de 1988 não seja senão em proveito daquele que *se* aliena.

Ainda mais quando a norma preceitua que são direitos dos trabalhadores além dos que constam no corpo do art. 7º da Carta, outros que *visem à melhoria da sua condição social*. Ora, o trabalho terceirizado não gera melhoria na condição social dos trabalhadores. Como aceitar, com base no ordenamento jurídico brasileiro, a contratação por interposta pessoa? Esta forma de contratação melhora a condição social de quem? Dos trabalhadores ou apenas dos tomadores?

De outro lado, é bom referir que a Constituição brasileira não aponta exceção à relação de emprego como regra no caso de trabalho por conta alheia. Não autoriza, portanto, a terceirização, isso porque toma emprestado da Consolidação das Leis do Trabalho, norma substantiva laboral, os conceitos de empregado e empregador, consoante arts. 2º e 3º deste diploma laboral[14].

---

6   Art. 7º (...): I – relação de emprego protegida contra despedida arbitrária ou sem justa causa, nos termos de lei complementar, que preverá indenização compensatória, dentre outros direitos;

7   *"Las normas se clasifican también en 'imperativas' y 'dispositivas', que se llaman asimismo, respectivamente 'de Derecho necesario' y 'voluntario', y la diferencia entre unas y otras consiste en que las normas de Derecho necesario no se pueden eliminar o sustituir por la voluntad del sujeto, y las de Derecho voluntario si. En otras palabras: no toda norma obliga de igual modo. Unas imperan determinada conducta activa o pasiva (mandatos o prohibiciones) sin dejar lugar a la autorregulación del sujeto y se llaman imperativas, de 'ius cogens' o Derecho necesario, como las que el Cc. señalan plazos de caducidad o prohiben el contrato sucesorio; mientas otras rigen a falta de esa autorregulación y se llaman de Derecho dispositivo o voluntario, porque pueden ser sustituidas o eliminadas por el arbitrio individual (...)"*. LACRUZ BARDEJO, José Luis, SANCHO REBULLIDA, Francisco de Asís, LUNA SERRANO, Agustín, DELGADO ECHEVERRÍA, Jesus, RIVERO HERNÁNDEZ, Francisco y RAMS ALBESA, Joaquín, *Elementos de derecho civil I*. Parte general, Madrid; Dykinson, 2002. p. 112/113.

8   "O *Estado Democrático de Direito* tem um conteúdo transformador da realidade, não se restringindo, como o Estado Social de Direito, a uma adaptação *melhorada* das condições sociais de existência. Assim, seu conteúdo ultrapassa ao aspecto material de concretização de uma vida digna ao homem e passa a agir simbolicamente como fomentador da participação pública quando o *democrático qualifica o Estado, que irradia os valores da democracia sobre todos os seus elementos constitutivos e, pois, também sobre a ordem jurídica*. E mais, a ideia de democracia contém e implica, necessariamente, a questão da solução do problema das condições materiais de existência". STRECK, Lênio Luiz e BOLZAN DE MORAIS, José Luis, "Ciência política e teoria geral do estado", 2004. p. 93.

9   CLÈVE, Clémerson Merlin, "A eficácia dos direitos fundamentais sociais", In. Revista de Direito Constitucional e Internacional. Cadernos de direito constitucional e ciência política. Ano 14, Janeiro a março de 2006, n. 54, São Paulo: Editora Revista dos Tribunais, p. 28/9.

10   Art. 1º A República Federativa do Brasil, formada pela união indissolúvel dos Estados e Municípios e do Distrito Federal, constitui-se em Estado Democrático de Direito e tem como fundamentos: (...); IV – os valores sociais do trabalho e da livre iniciativa; (...).

11   Este espaço vem do processo democrático de formação da norma, esta fruto da ação comunicativa habermasiana.

12   Ação que visa a utilização do outro como meio a fim de que quem age atinja seus fins.

13   *La acción comunicativa es, para Habermas, la acción direccionada al entendimiento, donde por lo menos dos sujetos actúan de una forma coordinada o mismo superan la coordinación, por el dialogo, reconociendo, uno en frente del otro, las pretensiones de validez del discurso, alejándose del calculo centrado en sí, para dividir los planes para con los otros.* Cf. HABERMAS, Jürgen. *Teoría de La Acción Comunicativa*. V. I, Racionalidad de la Acción y racionalización Social. Madrid: Taurus, 1987.

14   Art. 2º Considera-se empregador a empresa, individual ou coletiva, que, assumindo os riscos da atividade econômica, admite, assalaria e dirige a prestação pessoal de serviço.
Art. 3º Considera-se empregado toda pessoa física que prestar serviços de natureza não eventual a empregador, sob a dependência deste e mediante salário.

Qualquer alteração na interpretação ou mesmo qualquer legislação posterior (como por exemplo a recente Lei n. 13.429/17) que venha a permitir a subcontratação estará maculada de inconstitucionalidade, pois que estará alterando conceito constitucional sem a devida legitimação democrática.

É, aliás, neste sentido o *voto-vista* do ministro Cesar Peluso do Supremo Tribunal Federal, em processo onde se discutiu o conceito de faturamento, Recurso Extraordinário n. 346.084-6, Paraná.

Quando da Constituição federal não consta o sentido e nem o alcance de determinado termo, no caso concreto "*faturamento*"[15], como tampouco faz com relação a "tributo", "propriedade", "família", "liberdade", "vida", "crime", "cidadão", "sufrágio", não havendo no texto constitucional predefinição ou conceituação formal dos termos aí usados, não se pode fechar o texto e impedi-lo de se adaptar à evolução histórica dos conceitos.[16]

Contudo, uma vez fazendo o texto constitucional referência a um conceito de direito fundamental, expressamente protegido pela cláusula de não retrocesso, como é o caso da expressão "*relação de emprego*", a abertura não pode ser tanta ao ponto de desconfigurar o conceito inicialmente adotado pela Constituição.

As palavras, tanto na linguagem natural como na técnica, de ambas as quais se utiliza o direito positivo para a construção das normas, são potencialmente vagas, mantendo um campo de referência não definido. Há, contudo, um limite à resistência, um conceito semântico mínimo recognoscível a cada vocábulo, para além do qual não está, segundo Humberto Eco, "*autorizado a dizer que a mensagem pode significar qualquer coisa. Pode significar muitas coisas, mas há sentidos que seria despropositado sugerir*".[17]

Registre-se que na maioria dos casos os termos são tomados no significado vernacular corrente, segundo o que traduzem dentro do campo de uso de onde são retirados, seja na área jurídica, seja no âmbito das demais ciências, como economia (juros), biologia (vida), ou até mesmo línguas estrangeiras como o inglês (*software*), sem a necessidade de um processo autônomo de elucidação.[18]

O legislador, a fim de responder às estratégias normativas, busca adicionar a algum velho termo novo significado, diverso daquele usual, deve explicitá-lo mediante a construção formal do seu conceito jurídico-normativo, "*sem prejuízo de fixar, em determinada província jurídica, conceito diferente do que usa noutra, o que pode bem ver-se ao art. 327 do Código Penal*[19], *que define 'funcionário público' para os efeitos criminais, e ao art. 2º da Lei de Improbidade Administrativa (Lei n. 8.429/1992)*[20] *que atribui, para seus fins, análogo conceito à expressão 'agente público'*".[21]

Assim, uma vez não havendo, no diploma constitucional, conceito jurídico expresso, deve o intérprete se socorrer, a fim de fazer a reconstrução semântica, nos instrumentos normativos disponíveis no próprio sistema de direito positivo, ou nos diferentes corpos de linguagem.[22]

O ministro do Supremo Tribunal Federal Cesar Peluso, fundamentando seu voto, segue e assevera que o fato de o art. 195, parágrafo quarto, da Constituição brasileira de 1988[23], ao dar a competência suplementar à União para instituir contribuições sociais não específicas, que dependam de "*outras fontes destinadas à manutenção ou expansão da seguridade*", prova que, ao fazer referência a "*faturamento*", além da "folha de salários e lucro", buscou utilizar a palavra no sentido predeterminado. Isso porque, de outro modo, a previsão daquela competência residual perderia todo o sentido, ao admitir que fossem vagos e imprecisos os conceitos de faturamento, de folha de salários e de lucro.[24]

O mesmo se poderia dizer quanto ao conceito de "*relação de emprego*". Ele não poderia ser tão vago e impreciso ao ponto

---

15 E no hipotético, objeto deste estudo "relação de emprego".
16 Disponível em: <http://redir.stf.jus.br/paginadorpub/paginador.jsp?docTP=AC&docID=261096>. Acesso em: 11 maio 2015, às 13h15min.
17 Disponível em: <http://redir.stf.jus.br/paginadorpub/paginador.jsp?docTP=AC&docID=261096>. Acesso em: 11 maio 2015, às 13h15min.
18 Disponível em: <http://redir.stf.jus.br/paginadorpub/paginador.jsp?docTP=AC&docID=261096>. Acesso em: 11 maio 2015, às 13h15min.
19 Art. 327. Considera-se funcionário público, para os efeitos penais, quem, embora transitoriamente ou sem remuneração, exerce cargo, emprego ou função pública.
§ 1º Equipara-se a funcionário público quem exerce cargo, emprego ou função em entidade paraestatal, e quem trabalha para empresa prestadora de serviço contratada ou conveniada para a execução de atividade típica da Administração Pública.
§ 2º A pena será aumentada da terça parte quando os autores dos crimes previstos neste Capítulo forem ocupantes de cargos em comissão ou de função de direção ou assessoramento de órgão da administração direta, sociedade de economia mista, empresa pública ou fundação instituída pelo poder público.
20 Art. 2º Reputa-se agente público, para os efeitos desta lei, todo aquele que exerce, ainda que transitoriamente ou sem remuneração, por eleição, nomeação, designação, contratação ou qualquer outra forma de investidura ou vínculo, mandato, cargo, emprego ou função nas entidades mencionadas no artigo anterior.
21 Disponível em: <http://redir.stf.jus.br/paginadorpub/paginador.jsp?docTP=AC&docID=261096>. Acesso em: 11 maio 2015, às 13h15min.
22 "(...) *Quando não haja conceito jurídico expresso, tem o intérprete de se socorrer, para a re-construção semântica, dos instrumentos disponíveis no próprio sistema do direito positivo, ou nos diferentes corpos de linguagem*. 6. Como já exposto, não há, na Constituição Federal, prescrição de significado do termo *faturamento*. Se se escusou a Constituição de o definir, tem o intérprete de verificar, primeiro, se, no próprio ordenamento, havia então algum valor semântico a que pudesse filiar-se o uso constitucional do vocábulo, sem explicitação de sentido particular, nem necessidade de futura regulamentação por lei inferior. É que, se há correspondente semântico na ordem jurídica, a presunção é de que a ele se refere o uso constitucional. Quando uma mesma palavra, usada pela Constituição sem definição expressa nem contextual, guarde dois ou mais sentidos, um dos quais já incorporado ao ordenamento jurídico, será esse, não outro, seu conteúdo semântico, porque seria despropositado supor que o texto normativo esteja aludindo a objeto extrajurídico. (...)". (Destaca-se). <www.stf.gov.br>.
23 Art. 195. A seguridade social será financiada por toda a sociedade, de forma direta e indireta, nos termos da lei, mediante recursos provenientes dos orçamentos da União, dos Estados, do Distrito Federal e dos Municípios, e das seguintes contribuições sociais: (...).§ 4º A lei poderá instituir outras fontes destinadas a garantir a manutenção ou expansão da seguridade social, obedecido o disposto no art. 154, I.
24 Disponível em: <http://redir.stf.jus.br/paginadorpub/paginador.jsp?docTP=AC&docID=261096>. Acesso em: 11 maio 2015, às 13h15min.

de se permitir mais de uma interpretação, à época, quanto ao que queria dizer o legislador com "relação de emprego". A base foi a legislação ordinária existente à época, arts. 3º[25] e 442[26] da Consolidação das Leis do Trabalho. Do contrário, um trabalhador representante comercial poderia ser considerado empregado, isso porque presta serviços a terceiro ou um operário poderia não ser empregado, porque pago também por terceiro (certas formas de incentivo à produção).

Ainda, o ministro Peluso aduz que na longa discussão a respeito da noção constitucional do conceito de *"faturamento"*, ficam expressamente reconhecidas e decididas *"duas coisas irrefutáveis: a) o sentido normativo da expressão 'receita bruta da venda de mercadorias e da prestação de serviços' correspondia ao conceito constitucional de 'faturamento'; b) mas, porque mais amplo e extenso como denotação própria do gênero, o significado da locução legal 'receita bruta' ultrapassava os limites semânticos desse mesmo conceito"*, fazendo referência expressa a passagem de Humberto Ávila (BERGMANN AVILA, Humberto, "Cofins e PIS: inconstitucionalidade da modificação da base de cálculo e violação ao princípio da igualdade". In *Repertório IOB de Jurisprudência*, 2ª Quinzena de julho de 1999, n. 14/99, caderno 1, p. 438).[27]

O ministro Cesar Peluso faz referência, ainda, a decisão do ministro Luiz Galloti no Recurso Extraordinário n. 71.758-GB, RTJv. 66, p. 165, onde consta que é certo que se pode interpretar a lei, de modo a afastar a inconstitucionalidade. Mas interpretar interpretando e não mudando-lhe o texto, e menos ainda criando um novo imposto que a lei não criou. *"Se a lei pudesse chamar de compra o que não é compra, de importação o que não é importação, de exportação o que não é exportação, de renda o que não é renda, ruiria todo o sistema constitucional tributário inscrito na Constituição."*[28]

E daí resulta, já com base em decisão do ministro Marco Aurélio Mello, também referido por Peluso, que a flexibilidade de conceitos, a troca de sentido, conforme os interesses postos em jogo, trazem a insegurança, incompatível com os objetivos da Constituição, que é um corpo político, mas o é ante os parâmetros que encerra e estes não estão imunes ao real sentido dos vocábulos, especialmente aqueles de contornos jurídicos. *"Logo, **não merece agasalho o ato de dizer-se da colocação, em plano secundário, de conceitos consagrados**, buscando-se homenagear, sem limites técnicos, o sentido político das normas constitucionais."* (Destaca-se).[29]

A ruína, noticiada acima, ocorreu com relação ao sistema laboral. Todo o sistema trabalhista, pela alteração o conceito de *"relação de emprego"*, que permite a subcontratação onde a lei não autoriza, acabou por gerar um nível de marginalização e desvinculação sindical que colocou e coloca ainda toda a capacidade reivindicatória da classe trabalhadora em risco, expondo-a a miséria material e intelectual, não mais havendo equilíbrio na relação capital/trabalho.

Não se pode deixar de fazer referência ao voto-divergência do ministro Eros Roberto Grau, no Recurso Extraordinário n. 346.084-6, Paraná. Ele faz a diferenciação entre as diversas funções da linguagem em conceitos jurídicos meramente formais, ancorados no terreno formal e seu estudo permite o desenvolvimento de uma quase topologia, indicativa de uma série de posições lógicas, não possuindo realidade histórica. São exemplos: direito, ônus etc. Já as *regulae juris* são expressões que sintetizam o conteúdo de um conjunto de normas jurídicas, sem significado próprio. É o caso do conceito de propriedade, que apenas assume alguma significação, na medida em que se tem sob consideração a função que ela cumpre dentro do direito, de resumir toda a disciplina normativa atinente ao modo de aquisição de poderes, faculdades e deveres sobre um bem. A utilidade deste conceito está na enorme quantidade de tempo que o seu uso permite a quem pretenda expor o conteúdo do subsistema aplicável à propriedade.[30]

A terceira função da linguagem, chamada conceitos jurídicos tipológicos, *"são expressões da história e indicam os ideais dos indivíduos e grupos, povos e países; ligam-se a esquemas e elaboração de caráter, bem como a preocupações e hábitos econômicos e a fés religiosas; à história do Estado e à estrutura econômica; a orientações filosóficas e a concepções de mundo"*. Estes conceitos se referem a fatos típicos da realidade, tais como boa-fé, coisa, bem, causa, dolo, erro. Estes conceitos, também chamados de indeterminados, em verdade, não são conceitos, mas sim noções de conceitos.[31]

Para Grau, faturamento é uma destas noções de conceito. Conceitos são atemporais e ahistóricos e os conceitos tipológicos têm características históricas e temporais. Não haveria, portanto, a incorporação da noção de faturamento que havia na época. Para ele o que ocorreu foi a incorporação de uma das noções que dele à época se tinha. A Constituição poderia também ter definido faturamento. Não o fazendo, prevaleceu, fundamenta o ministro, um dos possíveis entendimentos do que é faturamento, receita da venda de mercadorias e da prestação de serviços.[32]

A norma constitucional, para Grau, é criada por quem a interpreta e aplica. As palavras escritas nos textos normativos nada dizem, passando a significar algo quando se faz a interpretação. Elas vão dizer algo quando o intérprete diz o que elas dizem.[33]

Ainda que se possa entender que o conceito de *"relação de emprego"* é um conceito jurídico tipológico, apegado à

---

25 Art. 3º Considera-se empregado toda pessoa física que prestar serviços de natureza não eventual a empregador, sob a dependência deste e mediante salário.
26 Art. 442. Contrato individual de trabalho é o acordo tácito ou expresso, correspondente à relação de emprego.
27 Disponível em: <http://redir.stf.jus.br/paginadorpub/paginador.jsp?docTP=AC&docID=261096>. Acesso em: 11 maio 2015, às 13h15min.
28 Disponível em: <http://redir.stf.jus.br/paginadorpub/paginador.jsp?docTP=AC&docID=26109>. Acesso em: 11 maio 2015, às 13h15min.
29 Disponível em: <http://redir.stf.jus.br/paginadorpub/paginador.jsp?docTP=AC&docID=26109>. Acesso em: 11 maio 2015, às 13h15min.
30 Disponível em: <http://redir.stf.jus.br/paginadorpub/paginador.jsp?docTP=AC&docID=26109>. Acesso em: 11 maio 2015, às 13h15min.
31 Disponível em: <http://redir.stf.jus.br/paginadorpub/paginador.jsp?docTP=AC&docID=26109>. Acesso em: 11 maio 2015, às 13h15min.
32 Disponível em: <http://redir.stf.jus.br/paginadorpub/paginador.jsp?docTP=AC&docID=26109>. Acesso em: 11 maio 2015, às 13h15min.
33 Disponível em: <http://redir.stf.jus.br/paginadorpub/paginador.jsp?docTP=AC&docID=26109>. Acesso em: 11 maio 2015, às 13h15min.

história e aos ideais dos indivíduos envolvidos, e que, na verdade, não se trata de conceito e sim de noção de conceito, adaptável conforme a realidade presente, não se pode aceitar interpretação que transforme a "*relação de emprego*" em relação de emprego direta e mediante intermediação.

É que em se tratando de relação de emprego, direito fundamental do trabalhador, art. 7º, I, da Constituição brasileira de 1988, o conceito jurídico a ser utilizado é o da CLT, não se podendo, ainda que se trate de uma noção de conceito, aplicá-lo ou interpretá-lo a fim de que se permita uma redução significativa nas condições sociais dos trabalhadores.

Isso ocorre por expressa vedação da cabeça do art. 7º da Constituição brasileira de 1988, que preceitua que "*são direitos dos trabalhadores, além de outros que visem à melhoria da sua condição social*" (destaca-se), consagrando o princípio do não retrocesso social, da impossibilidade da contrarrevolução, de forma expressa. Entendimento diverso consagraria a alteração da Constituição federal de 1988, quanto ao seu conceito de relação de emprego, sem o devido processo e autorização democrática. O conceito de relação de emprego não é aberto. Diz respeito à relação entre empregado e empregador, prestador e tomador do trabalho, sem qualquer previsão genérica a contrato triangular de emprego.

2. A AÇÃO COMUNICATIVA COMO ELEMENTO CENTRAL DE FORMAÇÃO DA NORMA CONSTITUCIONAL E O PROBLEMA DA TERCEIRIZAÇÃO NO BRASIL

Como fazer, ou seja, como conciliar a ação estratégica/instrumental inerente à relação de emprego com a ação de formação da norma constitucional que é comunicativa, fruto da razão comunicativa?

Para que se comece a buscar a resposta é necessária a leitura da seguinte passagem de Habermas sobre as várias formas de ação:

> A una acción orientada al éxito la llamamos *instrumental* cuando la consideramos bajo el aspecto de observancia de reglas de acción técnicas y evaluamos el grado de eficacia de la intervención que esa acción representa en un contexto de estados y sucesos; y a una acción orientada al éxito la llamamos *estratégica* cuando la consideramos bajo el aspecto de observancia de reglas de la elección racional y evaluamos su grado de influencia sobre las decisiones de un oponente racional. Las acciones estratégicas pueden ir asociadas a interacciones sociales. Las acciones estratégicas representan, ellas mismas, acciones sociales. Hablo, en cambio, de acciones *comunicativas* cuando los planos de acción de los actores implicados no se coordinan a través de un cálculo egocéntrico de resultados, sino mediante actos de entendimiento. En la acción comunicativa los participantes no se orientan primariamente al propio éxito; antes persiguen sus fines individuales bajo la condición de que sus respectivos planes de acción puedan armonizarse entre sí sobre la base de una definición compartida de la situación. De ahí que la negociación de definiciones de la situación sea un componente esencial de la tarea interpretativa que la acción comunicativa requiere (destaques no original).[34]

De outro lado, Janriê Rodrigues Reck, sobre o tema, assevera que a ação instrumental é aquela em que, com os fins definidos, "*se emprega os meios técnicos para a obtenção do resultado pretendido, sem uma intervenção social imediata (por óbvio, o material de que obtém os fins e a aprendizagem que subjaz a ação instrumental são sociais, mas mediatamente). O melhor exemplo é o trabalho mecânico. A ação estratégica é uma relação social e, portanto, está diretamente ligada à comunicação com o outro*". Utiliza como exemplo a observação recíproca de "*contratantes pretendendo manter sua melhor vantagem em dado negócio*". Já a ação comunicativa exige que os autores se afastem do "*cálculo centrado em si para compartilhar planos de ação com o outro. Habermas esclarece que a orientação do agir se esclarece a partir dos participantes mesmos, mas não a nível psicológico (a final, a teoria habermasiana tem predominância sociológica), mas sim a nível de reconstrução do saber intuitivo que já orienta os participantes em sua interação contidiana*".[35]

Entendidos os conceitos centrais de ação comunicativa e ação estratégica/instrumental (para este texto sinônimos embora não o sejam completamente conforme se lê supra), tenta-se dar a resposta à questão proposta no primeiro parágrafo deste subtítulo.

Inicialmente deve-se ter em mente em que consiste o *Estado Democrático de Direito*[36]. Esta forma de Estado supera o Estado Liberal e o Estado Social criando um conceito ou lançando o humano à emancipação. Também supera-se o transcendentalismo Kantiano a fim de se ter um procedimento que leve ao entendimento, com o maior número de vantagens a todos.

Tendo, portanto, por base o Estado Democrático de Direito, a forma que se deve interpretar os dispositivos legais que autorizam a ação estratégica/instrumental deve ser restritiva. Nos estritos limites da norma, sem qualquer interferência que não se possa justificar pelo próprio ordenamento jurídico. Explica-se: no caso do trabalho subordinado, a norma do art. 7º, I, da Constituição brasileira de 1988, fruto do processo

---

34 HABERMAS, Jürgen. *Teoria de La Acción Comunicativa*. V. I, Racionalidad de la Acción y racionalización Social. Madrid: Taurus, 1987. p. 367.
35 RODRIGUES RECK, Janriê. *A construção da gestão compartida: o uso da proposição habermasiana da ação comunicativa na definição e execução compartilhada do interesse público*, Dissertação de mestrado, UNISC, 2006. p. 36/37.
36 "O *Estado Democrático de Direito* tem um conteúdo transformador da realidade, não se restringindo, como o Estado Social de Direito, a uma adaptação *melhorada* das condições sociais de existência. Assim, seu conteúdo ultrapassa ao aspecto material de concretização de uma vida digna ao homem e passa a agir simbolicamente como fomentador da participação pública quando o *democrático qualifica o Estado, que irradia os valores da democracia sobre todos os seus elementos constitutivos e, pois, também sobre a ordem jurídica*. E mais, a ideia de democracia contém e implica, necessariamente, a questão da solução do problema das condições materiais de existência". STRECK, Lênio Luiz e BOLZAN DE MORAIS, José Luis. *Ciência política e teoria geral do estado*. 4. ed. Porto Alegre: Livraria do Advogado Editora, 2004. p. 93.

comunicativo, autoriza a ação estratégica/instrumental. A partir daí, em havendo a possibilidade de subordinação da vontade de outrem, e desta subordinação da vontade podendo o agente subordinante retirar a "*mais-valia*", isso pelo trabalho alienado, os limites para este agir devem ser estritos, apenas permitindo que o mínimo de "*agentes subordinantes*" retirem a "*mais-valia*" deste agente subordinado.

Note-se que a cabeça do art. 7º da Constituição brasileira de 1988 também gera esta limitação pois que apenas autoriza, já que permite a ação estratégica e a alienação do humano, a melhoria da condição social dos trabalhadores.

E não poderia ser de forma diversa. Imagine-se, por exemplo, os casos de trustes. Se não houvesse a legislação que limita o truste, o que ocorreria com o comércio e com os consumidores? Como interpretar estas normas? As empresas devem atuar nos estritos limites da norma posta, sob pena de infringência desta lei, assim como devem atuar nos estritos limites do direito posto quanto à subcontratação.

O que se deve ter em mente e isso não apenas com base em Thomas Frank[37], é que a terceirização, além de valorizar as ações, aumenta o lucro. O trabalhador, além de ter a sua realidade sindical consideravelmente limitada, de sofrer "*dupla alienação*", utilizado duplamente como meio, gera ainda mais riqueza a aqueles que se beneficiam de seu trabalho. Marx já dizia que a diminuição dos salários é um dos principais meios de aumento do lucro[38], de onde se pode concluir que a terceirização também o é.

De outro lado, a legislação operária é elaborada no interesse do modo de produção capitalista e da sociedade, harmonia esta que termina no momento da sustentação capitalista. Neste sentido aduz Rosa Luxemburgo para quem:

> Mas, doutra parte, este mesmo desenvolvimento capitalista realiza uma outra transformação na natureza do Estado. O Estado atual é, antes de tudo, uma organização de classe capitalista dominante. Se ele se impõe a si mesmo, no interesse do desenvolvimento social, funções de interesse geral, é unicamente porque e somente na medida em que esses interesses e o desenvolvimento social coincidem, de uma maneira geral, com os interesses da classe dominante. A legislação operária, por exemplo, é feita tanto no interesse da classe capitalista, como da sociedade em geral. Mas esta harmonia não dura senão até certo ponto do desenvolvimento capitalista.[39]

Esta passagem serve para mostrar os propósitos da legislação obreira dentro da ordem capitalista, o que confirma a regra de que as interpretações desta mesma norma, gestada no interesse do capital, devem ter por base, já que fruto do agir comunicativo, uma forma de interpretação que minimize os efeitos sobre aquele que trabalha de forma alienada.

Rosa Luxemburgo ainda acrescenta, sobre este tema, que "*ao mesmo tempo a propriedade privada torna-se cada vez mais forma de exploração capitalista aberta do trabalho alheio, e o controle do Estado se impregna cada vez mais dos interesses exclusivos da classe dominante*"[40] o que confirma que mesmo sendo fruto de um presumido processo comunicativo, as normas de proteção ao trabalho seguem a senda do interesse do capital, que utiliza, no espaço da norma, o humano como meio, tendo como limites a própria razão comunicativa gestora do processo, não se permitindo a dupla alienação ou a contratação por intermediação de terceiros, norma esta que foge ao processo legítimo da legislação posta.

É bom que se tenha por norte que onde não há democracia, esta fruto do processo comunicativo, não há direito. Há, isto sim, fora do agir comunicativo, a ditadura, que é o não direito.[41]

Apenas o agir orientado ao entendimento é que justifica os padrões mínimos de convivência pacífica dentro dos limites do Estado. Ora, o Estado limita a atuação do ser *no mundo*. Esta limitação está ou pelo menos deve-se fazer presente a todo, sem exceção. Se a uns é dado o direito de subordinar, a aqueles subordinados é dado o direito de ser minimamente subordinados, observados os exatos limites da norma que, no caso do Brasil, não prevê a subcontratação e nem a interpretação que entende possível a diferenciação entre atividade-meio e atividade-fim, conceitos estes que justificariam a terceirização.

O certo é que a norma legal, fruto do processo democrático e que aborda a questão laboral, nada mais é do que algo que mantém a ordem posta. Nunca deixará de ser capitalista um país que tem legislação laboral protetiva, pois que esta legislação acaba por reformar o capitalismo ao invés de superá-lo. É por esta razão que a forma de interpretação deve ser restritiva, ou nos exatos termos permitidos pela própria ordem jurídica à ação estratégica/instrumental, tendo como pano de fundo, ainda assim, a ação comunicativa.

Neste sentido ensina Rosa Luxemburgo, quando trata da reforma e/ou da revolução. Para ela, fazendo referência a quem defende as reformas legais e/ou legislativas,

> (...) partindo das concepções políticas do revisionismo, a conclusão é a mesma a que se chegou tendo partido de suas teorias econômicas, isto é, que no fundo, não tendem elas à realização da ordem socialista, mas unicamente à reforma da ordem capitalista, não à supressão do assalariado, mas à diminuição da exploração, em suma, a supressão dos abusos do capitalismo e não do próprio capitalismo.[42]

---

37 FRANK, Thomas, *Deus no céu e o mercado na terra*. Tradução de Maria Luiza X. de A. Borges. Rio de Janeiro: Record, 2004. p. 128. "Se o nosso chefe tinha nos empurrado para a linha do desemprego, fizera-o provavelmente para aumentar o valor de suas próprias ações da empresa."
38 LUXEMBURGO, Rosa. *Reforma ou revolução?* 4. ed. São Paulo: Editora Expressão Popular, 2005. p. 45.
39 LUXEMBURGO, Rosa. *Reforma ou revolução?*, cit., p. 51.
40 LUXEMBURGO, Rosa. *Reforma ou revolução?*, cit., p. 57.
41 HABERMAS, Jürgen. *Direito e democracia: entre facticidade e validade*. Vols. I e II. Rio de Janeiro: Editora Tempo Brasileiro, 2003.
42 LUXEMBURGO, Rosa. *Reforma ou revolução?*, cit., p. 97.

É daí que surge, também, o dever de interpretar a norma tendo por base a razão comunicativa. Se o capitalismo legisla em benefício próprio mas, ainda assim, estas normas são fruto do processo democrático, portanto presumidamente comunicativo, que a aplicação delas se dê tendo por norte a ação/razão comunicativa da qual se origina, autorizando, assim, apenas uma interpretação restrita e em proveito daquele que é utilizado como meio, no caso em estudo, o trabalhador subordinado.

Se a razão de ser do art. 7º, I, da Constituição brasileira de 1988 é garantir a lógica capitalista mas, se ainda assim, isso presumidamente, é fruto do processo comunicativo, na sua aplicação ao caso concreto, que o espaço para a relação de emprego seja restringido, ligando o trabalhador diretamente a quem explora a sua *"mais-valia"* ou lhe reifica. A dupla alienação ou dupla reificação apenas o torna ainda mais "meio do que é", o que não está autorizado pelo processo constitucional de 1988, permitindo se conclua tratar-se a Súmula n. 331 do Tribunal Superior do Trabalho[43] de inconstitucional, assim como a Lei n. 13.429/2017 que legitima, agora a terceirização.

Neste mesmo sentido, pertinentes as considerações de Karl Marx, na obra Formações Econômicas Pré-Capitalistas. Para o economista e filósofo alemão

> Um dos pressupostos do trabalho assalariado e uma das condições históricas do capital é o trabalho livre e a troca de trabalho livre por dinheiro, com o objetivo de reproduzir o dinheiro e valorizá-lo; de o trabalho ser consumido pelo dinheiro – não como valor de uso para o desfrutante, mas como valor de uso para o dinheiro. Outro pressuposto é a separação do trabalho livre das condições objetivas de sua efetivação – dos meios e do material do trabalho. Isto significa, acima de tudo, que o trabalhador deve ser separado da terra enquanto seu laboratório natural – significa a dissolução tanto da pequena propriedade livre como da propriedade comunal da terra assentada sobre a comuna oriental.[44]

A passagem de Marx mostra bem que no momento em que se passa à realidade capitalista o trabalhador perde o contato com os bens e os meios de produção. Perde o contato primeiro com a terra, passando ser mão de obra a ser utilizada na indústria ou mesmo no campo. Na verdade, o texto comprova que o que o trabalhador mantém, junto ao modo de produção capitalista, é apenas o seu trabalho, vendendo a sua energia ao tomador do trabalho que a vende a terceiro, em forma de mercadoria, por um preço maior do que está pago.

Isso tudo é intermediado pelo dinheiro que, no modo de produção capitalista, passa a ser o cerne da propriedade[45] e a principal mercadoria, pois que intermedeia a troca de mercadorias, gerando não só o valor de uso (pré-capitalista) mas também o valor de troca. Neste processo o trabalhador é meio, a fim de que o dinheiro se torne um fim em si mesmo, o de enriquecer as classes mais abastadas e detentoras deste mesmo capital. Note-se que o dinheiro não faz uso da comunicação de forma completa. Quer dizer, não se utiliza do processo comunicativo a fim de se movimentar dentro do tecido social, utilizando-se de catalisadores "extra" ação comunicativa, o que permite se consagre o desequilíbrio entre o ser humano e a mercadoria, passando esta última a ter vida própria, sendo um fim *"em si mesma"*, desconectada do mundo da vida e dos processos de formação da norma jurídica que são fruto da ação comunicativa.

É dentro desta lógica, um pouco amestrada pelos ditos direitos humanos, fundamentais e Estado democrático de Direito, que foi gestado o art. 7º, I, da Constituição brasileira de 1988. Mesmo assim, presume-se, como já dito antes, que o processo de formação do Estado brasileiro, e que deu origem a este dispositivo legal é fruto da ação comunicativa. Não se pode esquecer, entretanto, o modo de produção posto e os espaços dados pelo processo comunicativo à ação estratégica/instrumental.

Reforçando o que está dito até aqui Marx coloca que na sociedade burguesa *"o trabalhador existe apenas subjetivamente, sem objeto; porém, aquilo que o 'enfrenta' tornou-se, agora, uma 'verdadeira entidade comum' que ele trata de devorar e pela qual é devorado"*.[46] Ou seja, ele apenas é um instrumento, um meio para o autor alemão, isso sob a lógica capitalista.

Tanto é verdade que mais adiante Marx assevera que *"para o capital o trabalhador não constitui uma condição de produção, mas apenas o trabalho o é. Se este puder ser executado pela maquinaria ou, mesmo, pela água ou pelo ar, tanto melhor. E o capital se apropria não do trabalhador mas do seu trabalho – e não diretamente, mas por meio de troca"*.[47]

É nesta passagem de Marx que está o cerne do que está dito acima. O trabalhador é apenas um instrumento dentro

---

43 CONTRATO DE PRESTAÇÃO DE SERVIÇOS. LEGALIDADE (mantida) – Res. 121/2003, DJ 19, 20 e 21.11.2003 I – A contratação de trabalhadores por empresa interposta é ilegal, formando-se o vínculo diretamente com o tomador dos serviços, salvo no caso de trabalho temporário (Lei n. 6.019, de 03.01.1974). II – A contratação irregular de trabalhador, mediante empresa interposta, não gera vínculo de emprego com os órgãos da administração pública direta, indireta ou fundacional (art. 37, II, da CF/1988). III – Não forma vínculo de emprego com o tomador a contratação de serviços de vigilância (Lei n. 7.102, de 20.06.1983) e de conservação e limpeza, bem como a de serviços especializados ligados à atividade-meio do tomador, desde que inexistente a pessoalidade e a subordinação direta. IV – O inadimplemento das obrigações trabalhistas, por parte do empregador, implica a responsabilidade subsidiária do tomador dos serviços, quanto àquelas obrigações, inclusive quanto aos órgãos da administração direta, das autarquias, das fundações públicas, das empresas públicas e das sociedades de economia mista, desde que hajam participado da relação processual e constem também do título executivo judicial (art. 71 da Lei n. 8.666, de 21.06.1993).

44 MARX, Karl. *Formações econômicas pré-capitalistas*. Tradução João Maia. São Paulo: Editora Paz e Terra, 2006. p. 65.

45 *"A propriedade, portanto, significa pertencer a uma tribo* (sociedade) (ter sua existência subjetiva/objetiva dentro dela) e, por meio do relacionamento desta comunidade com a terra, com o seu corpo inorgânico, ocorre o relacionamento do indivíduo com a terra, com a condição externa primária de produção – porque a terra é, ao mesmo tempo, matéria prima, instrumento de trabalho e fruto – como as pré-condições correspondentes à sua individualidade, como seu modo de existência. *Reduzimos esta propriedade ao relacionamento com as condições de produção"*. MARX, Karl. *Formações econômicas pré-capitalistas*, cit., p. 86.

46 MARX, Karl. *Formações econômicas pré-capitalistas*, cit., p. 91.

47 MARX, Karl. *Formações econômicas pré-capitalistas*, cit., p. 93.

da engrenagem capitalista. Instrumento porque dele se retira o trabalho, que é o que importa. Questões de dignidade, existência, embora importem para a pessoa, são desprezadas pelo capitalismo. Padrões de inclusão do outro e reconhecimento do outro como o "eu" são sonegados por uma cultura econômica e que privilegia o maior número de vantagens possíveis ao econômico em total desprezo pelo ser humano. O ser humano é visto como um ser econômico e para o econômico, leitura esta que passa a ser incorporada pela coletividade como cultura e repetida de forma inconsciente, pois que traz vantagens econômicas para os grandes conglomerados, com um significativo aumento do PIB, atividade esta que apenas aumenta a concentração de renda, deixando de lado a necessidade de distribuição desta mesma renda.

E este processo faz com que haja total esquecimento de que em uma sociedade dita democrática, cujo processo de formação das leis se presume comunicativo, e que respeita os direitos humanos, centrada em um Estado Democrático de Direito, o espaço para um de seus membros ou mesmo uma classe ou categoria deles seja usado como meio deve vir do processo comunicativo de formação da norma. O entendimento do processo de formação comunicativo da norma jurídica e de sua interpretação com base neste processo de formação comunicativo afasta a possibilidade de juízos utilitaristas e excludentes como aquele noticiado no parágrafo supra.

O espaço para a ação estratégica/instrumental deve estar autorizado pela norma legal e, mesmo aí, deve ter por norte as ações de coordenação e comunicação, que exigem a mínima redução do humano à coisa. É por esta razão, evidente, que uma vez autorizada a relação de emprego, vista conforme preceitua Marx, deve ela ser utilizada nos estritos limites da norma, com alienação simples e sem ampliação de efeitos, a fim de se preservar a lógica de comunicação inserida dentro do processo constitucional de formação das leis.

Marx, em outra passagem da obra Formações Econômicas Pré-Capitalistas, referindo-se ao papel do dinheiro junto ao processo de reificação do trabalhador aduz que:

> O dinheiro, em si, embora participe do processo histórico, fá-lo apenas, na medida em que é, ele próprio, um agente extremamente poderoso de dissolução que intervém no mesmo e, por isto, contribui para a criação de *trabalhadores livres, despojados*, sem objetivo; mas certamente, não porque *crie* para eles as condições objetivas de sua existência mas, antes, por acelerar sua separação das mesmas, isto é, apressar sua perda da propriedade.[48]

É a partir daí que o trabalhador passa a ser peça. E é assim que permanece até hoje, mesmo em um Estado Democrático de Direito. Por isso as normas devem levar em conta isso. O humano como ser *no mundo* para a felicidade, independência e emancipação, fruto de seu agir e da redução mínima à condição de coisa.

Note-se que mais adiante Marx aduz que a separação do trabalhador dos bens e meios de produção estimula a transformação do dinheiro em capital e aumenta assim o valor de troca.

Nas palavras do filósofo e economista alemão:

> Outras circunstâncias ajudaram a dissolução das antigas relações de produção, acelerando a separação do trabalhador ou do não trabalhador capaz de trabalhar, das condições objetivas de sua reprodução e, assim, estimularam a transformação do dinheiro em capital. Tais foram, por exemplo, os fatores que incrementaram, no século XVI, a massa de mercadorias em circulação, a massa circulante de dinheiro, criando novas necessidades e, consequentemente, aumentando o valor de troca dos produtivos locais, elevando os preços, etc. nada poderá, portanto, ser mais estúpido do que conceber a *formação original* do capital como se significasse a acumulação e criação das *condições objetivas da produção* – alimentos, matérias primas, instrumentos – que foram, então, oferecidas aos trabalhadores delas *despojados*. O que ocorreu, em verdade, foi que a riqueza monetária ajudou, em parte, a privar destas condições a força de trabalho dos indivíduos capazes de trabalhar.[49]

O trabalhador, portanto, se separa dos meios de produção, o que gera o capital e o proletariado. A transformação do dinheiro em capital, aduz Marx, pressupõe este processo histórico que separou o trabalhador dos meios de produção ou condições objetivas de trabalho, voltando-se, assim, contra o próprio trabalhador. Alerta o filósofo, que o capital destrói o trabalho artesanal,[50] tanto que, na França, em 1791, é criada a Lei Le Chapelier, que proibiu a associação de trabalhadores e greves, revogada apenas na década de 1870[51].

Retornando à questão da interpretação dos dispositivos constitucionais brasileiros, em especial o inciso I do art. 7º da Carta de 1988, deve-se entender que, mesmo em sendo ela fruto de um processo presumidamente comunicativo de formação, deixa espaço à ação estratégica/instrumental. Contudo, a forma de se ler este espaço <u>exige um raciocínio que se "poderia chamar comunicativo"</u>, vinculado à gênese da norma, onde o outro apenas pode ser usado como meio nos estritos limites do direito posto, considerando, quanto à questão do trabalho, a alienação de forma direta ou "simples".

Dentro deste padrão, há como dar um caráter de emancipação à norma legal. Ou pelo menos com redução da exclusão social. Mas para isso é necessária a boa reflexão, além das bases e conceitos que tornem o humano um fim em si mesmo. Aliás, é o que preceitua a Constituição brasileira de 1988 quando, em seu art. 1º, III, adota como regra-princípio a dignidade da pessoa humana, cerne constitucional que, ao lado do trabalho e da educação, acabam por permitir padrões desenvolvidos de entendimento e felicidade.

---

48 MARX, Karl. *Formações econômicas pré-capitalistas*, cit., p. 103.
49 MARX, Karl. *Formações econômicas pré-capitalistas*, cit., p. 105.
50 MARX, Karl. *Formações econômicas pré-capitalistas*, cit., p. 109.
51 Disponível em: <http://www.assistentesocial.com.br/agora3/coutinho.doc>. Acesso em: 2 dezembro 2009, às 18h17min.

Neste sentido Habermas coloca que *"penso aqui na experiência da força emancipatória da reflexão, que experimenta, em si o sujeito na medida em que ela própria se torna, a si mesma, transparente na história de sua gênese. A experiência da reflexão articula-se, em termos de conteúdo, no conceito de processo formativo; metodicamente ela leva a um ponto de vista a partir do qual a identidade da razão com a vontade resulta como que espontaneamente"*.[52]

Nesta autorreflexão, um conhecimento entendido como um fim em si coincide, pelo próprio conhecimento, com interesses de emancipação, isso porque *"o ato-de-executar da reflexão sabe-se, simultaneamente, como movimento da emancipação"*. Nestes casos a razão encontra-se submetida ao interesse por ela, de onde se pode dizer que ela busca um interesse que vise à emancipação do conhecimento, e que este tem por objetivo a realização da emancipação.[53]

É daí que se pode retirar a interpretação por ora pretendida. Se o cerne é a emancipação do sujeito, feita de forma procedimental e comunicativa, fruto de um processo presumidamente comunicativo, que a reflexão junto ao que dispõe a norma legal leve em conta estes padrões de inclusão do outro. Permitir apenas que se repita uma lógica onde o trabalhador é apenas meio e peça (característica capitalista), acaba por não gerar a emancipação e a independência, objetivo maior do humano *no mundo* e que o leva a padrões razoáveis de felicidade.

É por isso que se deve dar razão a Habermas. O autor ensina que *"o interesse por excelência é aquele do bem-estar que combinamos com a ideia da existência de um objeto ou uma ação. O interesse tem por objetivo o existir, eis que exprime uma relação do objeto que interessa para com nossa capacidade de desejar. O interesse pressupõe uma necessidade, ou então o interesse engendra uma necessidade"*.[54] É por isso que, arrisca-se dizer, se o interesse pressupõe necessidade a necessidade a que se refere é a de emancipação e de vida boa e feliz. Esta relação de vida boa e feliz deve, necessariamente, ser utilizada dentro de padrões de leitura da Constituição que, no final, se resume à vontade de todos e que é fruto de processo comunicativo, mais além do transcendentalismo kantiano.

E tudo isso vira-se contra o dogmatismo. A autorreflexão é a percepção sensível e de emancipação, compreensão imperativa e libertação da dependência dos dogmas em uma mesma experiência. O dogmatismo, este que dissolve a razão em termos práticos e mesmo analíticos, nada mais é do que uma falsa consciência. É o erro, é a experiência aprisionada. Somente o Eu, no qual a intuição intelectual se flagra como sujeito, que se afirma por si mesmo, adquire a autonomia. Já o dogmático, ao contrário, não encontrando a necessária força que o possa levar à autorreflexão, vive à moda de um sujeito dependente e coisificado, levando uma existência não livre, não tendo consciência da própria expontaneidade refletida.

"O que denominamos dogmatismo não é menos uma imperfeição moral do que uma incapacidade teórica: é por isso que o idealista corre o risco de se elevar por sobre o dogmático, escarnecendo dele em vez de o esclarecer."[55]

Assim, emancipar é ser/estar *no mundo*. Deixar de lado padrões e elementos dogmáticos levam o humano a afastar-se da reificação e encontrar o caminho à emancipação. Para tanto além da preparação deve haver o conhecimento das regras do mundo e do ser humano *no mundo*. Como se portar, o que são as coisas, como são as coisas, conhecer as coisas e saber o que fazer e o que se espera delas. Isso, entretanto, dentro de padrões comunicativos de entendimento racional onde prevaleça, após a discussão, o melhor argumento. Trazer esta lógica ao direito como elemento central da justiça e da democracia como quer Habermas é o desafio.

Retornando às ações instrumental/estratégica e comunicativa Habermas assevera que:

> As condições do agir instrumental e da atividade própria à comunicação são, simultaneamente, as condições da objetividade inerente a um conhecimento possível; elas fixam o sentido da validade de proposições nomológicas ou hermenêuticas. A inserção de processos cognitivos em complexos vitais chama nossa atenção para a função de interesses capazes de orientar o conhecimento: um complexo vital é um conjunto de interesses. Mas, assim como o nível, ao qual a vida social se reproduz, tal feixe de interesses não pode ser definido independentemente dessas formas de ações e das categorias correspondentes do saber. O interesse pela manutenção da vida está, no plano antropológico, comprometido com uma vida organizada por meio da ação e do conhecimento. Os interesses que orientam o conhecimento estão, portanto, determinados por dois fatores: por um lado, eles atestam que os processos cognitivos têm sua origem em conjuntos vitais e neles exercem sua eficácia; mas, por outro lado, através destes interesses se expressa igualmente o fato de que a forma de vida, reproduzida socialmente não poder ser caracterizada adequadamente senão pelo liame específico entre conhecimento e interesse.[56]

É isso que vai dar validade ao direito. A aproximação entre o falante e o ouvinte, em razão do entendimento linguístico é o caminho para o entendimento comunicativo e legislação consciente.

Mais adiante Habermas informa que:

> O conceito de 'agir comunicativo', que leva em conta o entendimento linguístico como mecanismo de coordenação da ação, faz com que as suposições contrafactuais dos atores que orientam seu agir por pretensões de validade adquiram relevância imediata para a construção

---
52 HABERMAS, Jürgen. *Conhecimento e interesse*. Rio de Janeiro: Guanabara, 1987. p. 219.
53 HABERMAS, Jürgen. *Conhecimento e interesse*, ibidem.
54 HABERMAS, Jürgen. *Conhecimento e interesse*, cit., p. 219/220.
55 HABERMAS, Jürgen. *Conhecimento e interesse*, cit., p. 228/229.
56 HABERMAS, Jürgen. *Conhecimento e interesse*, cit., p. 232.

e a manutenção de ordens sociais: pois estas *mantêm-se no modo de reconhecimento de pretensões de validade normativas*. Isso significa que a tensão entre facticidade e validade, embutida na linguagem e no uso da linguagem, retorna no modo de integração de indivíduos socializados – ao menos de indivíduos socializados comunicativamente – devendo ser trabalhada pelos participantes. Veremos mais adiante que essa tensão é estabilizada de modo peculiar na integração social realizada por intermédio do direito positivo.[57]

Uma ordem jurídica não pode apenas garantir que as pessoas tenham seus direitos reconhecidos por todos. O reconhecimento dos direitos recíprocos de cada um por todos os outros deve ficar apoiado em leis legítimas que garantam a cada um liberdades iguais, de modo que a *"liberdade do arbítrio de cada um possa manter-se junto com a liberdade de todos"*. Os participantes, portanto, do processo legislativo, que saem do papel de sujeitos privados do direito, assumem, isso pela sua condição de cidadãos, a perspectiva de membros de uma comunidade jurídica *"livremente associada, na qual um acordo sobre os princípios normativos da regulamentação da convivência já está assegurado através da tradição ou pode ser conseguido através de um entendimento segundo regras reconhecidas normativamente"*.[58]

Mas para tanto os participantes não devem atuar apenas orientados pelo sucesso particular, mas para o entendimento, o que acabaria por legitimar o processo legislativo, levando em conta a vontade unida e consciente de todos os cidadãos livres e iguais.[59]

Note-se que o interesse deve estar ligado a ações que fixam as condições de todo o conhecimento, dependendo de processos de conhecimento. *"Esclarecemos tal interdependência entre conhecimento e interesse ao examinarmos aquela categoria de 'ações' que coincidem com a 'atividade' da reflexão, a saber: as ações emancipatórias. Um ato da autorreflexão que 'altera a vida' é um movimento de emancipação"*, conclui Habermas.[60]

É a autorreflexão, dentro do que se conhece como jurídico que permitirá uma interpretação da Constituição além do que consta ordinariamente em livros de doutrina e na jurisprudência. Uma vez tendo o Tribunal Superior do Trabalho a possibilidade de, por seus ministros, fazer uma autorreflexão, levando em conta a vida, a alteração da vida e a busca da emancipação, a sua forma de atuar também será emancipatória e tomada pelo agir comunicativo, mesmo no espaço da ação estratégica/instrumental. Isso tornará o Tribunal e sua jurisprudência mais real, mais perto da coletividade e da humanidade. Refletirá o que realmente quer e é o direito, a partir da tomada de consciência constitucional.

Interpretar a Constituição levando em conta a razão comunicativa é o caminho à emancipação do sujeito e da coletividade. Ler os dispositivos constitucionais tendo por norte a emancipação originada pela ação comunicativa, permite se interprete o art. 7º, I, da Constituição brasileira de 1988, entendendo não ser possível a terceirização.

O que se deve destacar é que Habermas, quando aduz, com base em Freud, que *"o trabalho do 'analista' parece, à primeira vista, equivaler ao historiador; mais exatamente ao do arqueólogo. Pois, sua tarefa consiste na reconstrução dos primórdios históricos do paciente"*[61], de onde se pode retirar a ideia de que se reconstruindo a ideia histórica do humano, tendo por base os direitos fundamentais e a dignidade humana, isso sob a ótica de uma constituição democrática, há sim, como se atingir níveis elevados de emancipação. Há como incluir o outro, não permitindo a sua redução a mera peça de produção.

De outro lado, no Brasil parte-se do princípio, isso com base em regras econômicas, de que se pode terceirizar. Esta prática está internalizada, ou seja, faz parte da cultura jurídica nacional, afogada em uma realidade constitucional distante e não compatível com a presente. Esta internalização não permite a discussão dos signos e valores reais. Parte-se do princípio, por meio de uma análise pobre da realidade do trabalhador de que é melhor ter um emprego, mesmo que o trabalhador seja reduzido única e exclusivamente à coisa, do que não ter.

Ainda, aceitar passivamente a terceirização leva em conta o fato de que esta forma de contratação faz parte da vida das pessoas e de que elas dependem disso. Está-se introjetando na mente do trabalhador brasileiro[62] o discurso de que é melhor ter um emprego do que nada ter quando, ao contrário, em havendo ou não trabalho terceirizado, o posto de trabalho estará no mesmo lugar e poderá ser ocupado por um trabalhador contratado de forma direta, pois que é um trabalho *permanente*, na forma do que preceitua o art. 3º da Consolidação das Leis do Trabalho quando estatui a *"não eventualidade"*[63] como elemento caracterizante da relação de emprego.

Esta forma de interpretar a norma está introjetada não só na mente das pessoas mas especialmente daqueles que, tecnicamente, deveriam zelar pelo cumprimento da norma legal, que são os juízes e aplicadores do direito. E os motivos que justificam esta precarização vêm do econômico, que passa a dominar o mundo da vida, criando uma falsa verdade, tangenciando o verdadeiro mundo do ser, mundo da vida, centrado nos direitos fundamentais e na dignidade humana, permitindo se utilize o outro apenas como meio, sem levar em conta que os padrões constitucionais que permitem a ação estratégica/instrumental devem ser lidos com base na ação comunicativa e de inclusão do outro, conforme faz ver o art. 1º, cabeça,

---

57 HABERMAS, Jürgen. *Direito e democracia: entre facticidade e validade*. Vol. I. Rio de Janeiro: Editora Tempo Brasileiro, 2003. p. 35.
58 HABERMAS, Jürgen. *Direito e democracia: entre facticidade e validade*, cit., p. 52/53.
59 HABERMAS, Jürgen. *Direito e democracia: entre facticidade e validade*, cit., p. 53.
60 HABERMAS, Jürgen. *Conhecimento e interesse*, ibidem.
61 HABERMAS, Jürgen. *Conhecimento e interesse*, cit., p. 248.
62 Disponível em: <http://www.vermelho.org.br/noticia/262773-367>. Acesso em: 18 maio 2015, às 17h55min; <http://www.cartacapital.com.br/politica/cunha-fiesp-e-globo-bancam-terceirizacao-na-camara-1418.html>. Acesso em: 18 maio 2015, às 17h56min.
63 Art. 3º Considera-se empregado toda pessoa física que prestar serviços de natureza <u>não eventual</u> a empregador, sob a dependência deste e mediante salário. (Destaca-se).

da CF/1988 quando impõe tratar-se a República Federativa do Brasil de um Estado Democrático de Direito.

Por meio de símbolos linguísticos as comunicações se propagam de forma histórica. Habermas chama este processo de histórico, isso porque *"a continuidade da origem só se preserva através da tradição, através de uma filologia em grandes linhas que se realiza de uma maneira como que natural"*. A intersubjetividade da comunicação em linguagem corrente se rompe e necessita ser reconquistada novamente, intermitentemente. *"Esta realização (Leistung) produtiva da compreensão hermenêutica, efetivada, implícita ou explicitamente, está aí motivada desde o início pela tradição, que assim vai progredindo"*. A tradição não se aprende a dominar, mas sim a linguagem transmitida, na qual se vive é que se pode dominar. A maneira de ser da tradição é linguagem, e o *"escutar, que a compreende, inclui sua verdade em um específico comportamento-no-mundo linguístico, na medida em que interpreta textos"*.[64-65]

A passagem dos parágrafos supra comprova que a comunicação linguística entre o presente e a tradição era o evento, o acontecer e que traça o seu caminho em todo o compreender. *"A experiência hermenêutica, como autêntica experiência, precisa assumir tudo o que lhe é presente. Ela não tem a liberdade para previamente selecionar e rejeitar"*, não podendo, contudo, afirmar uma liberdade absoluta no *"deixar as coisas como estão"*, não podendo deixar sem efeito o evento que ela é.[66]

Daí se pode retirar a ideia de que os padrões constitucionais, de formação de uma Constituição, vindos da tradição ou mesmo dos debates comunicativos, devem servir de base para que o intérprete diga o que é a Constituição. Estes eventos são a própria Constituição, de onde aquele que lê a norma e a aplica não se pode separar, distanciar.

Se uma norma constitucional preceitua determinado agir, mesmo que instrumental/estratégico, este agir deve ser guiado por sua tradição e por sua história, sem deixar de lado, portanto, que quem o cria, o faz por meio comunicativo, onde não há espaço para as ações meios-fins. A forma de se ler este agir instrumental/estratégico, portanto, é por meio do agir comunicativo, sua fonte de validade, de onde se permite se conclua que, uma vez garantido pela norma, seus efeitos e aplicação no mundo prático devem restringir-se ao mínimo possível de dano a terceiros e à coletividade, de onde se conclui, portanto, não ser possível a dupla alienação quando da contratação de trabalhadores.

A linguagem é uma espécie de meta-instituição de onde dependem todas as instituições sociais. Isso porque a ação social apenas se constitui na comunicação da linguagem corrente. Entretanto, esta meta-instituição da linguagem depende dos processos sociais que não são absorvidos pelos contextos normativos.[67]

Daí se comprova a importância do processo de formação da norma legal junto a aplicação e interpretação desta norma junto ao caso concreto. A tradição de formação, a história do processo formador da regra ou do princípio acaba por fazer parte destes, não podendo o jurista afastar-se disso. São importantes os eventos criadores da norma. Como também o são aqueles que embasam e que sustentam o debate, assim como a forma de elaboração do Estado. Não há como admitir Democrático de Direito um Estado que não se busque a emancipação do sujeito, a descentração do ego e que não tenha por norte os direitos fundamentais e a dignidade humana.

O que se defende é que uma nova Constituição tem um poder revolucionário. E não foi diferente em 1988 no Brasil, quando se saiu de um modelo de Constituição ditatorial, Constituição do Brasil de 1967 e Emenda Constitucional n. 1, de 1969 que, embora tratassem dos direitos fundamentais, também consagravam, especialmente esta última, as normas de segurança nacional, concretizadas pelo Ato Institucional número 5[68].

E é esta nova face ou mesmo uma transformação no modo de produção que abarca por alterar ou reestruturar a imagem da linguística do mundo. Não se duvida que nas condições em que se reproduzem a vida material são decididas linguisticamente, não sendo, contudo, uma nova prática posta em prática apenas por novas interpretações, sendo atingidos, de baixo para cima os antigos modelos de interpretação, isso pela nova prática que os revoluciona.[69]

---

64 HABERMAS, Jürgen. *Dialética e hermenêutica*. Tradução Álvaro Valls. Porto Alegre: L&PM Editora, 1987. p. 19.

65 Crê-se que Habermas, quando trata da tradição, não se refere a aquela tradição nominada por Eric Hobsbawn de "tradição inventada". Para ele "o termo 'tradição inventada' é utilizado num sentido amplo mas nunca indefinido. Inclui tanto as 'tradições' realmente inventadas, constituídas e formalmente institucionalizadas, quanto as que surgiram de maneira mais difícil de localizar num período limitado e determinado de tempo – às vezes coisa de poucos anos apenas – e se estabelecem com enorme rapidez. (...). Por 'tradição inventada' entende-se um conjunto de práticas, normalmente reguladas por regras tácita ou abertamente aceitas; tais práticas, de natureza ritual ou simbólica, visam inculcar certos valores e normas de comportamento através da repetição, o que implica, automaticamente; uma continuidade em relação ao passado". Estas "tradições inventadas" estabelecem com o passado histórico uma relação de continuidade bastante artificial. "Em poucas palavras, elas são reações a situações novas que ou assumem a forma de referência a situações anteriores, ou estabelecem seu próprio passado através da repetição quase que obrigatória. É o contraste entre as constantes mudanças e inovações do mundo moderno e a tentativa de estruturar de maneira imutável e invariável ao menos alguns aspectos da vida social que torna a 'invenção da tradição' um assunto tão interessante para os estudiosos da história contemporânea". Note-se, alerta Hobsbawn, que há diferença entre "tradição", inclusive a "inventada" e costume. Aquela tem por característica a imutabilidade e este pode, até certo ponto mudar. Não impedindo as inovações, devendo, contudo ser compatível ao "costume" que o antecedeu. Costume é o que fazem os magistrados. Tradição inventada é a peruca que eles usam, que carece de substância, esta pertinente ao costume. HOBSBAWN, Eric, "Introdução: a invenção das tradições". Em *A invenção das tradições*. 5. ed. Eric Hobsbawn e Terence Ranger (Org.). Tradução Celina Cardin Cavalcante. São Paulo: Editora Paz e Terra. 2008. p. 09/10.

66 HABERMAS, Jürgen. *Dialética e hermenêutica*, cit., p. 19/20.

67 HABERMAS, Jürgen. *Dialética e hermenêutica*, cit., p. 21.

68 O Ato Institucional n. 5 ou AI 5 ficou famoso no Brasil ditatorial por justificar as prisões políticas. Com base nele os militares, além de fecharem o Congresso Nacional, passaram a perseguir os inimigos do regime, ou seja, aqueles que se opunham ao governo das fardas. Foram tempos de sombra. Poucos intelectuais ficaram. O Brasil, colorido pelo sol e pelo carnaval ficou cinza...

69 HABERMAS, Jürgen. *Dialética e hermenêutica*, cit., p. 22.

Nas palavras de Habermas:

(...). Uma transformação dos modos de produção acarreta uma reestruturação da imagem linguística do mundo. Isso pode ser estudado, por exemplo, no alargamento do terreno profano em sociedades primitivas. Não há dúvida de que revoluções nas condições de reprodução da vida material são, por sua vez, medidas linguisticamente; mas uma nova práxis não é posta em ação apenas por uma nova interpretação, e sim antigos modelos de interpretação vêm a ser também 'de baixo para cima', atingidos por uma nova práxis e revolucionados.[70]

Desta forma, no momento em que promulgou a Constituição brasileira de 1988, em 5 de outubro, passou, por evidente, a vigorar o art. 7º, I, do mesmo diploma. Se neste dispositivo há referência expressa aos direitos dos trabalhadores, entre eles a relação de emprego, por óbvio, que tendo por base o caráter revolucionário da norma, não só as novas interpretações, mas as antigas devem-se pautar por esta norma. Devem levar em conta o que é um Estado Democrático de Direito e deixarem-se levar por um conceito emancipatório de sociedade, pautada pelos direitos fundamentais e dignidade humana.

Não se pode esquecer que esta norma constitucional, fruto do processo comunicativo, também está pautada para ser interpretada tendo como pano de fundo este processo comunicativo. Isso ocorre mesmo que este processo comunicativo autorize a ação instrumental/estratégica, que deve seguir um padrão de interpretação restrita, seguindo a senda dos direitos fundamentais e dignidade humana.

Destaca-se que a linguagem e a ação se interpretam reciprocamente. "*A gramática dos jogos de linguagem no sentido de uma completa práxis da vida regula não apenas combinação dos símbolos, mas igualmente a interpretação de símbolos linguísticos através de ações e expressões.*"[71] Estas ações, se pode dizer, trazendo, como já se pode notar, esta discussão para o direito, nada mais são do que o agir. O que fazer. As expressões ou a linguagem deve ser entendida por todos e deve-se pautar pelo compromisso comunicativo para com o novo. Não há como criar um novo modelo fruto do processo comunicativo e restringir as ações ao que se fazia antes. Ambos, ação e linguagem, devem andar de mãos dadas. Devem ser fiéis uns aos outros na busca incessante pela emancipação do sujeito.

O que se pode dizer, contudo, quanto ao que preceitua, por exemplo, a Súmula n. 331 do Tribunal Superior do Trabalho[72] é que uma falsa comunicação gera um sistema de mal-entendidos que não é sequer descoberto ou percebido na aparência de um falso consenso[73]. Daí se pode ver que os jogos de linguagem e a forma como os ministros do Tribunal Superior do Trabalho, quando elaboraram a súmula, em verdade, tinham por norte um direito constitucional não mais presente. Registra-se que a súmula, em sua primeira redação é de 1993, portanto cinco anos após a promulgação da Constituição brasileira de 1988.

Da mesma forma quanto à Lei n. 13.429/17. Os legisladores seguiram a mesma lógica, desvinculando-se da história, por um sistema de linhas cruzadas, mal-entendidos e falsos consensos, que acabaram por gerar uma legislação desconectada com a Constituição federal e contrária aos interesses populares. A desvinculação do jurista, do interprete, do poeta, do escritor e do legislador, da história faz com que ocorra este tipo de prejuízo.

No caso da redação da Súmula n. 331 do TST, os padrões constitucionais utilizados foram aqueles anteriores à Constituição vigente mas que, em razão da falta de comunicação e relação estreita para com o novo modelo constitucional acabaram por servir de base a toda a jurisprudência brasileira em matéria de subcontratação. O Tribunal Superior do Trabalho se desvinculou da tradição e da história. Deixou de lado os debates legislativos de 1988 e editou orientação de jurisprudência que ratifica ou mantém vigente a norma constitucional anterior.

A falsa comunicação pode ser resultado de uma falsa racionalidade, onde as coisas parecem racionais fruto do processo comunicativo mas não são. A comunicação, para não pecar por esta falsidade, deve estar isenta de violência, não podendo por esta última, evidentemente, ser distorcida. Uma falsa aparência de verdade é o que surge com a leitura da Súmula n. 331 do Tribunal Superior do Trabalho, isso porque os ministros do Tribunal, no momento da edição do enunciado jurisprudencial em questão, tinham por norte uma tradição ultrapassada pelo processo comunicativo da Constituição brasileira de 1988. Não estavam, portanto, atrelados à história democrática brasileira, repetindo uma noção inverídica dos fatos presentes, isso pela falsa comunicação para com os conceitos modernos de democracia e formação estatal.

Isso faz perpetuar os mal-entendidos, que os antigos chamavam de cegamento, mesmo que aparentam um acordo fático e uma relação direta entre a ação e a linguagem. Isso distorce a comunicação e a linguagem corrente[74], criando uma espécie de tangente. De um mundo irreal com aparência de

---

70 HABERMAS, Jürgen. *Dialética e hermenêutica, ibidem*.
71 HABERMAS, Jürgen. *Dialética e hermenêutica*, cit., p. 32.
72 CONTRATO DE PRESTAÇÃO DE SERVIÇOS. LEGALIDADE (mantida) – Res. 121/2003, DJ 19, 20 e 21.11.2003 I – A contratação de trabalhadores por empresa interposta é ilegal, formando-se o vínculo diretamente com o tomador dos serviços, salvo no caso de trabalho temporário (Lei n. 6.019, de 03.01.1974). II – A contratação irregular de trabalhador, mediante empresa interposta, não gera vínculo de emprego com os órgãos da administração pública direta, indireta ou fundacional (art. 37, II, da CF/1988). III – Não forma vínculo de emprego com o tomador a contratação de serviços de vigilância (Lei n. 7.102, de 20.06.1983) e de conservação e limpeza, bem como a de serviços especializados ligados à atividade-meio do tomador, desde que inexistente a pessoalidade e a subordinação direta. IV – O inadimplemento das obrigações trabalhistas, por parte do empregador, implica a responsabilidade subsidiária do tomador dos serviços, quanto àquelas obrigações, inclusive quanto aos órgãos da administração direta, das autarquias, das fundações públicas, das empresas públicas e das sociedades de economia mista, desde que hajam participado da relação processual e constem também do título executivo judicial (art. 71 da Lei n. 8.666, de 21.06.1993).
73 HABERMAS, Jürgen. *Dialética e hermenêutica*, cit., p. 42.
74 HABERMAS, Jürgen. *Dialética e hermenêutica*, cit., p. 63.

verdadeiro, real, melhor e feliz. É por esta razão que se entende necessária a análise dos padrões constitucionais conforme estão eles postos dentro do sistema constitucional: Estado Democrático de Direito, direitos fundamentais e dignidade humana, todos eles fruto do processo comunicativo que deu origem à Constituição e do qual, mesmo em se autorizando, pela norma constitucional, a ação instrumental/estratégica, a forma de leitura desta possibilidade deve ter por base aquilo que a autoriza: o processo comunicativo que legitima o Estado Democrático de Direito, a supremacia dos direitos fundamentais e a dignidade humana, que rumam, sem dúvida, à emancipação do sujeito.

Daí se pode dizer que o consenso, fruto do processo comunicativo que cria a Constituição, também cria a possibilidade, a ação instrumental/estratégica. Esta última forma de ação, embora autorizada, para ser permitida, depende da ação que a fundamenta e que cria a Constituição, que é aquela que deriva do processo comunicativo, do entendimento e da intersubjetividade, onde o discurso racional impera e onde vence o melhor argumento. Para se permitir a ação instrumental/estratégica, evidentemente, se escolhe a dedo as suas hipóteses de incidência. Qualquer ampliação desta regra de exceção, se choca com a norma constitucional criando, dentro do direito uma não-norma ou uma impossibilidade de aplicação.

Registre-se, para melhor esclarecer o sentido que se pretende dar ao que está dito acima, que a hermenêutica filosófica investiga a *"competência interativa de falantes adultos desde o ponto de vista de como um sujeito capaz de linguagem e de ação pode compreender* (sich verständlich macht)*, em um ambiente estranho, manifestações ou proferimentos incompreensíveis"*. A hermenêutica se preocupa ou se ocupa da interpretação como uma realização excepcional, e que se torna necessária quando relevantes setores do mundo da vida tornam-se problemáticos, quando certezas culturalmente ensaiadas *"se rompem e os meios normais do entendimento falham"*.[75]

É partindo desta lógica que se conclui pela *"inconstitucionalidade"* do que preceitua a Súmula n. 331 do Tribunal Superior do Trabalho e/ou qualquer norma legal que estabeleça a terceirização. E para se chegar a esta conclusão, necessário o auxílio da hermenêutica filosófica, que tem por objetivo reconstruir os caminhos rompidos junto à comunicação quando da atuação do humano em prol do entendimento livre da violência.

Uma comunicação pode levar o nome de perturbada quando algumas de suas condições linguísticas que visam a um entendimento direto entre pelo menos dois particulares da interação não estão preenchidos. Note-se, por exemplo, o caso de um texto transmitido pela tradição. *"O intérprete parece inicialmente compreender as proposições do autor, mas no decurso seguinte faz a experiência inquietante de, contudo, não compreender o texto tão bem que ele pudesse eventualmente 'responder' às perguntas do autor"*. O intérprete recebe isso como um indício de que ele situara erradamente o texto *"em um 'outro' contexto e de que partiu de outras questões que não as do próprio autor"*.[76]

E, trazendo mais uma vez esta passagem para o objeto principal deste estudo, se pode dizer que o intérprete, no momento em que se deparou com a Constituição brasileira de 1988, esta fruto de um processo comunicativo e que lhe dá validade, mesmo assim, seguiu interpretando-a conforme o fazia durante a vigência da Constituição anterior, não partindo, portando, das questões postas pela nova ordem, mas sim de outras, estranhas ao ordenamento jurídico vigente. O intérprete se afasta dos autores da nova ordem constitucional. Desapega-se de sua história e considera irrelevantes os debates que deram origem à nova Carta constitucional, desprezando o fato de estarem vinculados, agora, a um Estado Democrático de Direito, às normas de direitos fundamentais e ao megaprincípio da dignidade humana.

O intérprete apenas vai descobrir o sentido de um texto quando descobrir porque o autor do texto se sentiu no direito de assim agir, de criá-lo, apresentando determinadas afirmações como verdadeiras, reconhecendo determinados valores e normas como corretos e externando determinadas vivências como sinceras. *"O intérprete tem de aclarar para si o contexto que tem de ter sido pressuposto pelo autor e pelo público contemporâneo como saber comum, para que naquela época não precisassem aparecer aquelas dificuldades que hoje o texto nos apresenta, e para que pudessem aparecer entre os contemporâneos 'outras' dificuldades, que para nós, inversamente, pareciam triviais."*[77]

É somente sobre este fundo de elementos cognitivos, morais e expressivos da provisão cultural do saber, de onde o autor e os seus contemporâneos retiram suas interpretações, pode-se tornar claro o sentido do texto. Por outro lado, o intérprete nascido anos mais tarde não pode identificar estes pressupostos se não tomar posição das pretensões de validade vinculadas ao texto.[78] É esta vinculação histórica que se cobra. É ela que permitirá uma leitura constitucional voltada aos direitos fundamentais e dignidade humana. Do contrário, haverá desprezo a tudo o que foi pensado e feito durante os debates na Assembleia Nacional Constituinte.

"O intérprete, enquanto não estiver em condições de se presentificar as razões que o autor teria podido mencionar nas devidas circunstâncias", não pode compreender o conteúdo e o significado de um texto[79]. É o fato de o intérprete ter o dever de entender o texto que o vincula à tradição e à história. Se não presenciou ou se não se inteirou dos debates no momento em que ocorreram, isso em matéria constitucional, deve buscar na doutrina ou mesmo em informações de época, tradição, história e cultura, o que levou às conclusões (no caso do direito às normas postas) apresentadas.

---

75 HABERMAS, Jürgen. *Dialética e hermenêutica*, cit., p. 87.
76 HABERMAS, Jürgen. *Dialética e hermenêutica*, cit., p. 87/88.
77 HABERMAS, Jürgen. *Dialética e hermenêutica*, cit., p. 89.
78 HABERMAS, Jürgen. *Dialética e hermenêutica*, ibidem.
79 HABERMAS, Jürgen. *Dialética e hermenêutica*, cit., p. 89/90.

Para se permitir interpretar a norma como se quer neste texto, são necessárias algumas atitudes. A primeira delas é um debate racional, cujo procedimento aceite os argumentos, sem que haja qualquer vício ou violência, vencendo o melhor e mais bem fundamentado. O que vai justificar a vitória de um argumento é a dialética, a contradição vinda de outros argumentos. Esta dialética legitimará o discurso e fará do vencedor o verdadeiro fruto do consenso. Esta atuação intersubjetiva, de outro lado, aproxima o humano da verdade, da correção e da sinceridade. O que é fruto do agir comunicativo (portanto racional) é verdadeiro, correto e sincero. É destas bases que se deve partir. São elas que fundamentam a ordem constitucional posta e é por elas que se deve traçar os marcos e caminhos de uma interpretação da Constituição.

A intersubjetividade procedimental, vinda do agir comunicativo, faz de todos os membros da sociedade verdadeiros agentes legisladores e transformadores. A emancipação, a descentração do ego, que caminha para uma intersubjetividade onde um reconhece no outro o próprio eu, permite se criem padrões de conduta que poderão levar à emancipação do ser. É por isso que, além da hermenêutica filosófica, apresentação dos verdadeiros sentidos dos atos de fala e da comunicação, especialmente em situações difíceis, a dialética é essencial. Ambas legitimarão o procedimento constitucional e trarão a resposta correta às perguntas elaboradas pelos juristas.

O que deve ficar claro conforme pondera Stein é que, embora não se descreva explicitamente os procedimentos a serem adotados, identificando-os com uma ou outra corrente filosófico-doutrinária, a dialética e a hermenêutica são dos caminhos pelos quais o debate atual sobre "*a questão do método como instrumento de produção de racionalidade, através da convergência entre filosofia e ciências humanas, se desenvolve numa esfera que transcende a fragmentação dos procedimentos coentíficos em geral*". É possível desenvolver uma questão filosófica através da análise das relações, das diferenças e "*do universo comum do pensamento crítico-dialético e da hermenêutica filosófica*".[80]

Stein prossegue e ensina que:

(...) os dois métodos, o dialético e o hermenêutico, e as duas posições filosóficas que nele se manifestam encontram o seu estatuto teórico na referência a esta polaridade da reflexão. Mas esta polaridade não apenas torna compatíveis o método crítico e o método hermenêutico. Ela instaurou, desde sempre, uma proximidade entre ambos. De tal maneira que um não pode operar sem o outro. Portanto, tanto na filosofia crítica como na filosofia hermenêutica, o ideal da reflexão aparece enquanto busca da racionalidade. Apenas a reflexão crítica acentua a diferença, o contraste e a reflexão hermenêutica acentua a identidade. O método crítico se apresenta basicamente como um instrumento para detectar a ruptura do sentido, enquanto o método hermenêutico busca nos muitos sentidos a unidade perdida. Essa estrutura ambivalente da razão humana enquanto reflexão funda, ou ao menos justifica, a pretensão de universalidade tanto da crítica como da hermenêutica.[81]

Observe-se, como dito supra, que ambos os métodos (dialético e hermenêutico) se relacionam "*através de um contato que não se constitui ao modo de fundante e fundado. Basicamente os dois métodos se apresentam, como nenhum outro, com uma pretensão de universalidade. Pretensão que pode ser entendida como o desejo de constituir o ponto de partida e o eixo fundamental de posições filosóficas*". Podem ser encarados, simplesmente, também, como método de trabalho, que afirma a imbricação entre método e coisa, moldando-se a uma certa espécie de discurso em que a justificação das proposições é feita de maneira circular.[82]

O certo é que:

O método dialético, como também o método hermenêutico, trabalham sobre um plano em que há propriamente apenas o homem. É claro, uma tal redução do espaço da teoria traz consigo também novas possibilidades de uma ampliação da produção de racionalidade a partir da integração e da convergência entre filosofia e ciências humanas, convergência que vem substituir a pseudorracionalidade e transparência de um tipo de discurso que parte de dois pressupostos excluídos do campo hermenêutico e do campo dialético: o ponto de partida do mundo natural ou o ponto de partida do mundo teológico.[83]

É necessário que se perceba as consequências deste gesto filosófico. Ele recusa a totalidade da tradição metafísica de um lado. De outro, ele introduz uma ideia de totalidade que se faz no próprio processo, operada dentro do trabalho teórico, que não se finaliza ou completa. "*Essa totalidade, como ela é sempre teórico-prática, se repõe a cada momento do esforço teórico e permanece uma espécie de horizonte regulador nas questões da prática. Não é mais uma totalidade hipostasiada, nem uma totalidade que seguramente resulta de determinações que vão sendo progressivamente postas até se atingir um estágio final.*" É evidente que tanto a dialética quanto a hermenêutica não percebem o paradigma por elas inaugurado, mas seu modo de atuar como um método, lugar em que se cruzam a filosofia e as ciências humanas, dá-lhes uma "*autoridade epistêmica capaz de dar conta de seus pressupostos e produzir níveis de racionalidade cuja legitimação vai se repondo através do processo do trabalho teórico*".[84]

É este casamento entre a dialética e a hermenêutica que vai permitir que, pela linguagem, está longe da dominação, se chegue ao consenso sobre o que se pode ou deve fazer. Se a

---

80 STEIN, Ernildo. Dialética e hermenêutica: uma controvérsia sobre método em filosofia. Em HABERMAS, Jürgen. *Dialética e hermenêutica*. Tradução Alvaro Valls. Porto Alegre: L&PM Editora, 1987. p. 99.
81 STEIN, Ernildo. Dialética e hermenêutica: uma controvérsia sobre método em filosofia, cit., p. 103/104.
82 STEIN, Ernildo. Dialética e hermenêutica: uma controvérsia sobre método em filosofia, cit., p. 107/108.
83 STEIN, Ernildo. Dialética e hermenêutica: uma controvérsia sobre método em filosofia, cit., p. 108.
84 STEIN, Ernildo. Dialética e hermenêutica: uma controvérsia sobre método em filosofia, cit., p. 108/109.

sociedade começa pela Constituição, fruto do processo comunicativo, os laços de linguagem que vêm desta carta devem ser interpretados a fim de se saber qual é a vontade do legislador, sem deixar de lado todos os argumentos tanto utilizados na elaboração da norma constitucional, como aqueles posteriores a ela que visam a interpretar a própria norma. É a partir daí que o agente operador do direito vai dizer o que é, de fato, neste caso, o direito e qual ou quais são os alcances de determinado dispositivo, tendo sempre em vista o agir comunicativo da gênese do processo constitucional e ele como elemento de validade quando da aplicação de eventual agir instrumental autorizado pelo processo democrático constitucional.

Não se pode defender que a dialética possa ser compreendida sem o recurso à hermenêutica. A dialética não será entendida em sua profundidade sem os recursos hermenêuticos. Daí, para o processo de libertação do homem pelo diálogo e da interação, necessário se recorra à hermenêutica e à dialética. Note-se que *"sem a participação efetiva de todos na elaboração das instituições, estas sempre se convertem em estruturas de violência e dominação"*. Se existe um ideal filosófico e que sustenta estas análises da ideologia, este ideal é descobrir, na história, *"todos os traços de violência e de dominação que sufocam o diálogo e impedem a comunicação e a maioridade dos grupos humanos"*.[85]

E assim, Stein aduz que *"considero ideologia como absolutamente necessária como meio de identificação de grupos com determinado sentido moral e político. Através da ideologia realiza-se a adesão a determinados comportamentos que passam a definir os papéis de grupos dentro do contexto social"*. E à autocrítica incumbe-se o papel de relativizar a adesão à ideologia. Se isso não existir, a crítica e a relativização devem ser socializadas pelos intelectuais e pela reflexão filosófica. É a filosofia quem terá o papel de destruir as falsas identidades, e de *"des-moralizar e des-politizar os comportamentos ideológicos, na medida em que se crispam e dogmatizam"*.[86]

E é daí que se pode dizer que:

Este papel da filosofia se pode chamar de processo de conscientização (*aufklärung*). Nela se recebem as verdadeiras medidas das coisas que a ideologia pode deformar. Certo é que, entretanto, a dissolução da identidade gera crises em membros ou no grupo todo que procurará defender sua identidade. O equilíbrio se atingirá quando o comportamento ideológico progredir para níveis cada vez mais amplos, caracterizados pela elasticidade e plasticidade diante da realidade social. O amadurecimento do grupo se realizará pela sucessão das identidades sempre instauradas após novas crises. É uma espécie de progresso em nível da consciência que a amplia e amadurece. A ideologia deverá assim adaptar-se tanto aos novos níveis de consciência como à dinâmica da realidade histórica. Poder-se-á objetar: para que a ideologia na era da técnica? A resposta é, primeiro, o fato do contínuo surto de aglutinações ideológicas. Depois, o homem e os grupos humanos precisam deste pensamento de mãos sujas para se moverem na práxis com relativa lucidez.[87]

Stein acrescenta que não quer encobrir os perigos que a ideologia representa dentro dos diversos grupos humanos, justificando a crítica à ideologia por parte da Escola de Frankfurt. É que ela (crítica) busca vigiar *"todo o comportamento ideológico e desmascarar suas distorções, sobretudo, em três áreas fundamentais da atividade humana: no trabalho, na linguagem e no poder. É aí que se processam os maiores conflitos ideológicos gerando racionalizações e defesa de interesses. A crítica ideológica procura salvar nestas áreas da práxis humana o verdadeiro nível de comunicação capaz de desfazer falsas identidades"*.[88]

É por isso que é tão necessário o recurso à técnica da hermenêutica e da dialética. Se a ideologia é necessária para que se saiba perfeitamente os grupos presentes dentro do tecido social e a forma de atuação política e social deles, não menos importante é a crítica à dialética, a fim de superar falsos conceitos e identidades, utilizando-se como método emancipatório não apenas a hermenêutica mas esta juntamente com a dialética. A autocrítica e a análise de si e da sociedade, por meio de um processo intersubjetivo onde o outro assim como o Eu é um fim em si mesmo, leva à emancipação do sujeito e ao desenvolvimento de conceitos corretos de convivência sadia, livre e feliz.

A interpretação do direito e a discussão a respeito da melhor resposta ao caso concreto, ou mesmo as discussões de constitucionalidade ou não de uma norma jurídica dependem da atuação de agentes emancipados e que se centrem em uma ideia de ação comunicativa, voltada, portanto, ao entendimento, onde vença o consenso pelo melhor argumento. Deve imperar o direito e a norma, mesmo em situações em que ela própria, fruto do processo comunicativo, autorize a ação instrumental/estratégica, de forma comunicativa. E é conhecendo bem a questão ideológica de uma sociedade que se poderá, sem perder de vista a crítica à ideologia, caminhar-se rumo a esta emancipação do sujeito e, por consequência da sociedade e das decisões judiciais.

E é apenas quando o homem se debruçar sobre o seu trabalho, a sua economia, sua técnica, sobre a sua sociedade, seu estado, seu direito, seus costumes, sua educação, sua linguagem, seus mitos, artes, religião, ciência, filosofia etc., ele se entenderá por meio da sua obra. E é em tudo isso que ele se objetiva como

---

85 STEIN, Ernildo. *História e ideologia*. 3. ed. Porto Alegre: Movimento, 1999. p. 10/12.
86 STEIN, Ernildo. *História e ideologia*, cit., p. 12.
87 STEIN, Ernildo. *História e ideologia*, cit., p. 12/13.
88 STEIN, Ernildo. *História e ideologia*, cit., p. 13/14.
89 Este método, na verdade, segundo Stein, quer dizer que as ciências humanas não se compreendem como construções teóricas. São a mediação que busca interpretar o trabalho do espírito. Surpresas, reviravoltas e mesmo as irregularidades não nos permitem uma sistematização rígida, o que faz que a constituição das ciências do espírito se processe ainda atualmente. Talvez um dia se chegue a construir uma ciência universal comparativa do homem e da cultura, estabelecendo-se nela as diversas bifurcações históricas e que teriam como primeiro grupo história a filologia, literatura e etc., como segundo grupo o conjunto das ciências que visam a estabelecer princípios como a teoria comparada da linguagem, teoria comparada do direito e etc., e que descobrem um universo comum de categorias e conceitos e num terceiro grupo ter-se-ia as disciplinas filosóficas, que estudariam os campos específicos da ciência do espírito como a filosofia da religião, filosofia do direito, filosofia da história, filosofia da cultura e etc. STEIN, Ernildo. *História e ideologia*, cit., p. 19.

história concreta. "*Na proporção em que ele se encaminha para a sua compreensão, através do método que atinge a sua obra, o homem abandona como valor único a abstração e a ciência natural e se aproxima de si mesmo pelo método hermenêutico-ergológico[89], próprio das ciências humanas, também chamadas ciências da cultura, da história, do espírito.*" São as ciências humanas que exploram os reinos do homem e estão distribuídas especialmente por três faculdades: teologia, direito e filosofia. É nestas faculdades que se estuda absolutamente tudo o que sustenta, entretém e conduz o homem em sua história concreta. É nelas que se processa a autocompreensão do homem por meio da sua obra. E é nestas áreas que se move a interpretação concreta do ser humano e da vida humana no mundo. São as áreas da hermenêutica e que poderá ter variadas formas conforme o campo a que se aplica, mas que traz como interação profunda e que anima a compreensão do homem. E é por isso que é a hermenêutica o método de compreensão do fenômeno humano e sua obra.[90]

A era da hermenêutica, da interpretação, da compreensão presentes hoje desencadeiam aspectos da condição humana e que tomam novo relevo. O homem passa a ver-se no mundo de outra forma, de outra maneira. Passa a ter uma visão diferente de seu lugar no mundo. Ele não parte mais de um *a priori* para saber a verdade de sua natureza e de seu destino. A partir de diversos pontos dentro da história e da cultura ele busca atingir, chegar à verdade. O homem passa a rejeitar as soluções definitivas e as afirmações intemporais e os absolutos abstratos. Ele os estuda mergulhados na história do próprio homem. A hermenêutica acaba por alimentar as muitas faces da mesma verdade e desenvolve a análise da multiplicidade destas faces. O hermeneuta não absolutiza os pontos de vista, senão que prova da verdade em situações concretas, buscando a universalidade inerente para a sua interpretação.[91]

Assim:

> A hermenêutica teológica, a hermenêutica jurídica, a hermenêutica na literatura, na arte, na religião, na sociologia, na psicologia, na cultura em geral e na história, sobretudo, representam a exigência de uma era em que o homem toma mais que nunca seu destino nas mãos.
>
> A hermenêutica é o estatuto em que o homem ausculta sua temporalidade. Nesta temporalidade o homem peregrina e deixa sinais ao longo do caminho. O sinal mais decisivo é a linguagem. A força do tempo reside na historicidade do homem e desabrocha na palavra. É por isso que a paisagem humana se povoa de verbos. Eles conjugam a unidade das dimensões do homem na temporalidade. A exegese do verbo, a hermenêutica da palavra é a exploração de nossa condição humana que acontece como história.[92]

É a hermenêutica quem vai sustentar a tensão da história, isso porque o homem é essencialmente histórico. A temporalidade radical do humano é a historicidade. Esta historicidade brota do passado, presente e futuro, três dimensões do tempo. O tempo da historicidade emerge do futuro. E é porque o homem é um ser para a morte que ele se volta ao passado e se ocupa do presente. "*A morte como limite, como última possibilidade, faz com que o homem explore seu poder-ser e procure realizar as possibilidades que lhe são dadas no espaço de tempo de sua história. A volta ao passado não é nada mais do que a busca das possibilidades que me foram dadas com meu fato de ser, com meu nascimento.*" Diante da total impossibilidade de qualquer possibilidade, a morte, o homem recolhe no passado as possibilidades de seu poder-ser, buscando concretizá-las no presente. É este espaço de tempo que é a sua historicidade e que tem uma aparente linearidade, "*mas que em si mesma é composta de movimentos totais em que o todo da existência é assumido como futuro, passado, presente*".[93]

É a hermenêutica a janela aberta sobre a história do homem "*enquanto ela possibilita a compreensão do passado, da tradição em que mergulham as raízes do homem e de onde ele pode libertar as suas possibilidades*". É a hermenêutica decisiva para o conhecimento da história. É ela quem situa de forma precisa o homem diante da sua história. Ela impedirá que o homem, de forma ingênua, se considere imune e livre das cargas de seu passado, ou que se julgue absolutamente determinado pela tradição. "*Mas descerrará também o caminho que permite ao homem apreciar sua verdadeira posição na história, impedindo que sonhe com uma absoluta independência entre teoria e vida.*"[94]

Registre-se que é o próprio passado que julgamos quem dá seu colorido ao juízo do homem em cada instante. O homem está envolto nas cargas da tradição quando interpreta a tradição, sendo que a história como passado pesa sobre este mesmo homem, mesmo quando ele julga agir de forma isenta. O espírito que faz a análise da tradição não sobrepaira. É a própria tradição quem o sustenta. Somente quando o homem tem a plena consciência da ação da história sobre si é que sabe a sua situação na história. Daí se pode dizer que a consciência que o humano tem a cada momento é fruto da ação da história.[95]

E é a consciência que se tem a cada momento é que é o resultado da ação da história. Pode-se, por outro lado, falar de uma consciência da ação da história. Esta consciência é determinada pela ação da história e pode assumir, lucidamente esta ação enquanto ela determina o humano ou o limita. "*A ingenuidade diante da história, como acontecer concreto, desaparece na medida em que assumimos lucidamente a ação da história, como um elemento decisivo que nos limita e nos obriga a assumir a nossa finitude diante da compreensão da história.*" E a finitude desta compreensão resulta da imersão do ser humano no movimento da história, da impossibilidade de uma distância que o retire da história sobre a qual ele pensa e medita.[96]

---

90 STEIN, Ernildo. *História e ideologia*, cit., p. 18.
91 STEIN, Ernildo. *História e ideologia*, cit., p. 21.
92 STEIN, Ernildo. *História e ideologia*, cit., p. 22/23.
93 STEIN, Ernildo. *História e ideologia*, cit., p. 28.
94 STEIN, Ernildo. *História e ideologia*, cit., p. 29.
95 STEIN, Ernildo. *História e ideologia*, ibidem.
96 STEIN, Ernildo. *História e ideologia*, cit., p., 30.

E é a finitude da compreensão do homem sobre a história, que fica clara a partir do círculo de interpretação, que é o elemento que instaura o absurdo, a contradição e o enigma na história. "*A inserção de uma razão absoluta, de uma reflexão total da história seria a superação de toda a dimensão misteriosa no acontecer concreto do homem.*" A compreensão do homem sobre a história se movimenta com ele e é ele quem a limita em seu acontecer. Tornar a história inteiramente racional é fugir da história, negando o humano a sua importância na história. Assumir a finitude na compreensão é que é uma atitude realista. E é isso que liberta o homem para o futuro, libertando as possibilidades do homem. É por isso que "*na medida em que penetramos na tradição, através desta compreensão finita, recuperamos nossa humildade diante da história, porque somente ela tem a consciência da precariedade de cada momento e a reversibilidade de nossos juízos sobre o acontecer histórico*". Isso faz com que se possa concluir que a ruptura, as vezes, é exigida pelos próprios projetos do homem, sofrendo eles, mesmo assim, a carga da ação histórica como tradição. Os projetos do homem são possibilidades e, por isso, são também limitados.[97]

De tudo isso o que se pode dizer, tendo por base o objetivo deste estudo é que a hermenêutica, enquanto janela aberta sobre a história do homem, aproxima o homem da verdade. É aquela verdade vinculada à tradição e à história do homem que se faz evidente a partir de uma análise hermenêutica. Vinculado à sua história o homem faz o presente, sempre tendo por objetivo ver o futuro. É por isso que no momento em que se sustenta a possibilidade da terceirização, na verdade se fecha esta janela sobre a história do homem e se deixa a hermenêutica de lado, para se vincular às falsas verdades que fogem da verdade histórica do humano. Se o processo comunicativo de formação da Constituição, e que evidentemente é fruto da história da sociedade presente, decidiu por atribuir como direito dos trabalhadores a relação de emprego, é evidente que, a fim de se reservar a tradição histórica (vínculo de emprego) e se projetar o futuro (sociedade livre, justa e solidária), não se pode aceitar a dupla alienação, não se pode tolerar uma dupla exploração da "mais-valia" sobre um trabalhador.

Este elemento, aliado aos já lançados permite se defenda, de forma fundamentada, a inconstitucionalidade da contratação por intermediação de mão de obra, tendo por base a Constituição brasileira de 1988, art. 7º, I, sem deixar de lado o aspecto filosófico/histórico. Se as súmulas, no caso concreto a Súmula n. 331 do TST, engessam o conhecimento e afastam os juristas do processo histórico, é a leitura histórica da Constituição que permitirá decisões judiciais mais vinculadas ao objetivo do ser humano *no mundo* que é a felicidade, o amor e o prazer em estar vivo.

A autuação, portanto, do intérprete deve ter por base o agir comunicativo, mesmo em situações em que está autorizada a ação instrumental/estratégica. O cerne da Constituição centra-se no agir racional e para o entendimento, onde deve vencer o melhor argumento. É por esta razão que uma vez autorizada a ação estratégica (relação de emprego) deve ela ser limitada aos parâmetros mínimos de simples alienação, sem que consagre a dupla coisificação do homem pelo homem. Se o sistema constitucional permite que um se utilize de outros como meio, que o faça da forma que minimamente o reduza a coisa, ou seja, alienação simples e vinculação de emprego direta.

3. CONCLUSÃO

Conclui-se este texto entendendo que não há, pela legislação nacional, espaço para dupla exploração da "mais-valia". Isso quer dizer que como é inerente ao contrato de emprego a sujeição, a exploração econômica do empresário sobre o empregado, o limite para que isso ocorra deve levar em conta o que preceitua a Constituição Federal. E é nesta mesma constituição, em seu art. 7º, cabeça[98], que consta os limites interpretativos em matéria laboral. Se toda e qualquer alteração legislativa e, se serve para os legisladores, em razão da harmonia dos poderes, serve para os juristas, deve vir para a melhoria da condição social dos trabalhadores, é evidente que toda e qualquer interpretação deve ter por objetivo a melhoria da condição social do trabalhador. De que forma há melhoria na condição social (e não apenas econômica) do trabalhador quanto está ele sujeito à dupla exploração da "mais-valia"? Quando está exposto à dupla subordinação? Quanto se sujeita a dois senhores? Esta dupla exploração da "mais-valia", dupla subordinação e dupla sujeição aplica-se perfeitamente à terceirização, em razão de que, pelo que preceitua o artigo 6º, cabeça, e parágrafo único, da CLT[99], a subordinação jurídica é estrutural e envolve não apenas ordens diretas mas ordens estruturais envolvendo não só a atividade-fim, mas igualmente e pelos mesmos motivos, a atividade-meio da empresa tomadora.

Ainda, se é direito dos trabalhadores "*relação de emprego*", nos exatos termos do inciso I do art. 7º da CF/1988, e se os incisos sujeitam-se ao *caput*, como justificar que uma lei (hoje Lei n. 13.429/17) possa garantir tamanho retrocesso, em situação onde haja dupla exploração da "mais-valia", dupla subordinação e dupla sujeição? Ou seja, como pode haver dois senhores, quando a regra, aquela prevista na época da aprovação da Constituição, era a contratação direta, sem intermediários, nos termos dos arts. 2º e 3º da CLT[100]? A lei

---

97 STEIN, Ernildo. *História e ideologia*, ibidem.
98 Art. 7º São direitos dos trabalhadores urbanos e rurais, além de outros que visem à melhoria de sua condição social:
99 Art. 6º Não se distingue entre o trabalho realizado no estabelecimento do empregador, o executado no domicílio do empregado e o realizado a distância, desde que estejam caracterizados os pressupostos da relação de emprego. Parágrafo único. Os meios telemáticos e informatizados de comando, controle e supervisão se equiparam, para fins de subordinação jurídica, aos meios pessoais e diretos de comando, controle e supervisão do trabalho alheio. (destaco para bem demonstrar).
100 Art. 2º Considera-se empregador a empresa, individual ou coletiva, que, assumindo os riscos da atividade econômica, admite, assalaria e dirige a prestação pessoal de serviço.

da terceirização altera, por via transversa, sem legitimação democrática, a Constituição. E o pior é que, para a doutrina (v. Bonavides), as normas de direitos sociais são, assim como as que preveem os direitos e deveres individuais e coletivos, cláusulas pétreas. Ora, uma lei que autoriza a subcontratação de trabalhadores, uma vez aprovada, "*revogará*" em parte o que preceitua o art. 7º, I, primeira parte, da CF/1988, e o fará por "*quorum*" simples, dando à CF/1988 a *hierarquia de lei ordinária*, retirando seu caráter de fundamento de validade de todo o ordenamento jurídico nacional[101].

Por fim, não podemos perder de vista que a Constituição é fruto do processo de entendimento comunicativo. Há uma presunção de que os deputados eleitos atuaram sem as sujeições aos poderes administrativos e do dinheiro e que os debates da assembleia nacional constituinte foram abertos a todos em igualdade de condições, com os mesmos espaços para deliberações, reuniões e acessos. Este debate fruto do processo comunicativo de formação da constituição é que é a regra quanto à forma de se ler e interpretar a constituição. E mesmo nos casos em que a Constituição autoriza a ação estratégica/instrumental (meios/fins), a forma, nestes casos, de interpretação destas situações devem ter por conta o processo de formação da Constituição, comunicativo. Se faz parte do processo comunicativo as ações de coordenação e de entendimento, ainda que se tenha uma situação em que haja sujeição (como por exemplo a relação de emprego), a forma que se deve ler esta relação é com base no entendimento, inclusão do outro e democracia, comunicativa portanto. Isso, aliás, está escrito nos arts. 1º, III e IV[102], 3º, I, III e IV[103] e 4º, II[104], sem falar do preâmbulo, sem função vinculante conforme o STF, que assegura os direitos sociais, a igualdade à justiça como valores supremos[105].

Se a terceirização, no mundo fático, cria dois tipos de empregados dentro do mesmo campo de trabalho e se permite a dupla exploração da "mais-valia", dupla subordinação e dupla sujeição, é ela, então, inconstitucional.

4. REFERÊNCIAS BIBLIOGRÁFICAS

CLÈVE, Clémerson Merlin. A eficácia dos direitos fundamentais sociais. In: *Revista de Direito Constitucional e Internacional*. Cadernos de direito constitucional e ciência política. Ano 14, janeiro a março de 2006, n. 54, São Paulo, Editora Revista dos Tribunais.

FRANK, Thomas. *Deus no céu e o mercado na terra*. Tradução de Maria Luiza X. de A. Borges. Rio de Janeiro: Record, 2004.

HABERMAS, Jürgen. *Teoría de La Acción Comunicativa*. V. I, Racionalidad de la Acción y racionalización Social. Madrid: Taurus, 1987.

_____. *Conhecimento e interesse*. Rio de Janeiro: Guanabara, 1987.

_____. *Dialética e hermenêutica*. Tradução Álvaro Valls. Porto Alegre: L&PM Editora, 1987.

_____. *Direito e democracia: entre facticidade e validade*. Vols. I e II. Rio de Janeiro: Tempo Brasileiro, 2003.

_____. *Teoria do Agir Comunicativo 1*. Racionalidade da ação e racionalização social. São Paulo: Martins Fontes, 2012.

LACRUZ BARDEJO, José Luis; SANCHO REBULLIDA, Francisco de Asís; LUNA SERRANO, Agustín; DELGADO ECHEVERRÍA, Jesus; RIVERO HERNÁNDEZ, Francisco; RAMS ALBESA, Joaquín. *Elementos de derecho civil I*. Parte general. Madrid. Dykinson, 2002.

LUXEMBURGO, Rosa. *Reforma ou revolução?* 4. ed. São Paulo: Editora Expressão Popular, 2005.

MARX, Karl. *Formações econômicas pré-capitalistas*. Tradução João Maia. São Paulo: Paz e Terra, 2006.

RODRIGUES RECK, Janriê. *A construção da gestão compartida: o uso da proposição habermasiana da ação comunicativa na definição e execução compartilhada do interesse público*. Dissertação de mestrado, UNISC, 2006.

STEIN, Ernildo. Dialética e hermenêutica: uma controvérsia sobre método em filosofia. Em HABERMAS, Jürgen. *Dialética e hermenêutica*. Tradução Alvaro Valls. Porto Alegre: L&PM Editora, 1987.

_____. *História e ideologia*. 3. ed. Porto Alegre: Movimento, 1999.

STRECK, Lênio Luiz; BOLZAN DE MORAIS, José Luis. *Ciência política e teoria geral do estado*. 4. ed. Porto Alegre: Livraria do Advogado Editora, 2004.

---

§ 1º Equiparam-se ao empregador, para os efeitos exclusivos da relação de emprego, os profissionais liberais, as instituições de beneficência, as associações recreativas ou outras instituições sem fins lucrativos, que admitirem trabalhadores como empregados.

§ 2º Sempre que uma ou mais empresas, tendo, embora, cada uma delas, personalidade jurídica própria, estiverem sob a direção, controle ou administração de outra, constituindo grupo industrial, comercial ou de qualquer outra atividade econômica, serão, para os efeitos da relação de emprego, solidariamente responsáveis a empresa principal e cada uma das subordinadas.

Art. 3º Considera-se empregado toda pessoa física que prestar serviços de natureza não eventual a empregador, sob a dependência deste e mediante salário.

Parágrafo único. Não haverá distinções relativas à espécie de emprego e à condição de trabalhador, nem entre o trabalho intelectual, técnico e manual.

101 Os direitos sociais dos trabalhadores foram pensados sob a lógica da contratação direta. *Relação empregado-empregador*. Isso porque esta era a regra na época. Não se tinha como parâmetro, salvo exceções, os contratos triangulares de emprego/trabalho, como por exemplo, a terceirização. É por isso que alterar, por via legislativa, este "*binômio*" empregado-empregador, é alterar por via transversa a Constituição federal. Note-se que a *mutação constitucional*, que bem poderia ser invocada aqui, limita-se à própria Constituição, no caso da parte trabalhista, ao que consta do art. 7º, caput, melhoria da condição social dos trabalhadores.

102 Art. 1º A República Federativa do Brasil, formada pela união indissolúvel dos Estados e Municípios e do Distrito Federal, constitui-se em Estado Democrático de Direito e tem como fundamentos: III – a dignidade da pessoa humana; IV – os valores sociais do trabalho e da livre iniciativa; (...).

103 Art. 3º Constituem objetivos fundamentais da República Federativa do Brasil:

I – construir uma sociedade livre, justa e solidária;

II – garantir o desenvolvimento nacional;

III – erradicar a pobreza e a marginalização e reduzir as desigualdades sociais e regionais;

IV – promover o bem de todos, sem preconceitos de origem, raça, sexo, cor, idade e quaisquer outras formas de discriminação.

104 Art. 4º A República Federativa do Brasil rege-se nas suas relações internacionais pelos seguintes princípios:

II – prevalência dos direitos humanos; (...).

105 "Nós, representantes do povo brasileiro, reunidos em Assembleia Nacional Constituinte para instituir um Estado Democrático, destinado a assegurar o exercício dos direitos sociais e individuais, a liberdade, a segurança, o bem-estar, o desenvolvimento, a igualdade e a justiça como valores supremos de uma sociedade fraterna, pluralista e sem preconceitos, fundada na harmonia social e comprometida, na ordem interna e internacional, com a solução pacífica das controvérsias, promulgamos, sob a proteção de Deus, a seguinte CONSTITUIÇÃO DA REPÚBLICA FEDERATIVA DO BRASIL."

CAPÍTULO 8

RESPONSABILIDADE CIVIL POR ACIDENTES DO TRABALHO NAS TERCEIRIZAÇÕES E NO TRABALHO TEMPORÁRIO

Raimundo Simão de Melo*
Guilherme Aparecido Bassi de Melo**

1. INTRODUÇÃO

O objetivo deste breve trabalho é refletir sobre a responsabilidade do tomador de serviços por acidentes de trabalho nas terceirizações a partir da orientação da Súmula n. 331 do TST e das inovadoras disposições legais do atual Código Civil brasileiro a respeito da responsabilidade por ato de terceiro, para concluir se ela é subsidiária ou solidária.

A discussão do tema tem importância capital porque muitos hoje são os casos de ações de reparação civil por acidentes laborais na Justiça do Trabalho nas quais as vítimas ou seus sucessores e dependentes pleiteiam o pagamento de indenizações por danos material oral, estético e pela perda de uma chance em razão dos prejuízos sofridos por um acidente ou doença do trabalho.

Nas ações tipicamente trabalhistas ocorrem problemas em relação ao pagamento das verbas deferidos pelos juízes do trabalho porque as empresas terceirizadas, regra geral, são inidôneas e não têm suporte financeiro para arcar com as condenações. Em relação às reparações acidentárias a situação é mais complexa, uma vez que as indenizações são bem maiores, pelo que, surge a necessidade de fazer reflexões especialmente sobre ônus que deverá recair sobre as empresas tomadoras dos serviços da vítima. Indaga-se, portanto, se existe responsabilidade destas e de que tipo: subsidiária ou solidária?

Em algumas situações os prestadores de serviços são tão deficientes economicamente quanto os trabalhadores prejudicados, pois na verdade são meros prepostos do capital, que cada vez mais busca seus intentos de lucro com repasse de suas responsabilidades para terceiros.

É por isso que as formas de terceirização e de intermediação de mão de obra crescem a cada dia e, com elas, aumenta a precarização do trabalho humano, que se consubstancia, especialmente, pela redução dos salários e dos benefícios legais, pela rotatividade dos trabalhadores no local de trabalho, pelas jornadas de trabalho excessivas, pela não ascensão na carreira, pela desorganização sindical e pelos riscos de acidentes do trabalho em razão do descumprimento das normas de segurança, medicina e higiene do trabalho, entre outros problemas enfrentados pelos trabalhadores terceirizados.

De outro lado, em relação aos tomadores de serviços, a terceirização, que consiste na transferência para outrem de atividades consideradas secundárias, teoricamente tem como objetivo diminuir custos e melhorar a qualidade do produto ou serviço[1]. Quer dizer, o maior beneficiado com a terceirização é o capital, senão o seu uso não seria tão grande e assustador, como é público e notório, querendo-se mesmo terceirizar qualquer atividade e não somente a chamada atividade-meio, como hoje se encontra "regulada" pela Súmula n. 331 do C. TST.

Os prejuízos decorrentes das mazelas de muitas das terceirizações, finalmente, são suportados pela sociedade. Assim, é preciso moralizá-las e responsabilizar todos aqueles que compõem a rede produtiva e de benefícios da atividade final, usando, para tanto, a evolução do sistema legal vigente, como será demonstrado a seguir.

Neste contexto, a jurisprudência, que tem importante função na solução dos conflitos sociais e judiciais, precisa acompanhar a evolução legal, como é o caso da referida Súmula n. 331.

Como se sabe, a terceirização constitui hoje um fenômeno irreversível, parecendo mesmo não ser mais possível combatê-la. Mas os seus efeitos precisam ser observados, especialmente em relação às responsabilidades dos tomadores de serviços pelos direitos dos trabalhadores e, como não há

---

* Consultor Jurídico e Advogado, Procurador Regional do Trabalho aposentado, Doutor e Mestre em Direito das Relações Sociais pela PUC/SP, Professor titular do Centro Universitário UDF/Mestrado, Membro da Academia Brasileira de Direito do Trabalho e autor de livros jurídicos, entre outros, "Direito ambiental do trabalho e a saúde do trabalhador".

** Mestre em Direito pela PUC/SP, Pós-Graduado em Direito pela Universidade de Coimbra, Especialista em Interesses Difusos e Coletivos pela Escola Superior do Ministério Público do Estado de São Paulo, Professor Universitário, autor de livros pelas editoras RT, Lumen Juris e LTr e Assessor de Desembargador do TRT/15.

1 Cf. Alice Monteiro de Barros. *Curso de direito do trabalho*, p. 452.

no Brasil lei regulamentando de forma geral e específica o tema das respectivas responsabilidades, cabe fazer avaliação sobre a "normatização" por meio da Súmula n. 331 do TST, que no item IV assegura a responsabilidade subsidiária do tomador de serviços de modo geral e em especial para as verbas trabalhistas. Diante disso, objetiva-se responder à indagação se esse mesmo tratamento se aplica no caso das reparações civis decorrentes de acidentes de trabalho. Em outras palavras, a responsabilidade do tomador de serviços no caso se enquadra como na responsabilidade por ato de terceiro, regulada pelo Código Civil? O Código Civil deve ser aplicado analogicamente na espécie, como preconiza o art. 8º da CLT?

2. O DEVER PATRONAL DE PREVENIR E REPARAR OS ACIDENTES DE TRABALHO

Estabelecem o art. 7º e incisos XXII e XXVIII da Constituição Federal a obrigação patronal sobre a prevenção e reparação dos acidentes de trabalho, nos seguintes termos:

> São direitos dos trabalhadores urbanos e rurais, além de outros que visem à melhoria de sua condição social: ... XXII – redução dos riscos inerentes ao trabalho, por meio de normas de saúde, higiene e segurança... XXVIII – seguro contra acidentes de trabalho, a cargo do empregador, sem excluir a indenização a que este está obrigado, quando incorrer em dolo ou culpa.

Na legislação infraconstitucional consta a obrigação empresarial pelo cumprimento das normas sobre saúde, higiene e segurança do trabalho da seguinte forma:

> Art. 156 da CLT. Compete especialmente às Delegacias Regionais do Trabalho, nos limites de sua jurisdição:
>
> I – promover a fiscalização do cumprimento das normas de segurança e medicina do trabalho;
>
> II – adotar as medidas que se tornem exigíveis, em virtude das disposições deste Capítulo, determinando as obras e reparos que, em qualquer local de trabalho, se façam necessárias;
>
> III – impor as penalidades cabíveis por descumprimento das normas constantes deste Capítulo, nos termos do art. 201.

A Lei n. 8.213/1991, que cuida do plano de benefícios previdenciários, estabelece nos §§ 1º, 2º e 3º do art. 19 que:

> § 1º A empresa é responsável pela adoção e uso das medidas coletivas e individuais de proteção e segurança da saúde do trabalhador.
>
> § 2º Constitui contravenção penal, punível com multa, deixar a empresa de cumprir as normas de segurança e higiene do trabalho.
>
> § 3º É dever da empresa prestar informações pormenorizadas sobre os riscos da operação a executar e do produto a manipular.

De forma resumida, diz a NR 17, item 1.7 da Portaria n. 3.214/1977:

> Cabe ao empregador:
>
> a) cumprir e fazer cumprir as disposições legais e regulamentares sobre segurança e medicina do trabalho;
>
> b) elaborar ordens de serviço sobre segurança e saúde no trabalho, dando ciência aos empregados por comunicados, cartazes ou meios eletrônicos;
>
> c) informar aos trabalhadores:
>
> I – os riscos profissionais que possam originar-se nos locais de trabalho;
>
> II – os meios para prevenir e limitar tais riscos e as medidas adotadas pela empresa;
>
> III – os resultados dos exames médicos e de exames complementares de diagnóstico aos quais os próprios trabalhadores forem submetidos;
>
> IV – os resultados das avaliações ambientais realizadas nos locais de trabalho.
>
> d) permitir que representantes dos trabalhadores acompanhem a fiscalização dos preceitos legais e regulamentares sobre segurança e medicina do trabalho.
>
> e) determinar os procedimentos que devem ser adotados em caso de acidente ou doença relacionada ao trabalho.

Das disposições legais citadas e de outras esparsas decorre que ao empregador ou tomador de serviços cabe adotar todas as medidas coletivas e individuais, com o objetivo de evitar acidentes e doenças do trabalho, prevalecendo as primeiras, que têm maior efetividade em relação às providências individuais.

Assim, na ocorrência de um acidente de trabalho, cabe ao empregador e tomador de serviços provarem que cumpriram todas as obrigações que lhes incumbia, na forma da lei. Caso não se desincumbam desse ônus, deverão arcar solidariamente com todas as consequências reparatórias decorrentes do infortúnio.

De outra parte, o trabalhador também tem obrigações na preservação da sua integridade física e mental, pois a CLT (art. 158) estabelece que:

> Cabe aos empregados:
>
> I – observar as normas de segurança e medicina do trabalho, inclusive as instruções de que trata o item II do artigo anterior;
>
> II – colaborar com a empresa na aplicação dos dispositivos deste Capítulo. Parágrafo único – Constitui ato faltoso do empregado a recusa injustificada: a) à observância das instruções expedidas pelo empregador na forma do item II do artigo anterior; b) ao uso dos equipamentos de proteção individual fornecidos pela empresa.

Antes da Revolução Industrial não havia qualquer preocupação com o homem que se acidentava no trabalho, ficava inválido ou morria. Foi somente a partir deste grande evento mundial, quando o homem passou a trabalhar com máquinas, muitas vezes perigosas, que, em razão dos acidentes ocorridos, passou a existir preocupação no que diz respeito à reparação dos danos causados aos empregados pelos infortúnios do trabalho. Isto porque, antes das grandes indústrias, o trabalho era normalmente de pequeno risco e realizado, na maioria das vezes, manualmente.

Com o aumento dos acidentes e das doenças do trabalho, frequentes se tornaram as reivindicações obreiras por segurança e proteção no trabalho. Como assevera Sebastião Geraldo de Oliveira[2], "o avanço da industrialização, a partir do século XIX, aumentou o número de mortos e mutilados provenientes das precárias condições de trabalho. Os reflexos sociais do problema influenciaram o advento de normas jurídicas para proteger o acidentado e seus dependentes de modo a, pelo menos, remediar a situação. Foi a Alemanha que, em 1884, instituiu a primeira lei específica a respeito dos acidentes de trabalho, cujo modelo logo se espalhou em toda a Europa".

A partir de então surgiram várias teorias para justificar o dever de reparação dos danos decorrentes dos acidentes de trabalho para, assim, se fazer justiça às vítimas.

O que justifica a reparação é a necessidade de compensar a vítima pelo prejuízo sofrido em razão de danos causados por outrem. O motivo de se assegurar a obtenção das reparações repousa nos princípios de justiça, moral, solidariedade e respeito à dignidade humana do trabalhador.

3. RESPONSABILIDADE NAS TERCEIRIZAÇÕES

Em direito existem a responsabilidade direta e a responsabilidade indireta, sendo mais comum a primeira, decorrente de ato próprio (arts. 186 e 927 do Código Civil). Com efeito, estabelece a lei casos em que alguém deve suportar as consequências decorrentes do fato ou ato de terceiro com quem mantenha alguma relação jurídica e, excepcionalmente, até mesmo em casos que inexista relação jurídica entre o autor do ato e aquele a ser chamado a responder pelos danos causados a outrem. Essa responsabilidade pode ser subsidiária ou solidária, dependendo da previsão legal.

Com relação à prevenção e reparação dos danos ao meio ambiente do trabalho, além da responsabilidade objetiva na forma do § 3º do art. 225 da Constituição Federal e § 1º do art. 14 da Lei n. 6.938/1981, também se aplica a responsabilidade solidária de todos aqueles que, pela sua atividade, causem danos ao meio ambiente ou potencializem a criação de risco para o mesmo.

Assim, responde solidariamente quem se omitir de um dever de tutela e prevenção ambientais, pois o meio ambiente sadio, pleno e global é um direito de todos e dever do Estado e da sociedade, como preconiza o art. 225 da Constituição Federal, *verbis*:

> Todos têm direito ao meio ambiente ecologicamente equilibrado, bem de uso comum do povo e essencial à sadia qualidade de vida, *impondo-se ao Poder Público e à coletividade o dever de defendê-lo e preservá-lo* para as presentes e futuras gerações (grifados)".

Nas terceirizações de atividades e de serviços e nas intermediações de mão de obra o entendimento majoritário assegura a responsabilidade subsidiária do tomador de serviços (inciso IV da Súmula n. 331 do C. TST). Mas há quem entenda que nesses casos, todos aqueles que compõem a rede produtiva e de benefícios da atividade final devem responder solidariamente pelos prejuízos causados ao meio ambiente do trabalho e à saúde do trabalhador. O fundamento é o novo Código Civil, que deu tratamento diferente e mais abrangente à questão da responsabilidade por ato de terceiro em relação ao anterior, assim dizendo:

> Art. 932. São também responsáveis pela reparação civil: ... III – o *empregador* ou comitente, por seus *empregados*, serviçais e *prepostos*, no exercício do trabalho que lhes competir, ou em razão dele (grifados).
>
> Art. 933. As pessoas indicadas nos incisos I a V do artigo antecedente, *ainda que não haja culpa de sua parte*, responderão pelos atos praticados pelos terceiros ali referidos (grifados).
>
> Art. 942. Os bens do responsável pela ofensa ou violação do direito de outrem ficam sujeitos à reparação do dano causado; e, se a ofensa tiver mais de um autor, todos responderão solidariamente pela reparação. Parágrafo único. *São solidariamente responsáveis com os autores os coautores e as pessoas designadas no art. 932* (grifados).

Dos dispositivos legais acima transcritos decorre que alguém, mesmo não tendo praticado diretamente um ato danoso para outrem, pode ter que responder pelas consequências advindas.

A responsabilidade em relação ao terceiro e aquele chamado a responder é objetiva (art. 933). No Código Civil anterior (art. 1.523), para se responsabilizar alguém por um ato de terceiro, era preciso saber se houve culpa daquele na relação estabelecida com o terceiro, a qual, depois de algum tempo, passou a ser presumida pela jurisprudência para facilitar a obtenção da reparação e não deixar desamparada a vítima que sofreu um dano injusto.

Na área trabalhista, o caso mais comum de ato de terceiro é o das terceirizações de serviços, em que existe um contrato entre o tomador e a empresa prestadora, pelo qual esta recebe ordens da contratante para a realização dos serviços objeto do contrato, na direção do interesse objetivado pela tomadora, que determina à contratada o modo como devem aqueles ser realizados.

As hipóteses mais comuns em que o tomador de serviços poderá ser chamado a responder pelos danos decorrentes de um acidente de trabalho oriundo de ato de terceiro são:

a) ato de outro empregado;

b) ato de um preposto (terceirizações);

c) ato de pessoas estranhas ao empregador.

Neste artigo vamos tratar apenas da segunda hipótese, qual seja, das terceirizações, nas quais ocorre uma relação de preposição entre o prestador de serviços e o tomador, em que aquele é um preposto deste.

---

2 *Proteção jurídica à saúde do trabalhador*, p. 206.

São requisitos para a preposição, a existência de um liame entre o empregador e o preposto e um vínculo de subordinação, que, evidentemente, não é aquela subordinação existente entre empregado e empregador, nos termos dos arts. 2º e 3º da CLT.

Na preposição, como afirma Sílvio de Salvo Venosa[3], "o vínculo de subordinação é mais tênue". Mesmo que o comitente não exerça o direito de dar ordem, ou o poder de direção, o poder não desaparece. Assim, basta que o poder possa ser exercido potencialmente, ou seja, a possibilidade de o comitente exercer a sua autoridade já possibilita a sua responsabilização, sendo suficiente que os danos causados decorram da execução das cláusulas do contrato que une comitente e preposto, pois, ao contrário disso, muitas situações de danos causados por terceiros na execução de tarefas em benefício do comitente ficariam sem a proteção da lei, deixando-se a vítima, em consequência, sem reparação.

A complexidade moderna das relações sociais, humanas e comerciais é muito mais ampla do que se possa imaginar, pelo que o conceito de preposto não pode resultar taxativamente, especialmente porque a subordinação, que é um dos seus requisitos, varia em relação a cada tipo de contrato ou liame jurídico que une aquele ao comitente ou patrão[4]. Assim, ao invés do conceito taxativo de subordinação para caracterizar a preposição para os efeitos da responsabilidade por ato ou fato de terceiro, a jurisprudência do STJ reconhece a responsabilidade solidária do proprietário do veículo por acidente em que o carro é guiado por terceiros sob o fundamento do *consentimento* (Recurso Especial n. 343.649).

O tema ora em estudo coaduna-se com a figura do comitente e do preposto, sendo a empresa tomadora o comitente e a empresa prestadora o preposto. É o que ocorre na relação entre tomador e fornecedor de serviços por meio das chamadas terceirizações de serviços, que já constituem fenômeno bastante conhecido nos meios trabalhistas e que, em razão das consequências advindas já recebeu tratamento especial da jurisprudência (Súmula n. 331 do TST).

No TST é pacífico o acolhimento da responsabilidade direta do tomador de serviços quando a terceirização for irregular e, subsidiária, quando, em legítimo contrato de prestação de serviços, a empresa prestadora não tiver idoneidade econômico-financeira para satisfazer as obrigações para com os seus empregados.

Cabe lembrar que a responsabilidade por ato ou fato de terceiro vem passando por grande evolução no sistema jurídico brasileiro. No Código Civil de 1916 (art. 1.523[5]) ela foi baseada na culpa *in elegendo* e *in vigilando*, depois na presunção relativa de culpa e, finalmente, na presunção absoluta de culpa, conforme Súmula n. 341 do STF:

É presumida a culpa do patrão ou comitente pelo ato culposo do empregado ou preposto.

Com efeito, no Código Civil de 2002 (art. 933), o legislador acolheu a responsabilidade objetiva no de terceiro, nos seguintes e expressos termos:

> As pessoas indicadas nos incisos I a V do artigo antecedente, *ainda que não haja culpa de sua parte*, responderão pelos atos praticados pelos terceiros ali referidos (grifados).

Desse modo, no caso das terceirizações, onde há o ato de terceiro, o tomador de serviços somente se exonerará da obrigação de reparar os danos causados pelo preposto (empresa terceirizada), se provar haver tomado todos os cuidados reclamados pela circunstância.

A orientação jurisprudencial do STF na Súmula n. 341 restou superada pelo novo Código Civil, que prevê claramente a responsabilidade objetiva em relação ao ato de terceiro, como ressalta Carlos Roberto Gonçalves[6], dizendo que "o novo Código Civil, como já se afirmou, consagrou a responsabilidade objetiva, independente da ideia de culpa, dos empregadores e comitentes pelos atos de seus empregados, serviçais e prepostos (art. 933), afastando qualquer dúvida que ainda pudesse existir sobre o assunto e tornando prejudicada a Súmula n. 341 do Supremo Tribunal Federal, que se referia ainda à 'culpa presumida' dos referidos responsáveis. Resta ao empregador somente a comprovação de que o causador do dano não é seu empregado ou preposto, ou que o dano não foi causado no exercício do trabalho que lhe competia, ou em razão dele".

Analisando o projeto de Código Civil de 1975, que deu origem ao atual, manifestou-se Caio Mário da Silva Pereira[7], ponderando que: "Todo aquele (pessoa física ou jurídica) que empreende uma atividade que, por si mesma, cria um risco para outrem, responde pelas suas consequências danosas a terceiros. Não haverá cogitar se houve um procedimento do comitente na escolha ou na vigilância do preposto, isto é, faz-se abstração da culpa *in elegendo* ou *in vigilando*."

Trata-se de uma das mais importantes alterações trazidas pelo Código Civil de 2002 em matéria de responsabilidade por ato de terceiro. Substituiu-se a culpa presumida e o ônus probatório invertido pela responsabilidade civil objetiva pura.

---

3   *Direito civil*: responsabilidade civil, p. 69.
4   Comentando o inciso III do art. 932 do Código Civil, dizem Carlos Alberto Menezes Direito e Sérgio Cavalieri Filho que "o que é essencial, para caracterizar a preposição, é que o serviço seja executado sob a direção de outrem, que a atividade seja realizada no seu interesse, ainda que, em termos estritos, essa relação não resultasse perfeitamente caracterizada. De se ressaltar que o conceito de preposição vem sendo ampliado pelos tribunais, principalmente pelo Superior Tribunal de Justiça, de modo a permitir a responsabilização do dono do veículo que permite o seu uso por terceiro, seja a título de locação (Súmula n. 492), seja a título de empréstimo, ainda que apenas para agradar um filho, um amigo ou conhecido. Apresenta-se como justificativa para essa ampliação o enorme número de acidentes no trânsito e a solidificação da ideia de que o eixo da responsabilidade civil não gira mais em torno do ato ilícito, mas do dano injusto sofrido pela vítima" (*Comentários ao novo Código Civil*, p. 214-215).
5   Art. 1.523. Excetuadas as do art. 1.521, V, só serão responsáveis as pessoas enumeradas nesse e no art. 1.522, provando-se que elas concorreram para o dano por culpa, ou negligência de sua parte.
6   *Responsabilidade civil*, p. 148.
7   *Responsabilidade civil*, p. 289.

Assim, para a espécie "dano acidentário", a responsabilidade por ato de terceiro é de duas naturezas: objetiva e solidária do tomador de serviços em relação ao empregado ou preposto (terceirizado) e, subjetiva, como regra, a do empregado ou preposto, ressalvadas as hipóteses de responsabilidade objetiva e inversão do ônus da prova para os empregadores em geral. Assim, a vítima não terá mais de provar que o empregador ou comitente agiu com culpa pelo ato de seu empregado, serviçal ou preposto.

De acordo com o Código Civil de 2002, a responsabilidade do tomador de serviços (comitente) pelos atos das empresas terceirizadas (prepostas) que causem danos aos trabalhadores é objetiva em relação ao empregado, serviçal ou preposto (art. 932, III) e solidária com estes, na forma do que dispõe o art. 942, *verbis*:

> Os bens do responsável pela ofensa ou violação do direito de outrem ficam sujeitos à reparação do dano causado; e, se a ofensa tiver mais de um autor, todos responderão solidariamente pela reparação. Parágrafo único. São solidariamente responsáveis com os autores os coautores e as pessoas designadas no art. 932.

Neste aspecto, tratando-se de responsabilidade civil, como na espécie, não tem mais aplicação a orientação do C. TST pela Súmula n. 331, IV, que fala de responsabilidade subsidiária nos seguintes termos:

"O inadimplemento das obrigações trabalhistas, por parte do empregador, implica a responsabilidade subsidiária do tomador dos serviços, quanto àquelas obrigações, inclusive quanto aos órgãos da administração direta, das autarquias, das fundações públicas, das empresas públicas e das sociedades de economia mista, desde que hajam participado da relação processual e constem também do título executivo judicial (art. 71 da Lei n. 8.666, de 21.06.1993).

Essa orientação jurisprudencial, como se vê, precisa ser adaptada aos novos comandos dos arts. 932, 933 e 942 do Código Civil de 202.

Essas duas responsabilidades, que constam da lei, fundamentam-se na teoria do risco-proveito do empregador ou tomador de serviços pela atividade que desenvolve, isto porque o empregador em relação às empresas terceirizadas vive em função do lucro, pelo que, como adverte Antônio Elias Queiroga[8], deve a responsabilidade civil do patrão ou comitente ser examinada com maior rigor do que a responsabilidade civil dos pais, também objetiva, porque estes não tiram nenhum proveito da atividade dos filhos menores, ao contrário do patrão ou comitente que utiliza os seus empregados para fins lucrativos.

Nos acidentes de trabalho tem sido extremamente danosa a terceirização de serviços porque as atividades perigosas e insalubres das grandes empresas são transferidas para uma micro ou pequena empresa, que não possui a mesma tecnologia e recursos financeiros para manter idêntico padrão de segurança da empresa tomadora dos serviços em relação aos trabalhadores. A obrigação de adotar medidas preventivas que visem proteger a saúde e segurança dos trabalhadores não é apenas da prestadora de serviços, mas também da tomadora.

Dessa forma, havendo omissão ou imperícia na execução da atividade por parte do terceiro, responde o tomador pelo acidente de trabalho em relação ao terceirizado.

A liberdade de contratar será exercida em razão e nos limites da função social do contrato (art. 421 do novo CC), não podendo o tomador simplesmente lavar as mãos em relação a um terceirizado que venha a se acidentar no serviço prestado em proveito dele.

No aspecto previdenciário-fiscal, estabelece a Lei n. 8.212/1991 (art. 31) a responsabilidade solidária do tomador de serviços, o que não pode ser diferente no tocante à reparação civil do acidente de trabalho.

Por analogia, é o que já consta nas relações de consumo, em que a responsabilidade é objetiva e solidária do fabricante, do produtor, do construtor, do importador e do fornecedor de serviços (CDC, arts. 12 e 14) e subsidiária do comerciante (CDC, art. 13).

Assim, todos aqueles que fazem parte da rede produtiva-distributiva/lucrativa, devem responder pelos danos causados ao consumidor, cuja razão é a proteção deste, parte mais fraca na relação, como igualmente ocorre com os trabalhadores na relação trabalho-capital.

4. TENDÊNCIA JURISPRUDENCIAL SOBRE O ASSUNTO

A tendência jurisprudencial vem avançando no sentido de acolher a responsabilidade solidária do tomador de serviços nas ações acidentárias, como se vê das decisões a seguir ementadas:

> **EMENTA**: RESPONSABILIDADE CIVIL – Acidente do trabalho – Direito comum – Legitimidade passiva – Tomadora de serviços." Possui legitimidade passiva "ad causam" a empresa tomadora de serviços, devendo responder pelos prejuízos causados, se provada a culpa ou dolo, ainda que inexista vínculo empregatício com a vítima (2º TACivSP – AI n. 538.896 – 6ª Câm. – Rel. Juiz Carlos Stroppa – J. 15.9.98).

> **EMENTA**: INDENIZAÇÃO – Responsabilidade civil – Empregado afastado do trabalho por iniciativa da empregadora, por intoxicação por agente químico (benzeno), recebendo auxílio-doença acidentário – Situação persistente há muitos anos. Renda mensal da prestação securitária inferior ao salário que o empregado receberia caso não fosse afastado – Situação existente por culpa das rés – Atividade perigosa – Indenização devida – Recurso provido para se julgar procedente a demanda. Empregado afastado do trabalho por iniciativa da empregadora para gozar de auxílio-doença acidentário, como medida profilática e preventiva por causa de intoxicação por gases de benzeno vazado de instalações onde prestava serviços, deve ser indenizado pela perda de renda nesse período de afastamento já que o valor do seguro acidentário ficou muito aquém da evolução do salário. A culpa das acionadas é inafastável:

---

8 *Responsabilidade civil e o novo Código Civil*, p. 228.

da Cosipa, porque não adotou as cautelas e medidas necessárias para evitar o vazamento do benzeno; da Tenenge, a empregadora, porque não forneceu equipamento necessário para evitar o dano que esse gás pudesse acarretar à saúde do empregado. De qualquer modo, é sabido que a Cosipa possui usinas de processamento de produtos químicos derivados de naftaleno, alcatrão e benzol, atividade que exige rígido controle ambiental, por se tratar de atividade de grande risco, e ainda que ela tivesse adotado todas as providências e medidas necessárias para evitá-lo, em sobrevindo não pode, por causas das medidas adotadas, ser desonerada da obrigação de reparar o dano. E a Tenenge, empregadora do autor, não desconhecia tal risco (TJESP; Apelação Cível n. 257.636-1 – Cubatão – 9ª Câmara de Direito Privado; Relator: Ruiter Oliva – 15.10.96 – V.U.).

EMENTA: ACIDENTE DE TRABALHO – DANOS MORAIS E MATERIAIS – MOTORISTA DE CAMINHÃO-TANQUE – COMBUSTÍVEL AQUECIDO A 150 GRAUS CENTÍGRADOS – VAZAMENTO SOBRE O CORPO DO TRABALHADOR – RESPONSABILIDADE SOLIDÁRIA DAS TRANSPORTADORAS E DA PRODUTORA E DISTRIBUIDORA DE DERIVADOS DE PETRÓLEO – LEI DO PETRÓLEO – REGULAMENTO DO TRANSPORTE DE PRODUTOS PERIGOSOS – DECRETO N. 96.044/98 – FUNÇÃO SOCIAL DO CONTRATO. Empresa que explora petróleo nas bacias sedimentares brasileiras e distribui seus derivados responde solidariamente com as respectivas transportadoras e com os destinatários, seja pela rigorosa legislação que rege a espécie, seja pela função social do contrato. Pela concreção que lhe têm dado os doutos, observa-se que a função social do contrato tem até maior aplicação no direito do trabalho do que no próprio direito civil. Demonstra-se isso pela história de ambos os ramos do direito. Aquele se desprendeu deste, à medida que normas sociais específicas tornaram-se necessárias. O direito do trabalho é, assim, originariamente, a parte social do direito civil. Se assim é, somando-se a isso a gama contratual moderna tendente a prejudicar os direitos dos trabalhadores, com terceirizações, quarteirizações, cooperativismos meramente formais, fugas da tipologia do contrato de emprego, o direito do trabalho é o terreno mais fértil para a frutificação da função social do contrato. Na espécie dos autos, as sucessivas contratações e subcontratações de transportadoras, com a participação da fornecedora, para a consecução do trabalho de apenas uma pessoa, o motorista, não sofrem qualquer cisão para fins de exclusão da responsabilidade de qualquer dos partícipes da cadeia contratual iniciada na distribuidora de derivados de petróleo. Ao trabalho uno, às responsabilidades unas do motorista corresponde a responsabilidade também una de todos os beneficiários de seu labor, mormente as transportadoras e a distribuidora, em relação às quais as normas legais não deixam qualquer dúvida acerca da responsabilidade solidária (TRT 3ª Região – Processo 00365-2005-068-03-00-5 RO; Juiz Relator Desembargador Júlio Bernardo do Carmo; Quarta Turma; Publicado em 18.11.2006).

A segunda Turma do Tribunal Superior do Trabalho manteve a condenação imposta pela Justiça do Trabalho de Minas Gerais à Companhia Vale do Rio Doce, na qualidade de responsável solidária, pelas indenizações por danos morais e materiais que deverão ser pagas a um empregado terceirizado, cuja ementa ficou assim vazada:

EMENTA: RESPONSABILIDADE SOLIDÁRIA. ACIDENTE DO TRABALHO DANO MORAL E MATERIAL. INDENIZAÇÃO. Nega-se provimento a agravo de instrumento que visa liberar recurso despido dos pressupostos de cabimento. Agravo desprovido (TST – AIRR – 1212/2005-060-03-40; segunda Turma; DOJ de 27.03.2009; Rel. Min. Renato de Lacerda Paiva).

Na fundamentação desse acórdão disse o C. TST que ainda que se atribua a responsabilidade pela implantação e fiscalização de meios adequados ao desenvolvimento da atividade do empregado somente a seu empregador (prestador de serviços), que é quem assume os riscos do empreendimento (art. 2º da CLT), compete ao tomador de serviços exigir deste o efetivo cumprimento desta obrigação. Afinal, como beneficiário da mão de obra obreira, está obrigado, por força constitucional, a verificar se a segurança e saúde do trabalhador estão garantidas. Por outro lado, sendo a atividade realizada nas dependências da tomadora de serviços, compete a esta garantir que o ambiente de trabalho não seja nocivo, nem apresente risco à integridade física ou mental dos trabalhadores. Portanto, por qualquer ângulo que se analise a questão, resta evidente que ambas as empresas integrantes da terceirização, são responsáveis, solidariamente (art. 942 do CC/2002), pelo cumprimento das normas de saúde, higiene e segurança do trabalho.

A jurisprudência do C. TST vem evoluindo quanto à aplicação da responsabilidade solidária nas reparações decorrentes de acidentes de trabalho, considerando que nestas não se postulam simplesmente parcelas contratuais de natureza trabalhista não adimplidas, mas sim, indenizações por danos moral e material decorrentes dos infortúnios, cuja natureza é civil. conclui-se, assim, que a Súmula n. 331 do TST, que trata da responsabilidade subsidiária tem aplicação para as verbas trabalhistas e não para as de natureza civil. As decisões seguintes ilustram esse entendimento.

EMENTA: RESPONSABILIDADE CIVIL. DONO DA OBRA. ACIDENTE DE TRABALHO. FALECIMENTO DE EMPREGADO CONTRATADO POR SUBEMPREITEIRA. ORIENTAÇÃO JURISPRUDENCIAL N. 191 DA SbDI-1 DO TST. INAPLICABILIDADE. 1. Nas ações acidentárias não se postulam simplesmente parcelas contratuais não adimplidas, e sim indenização por dano moral e/ou material decorrente de infortúnio que, nos casos de contrato de empreitada, em regra, ocorre nas dependências da dona da obra, igualmente responsável em relação à prevenção de acidentes e doenças ocupacionais. 2. Se o dono da obra concorreu para o infortúnio, no que não impediu a prestação de labor sem a observância das normas de higiene e segurança do trabalho, a cargo do empregador, **incide, em tese, a responsabilidade solidária inserta no art. 942, *caput*, do Código Civil de 2002**. Precedentes da SbDI-1 do TST. 3. Responsabilidade subsidiária do dono da obra que se mantém, em respeito aos limites da postulação deduzida em embargos. 4. Embargos dos Reclamantes de que se conhece, por divergência jurisprudencial, e a que se dá provimento para restabelecer o acórdão (Proc. n. TST-E-RR-240-03.2012.5.04.0011; JOÃO ORESTE DALAZEN, Ministro Relator, 19 de novembro de 2015 – grifamos).

EMENTA: "RECURSO DE EMBARGOS REGIDO PELA LEI N. 11.496/2007. **ACIDENTE DO TRABALHO.**

PRETENSÃO INDENIZATÓRIA DE NATUREZA CIVIL. RESPONSABILIDADE SOLIDÁRIA. DONO DA OBRA QUE SE IMISCUIU NA EXECUÇÃO. CULPA COMPROVADA. NÃO APLICABILIDADE DA OJ N. 191 DA SBDI-1 DO TST. Hipótese em que a Turma do TST manteve a responsabilidade solidária da empresa dona da obra pelo pagamento das indenizações decorrentes de acidente do trabalho. O Colegiado afastou a tese de contrariedade à Orientação Jurisprudencial n. 191 da SBDI-1 do TST por dois fundamentos. O primeiro, por considerar que o verbete refere-se apenas a obrigação trabalhista em sentido estrito, não abrangendo, portanto, indenização de natureza civil. O segundo, relativo ao fato de a recorrente, apesar de invocar a condição de dona da obra, haver se envolvido diretamente na execução respectiva e no desenvolvimento das atividades do reclamante, tendo sido comprovada a sua conduta omissiva em relação à segurança do ambiente laboral. Quanto a esse segundo fundamento, a Turma registrou que o trabalhador laborava na montagem de um silo, caiu de uma altura de dezoito metros, e, já no chão, foi atingido pelo balancim que se desprendeu e provocou o acidente. Acrescentou que esse balancim foi confeccionado com restos de materiais e ferragens recolhidos no próprio pátio da recorrente onde eram executadas as obras, sem observância de qualquer norma técnica. Consignou não haver provas de que tenham sido fornecidos equipamentos de proteção individual ao autor, tampouco treinamento para trabalho em local elevado. Registrou, por fim, que as instruções gerais de segurança foram passadas por ambas as reclamadas, e a empresa dona da obra destacou um técnico de segurança para acompanhar a execução de tais obras e proferiu palestra a respeito de segurança aos empregados da empresa contratada, não contemplando, contudo, o treinamento do autor para o citado labor em local elevado. A decisão da Turma não implica contrariedade à OJ n. 191, na medida em que a orientação contém exegese dirigida ao art. 455 da CLT, dada a ausência de previsão do dispositivo acerca da responsabilidade do dono da obra. Não por outra razão, o verbete restringe a sua abrangência às – obrigações trabalhistas –. O pleito de indenização por danos morais, estéticos e materiais decorrentes de acidente de trabalho apresenta natureza jurídica civil, em razão de culpa aquiliana por ato ilícito, consoante previsão dos arts. 186 e 927, caput, do Código Civil. Não se trata, portanto, de verba trabalhista *stricto sensu*. Ademais, mesmo para aqueles que entendem tratar-se de verba tipicamente trabalhista, constata-se, pela tese registrada na decisão da Turma, ter a recorrente efetivamente extrapolado os limites de sua condição de dona da obra, quando – se envolveu na execução das obras e no desenvolvimento das atividades do reclamante-. Essa conduta é suficiente para demonstrar que a recorrente abriu mão do eventual privilégio de não responder pelas obrigações trabalhistas, o qual poderia invocar em seu favor, pois ficou efetivamente demonstrada a sua culpa no acidente. **Inconteste a responsabilidade da recorrente no evento que vitimou o autor, nos termos dos arts. 927 e 942, parágrafo único, do Código Civil.** Recurso de embargos não conhecido. (...)" (E-RR-9950500-45.2005.5.09.0872, Relator Ministro: Augusto César Leite de Carvalho, Data de Julgamento: 22.11.2012, Subseção I Especializada em Dissídios Individuais, Data de Publicação: DEJT 07.12.2012 – grifamos).

EMENTA: RESPONSABILIDADE SOLIDÁRIA – ACIDENTE DE TRABALHO – CULPA – CARACTERIZAÇÃO – RECLAMADA QUE SE BENEFICIOU DA FORÇA DE TRABALHO DO RECLAMANTE – ART. 942 DO CÓDIGO CIVIL DE 2002 – APLICAÇÃO DAS SÚMULAS Nos 126 E 221, II, DO TST. 1. O Regional entendeu que a Reclamada AMBEV **deve ser mantida como responsável solidária pela reparação dos danos sofridos pelo Reclamante no acidente de trabalho** ocorrido nas dependências do Carrefour-Reclamado, enquanto repunha o estoque de bebidas na prateleira, considerando, para tanto, o fato de a Agravante ter sido responsável pelo acidente de trabalho noticiado na inicial, ao tê-lo contratado para expor seus produtos no predito supermercado, com o fito de aumentar suas vendas. Destacou, ainda, o fato de a Recorrente ter se beneficiado da força de trabalho do Autor. Desse modo, se ela se beneficiou diretamente dos resultados financeiros que lhe proporcionaria a exposição dos seus produtos no Carrefour, deveria suportar os efeitos adversos. 2. Nas razões do recurso de revista e do agravo de instrumento, a Reclamada AMBEV argumenta que o art. 942 do CC não deve ser aplicado à hipótese dos autos, pois a norma nele contida trata da autoria e não da responsabilidade sobre o dano, e que, portanto, resta caracterizada a violação do indigitado dispositivo legal, mormente diante do fato de não ter concorrido para o acontecimento do evento danoso, objeto da condenação em comento. 3. A interpretação adotada pelo Regional decorreu da situação peculiar da relação entabulada entre as Reclamadas, com repercussão direta nas atividades desempenhadas pelo Reclamante, tendo a hipótese sido enquadrada no art. 942 do Código Civil com base na prova dos autos. Assim, afigura-se acertado o despacho-agravado que denegou seguimento à revista, com fulcro no óbice da Súmula n. 221, II, do TST, a par de a pretensão da Agravante encontrar, ainda, o obstáculo inserto na Súmula n. 126 desta Corte, referente à impossibilidade de reexame da prova em sede de recurso de revista. Agravo de instrumento desprovido. (AIRR – 49441-15.2005.5.18.0012; Relator Ministro: Ives Gandra Martins Filho, Data de Julgamento: 06/12/2006, 4ª Turma, Data de Publicação: DJ 09/02/2007 – grifamos).

5. POSIÇÃO ADOTADA NA I JORNADA DE DIREITO E PROCESSO DO TRABALHO

Na I Jornada de Direito e Processo do Trabalho, promovida pela Anamatra e TST, em novembro de 2007, foi acolhida a responsabilidade solidária da empresa tomadora de serviços, nos seguintes termos:

ENUNCIADO n. 10: TERCEIRIZAÇÃO. LIMITES. RESPONSABILIDADE SOLIDÁRIA. A terceirização somente será admitida na prestação de serviços especializados, de caráter transitório, desvinculados das necessidades permanentes da empresa, mantendo-se, de todo modo, a responsabilidade solidária entre as empresas.

ENUNCIADO n. 11: TERCEIRIZAÇÃO. SERVIÇOS PÚBLICOS. RESPONSABILIDADE SOLIDÁRIA. A terceirização de serviços típicos da dinâmica permanente da Administração Pública, não se considerando como tal a prestação de serviço público à comunidade por meio de concessão, autorização e permissão, fere a Constituição da República, que estabeleceu a regra de que os serviços públicos são exercidos por servidores aprovados mediante concurso público. Quanto aos efeitos da terceirização ilegal, preservam-se os direitos trabalhistas integralmente, com responsabilidade solidária do ente público.

ENUNCIADO n. 44: RESPONSABILIDADE CIVIL. ACIDENTE DO TRABALHO. TERCEIRIZAÇÃO. SOLIDARIEDADE. Em caso de terceirização de serviços, o tomador e o prestador respondem solidariamente pelos danos causados à saúde dos trabalhadores. Inteligência dos arts. 932, III, 933 e 942, parágrafo único, do Código Civil e da Norma Regulamentadora 4 (Portaria n. 3.214/1977 do Ministério do Trabalho e Emprego).

É certo que pode o tomador de serviços que arcar com o pagamento de indenizações por acidente de trabalho de um terceirizado, agir regressivamente contra o prestador de serviços para reaver o que pagou ao autor da ação, como assegura o art. 934 do Código Civil, *in verbis*:

> Aquele que ressarcir o dano causado por outrem pode reaver o que houver pago daquele por quem pagou, salvo se o causador do dano for descendente seu, absoluta ou relativamente incapaz.

No caso da ação de regresso ajuizada em face de um prestador de serviços, a competência jurisdicional é da Justiça Comum, pois a relação se dá entre duas pessoas jurídicas de direito privado com base em um contrato de natureza civil.

Na prática pouco é utilizada a ação de regresso, uma vez que o prestador de serviços, regra geral, não tem condições financeiras para arcar com as condenações, pelo que, a melhor solução é agir preventivamente no sentido de fazer com que sejam adotadas as medidas coletivas e individuais para eliminar os riscos para a saúde dos trabalhadores. Cabe-lhe, também, adotar os devidos cuidados quando da contratação do prestador de serviços e na rigorosa fiscalização da execução do contrato, devendo estabelecer cláusulas explícitas sobre essa fiscalização e a possibilidade de retenção de parte dos pagamentos para arcar com eventuais condenações em favor das vítimas de acidentes de trabalho.

6. RESPONSABILIDADE SOLIDÁRIA NAS RELAÇÕES DE CONSUMO

Nas relações de consumo a responsabilidade do fabricante, do produtor, do construtor, do importador e do fornecedor de serviços é objetiva e solidária, como estabelece o Código de Defesa do Consumidor nos arts. 12 e 14, *verbis*:

> Art. 12. O fabricante, o produtor, o construtor, nacional ou estrangeiro, e o importador respondem, independentemente da existência de culpa, pela reparação dos danos causados aos consumidores por defeitos decorrentes de projeto, fabricação, construção, montagem, fórmulas, manipulação, apresentação ou acondicionamento de seus produtos, bem como por informações insuficientes ou inadequadas sobre sua utilização e riscos.

> Art. 14. O fornecedor de serviços responde, independentemente da existência de culpa, pela reparação dos danos causados aos consumidores por defeitos relativos à prestação dos serviços, bem como por informações insuficientes ou inadequadas sobre sua fruição e riscos.

Se nas relações de consumo respondem solidariamente todos aqueles que fazem parte da rede de benefícios em face do consumidor, não há razão para assim também não ser nas relações de trabalho, diante do avassalador fenômeno das terceirizações, com prejuízos para os trabalhadores e benefícios para os tomadores de serviço, que ficam com o lucro da atividade desenvolvida.

7. ALTERAÇÕES DA LEI N. 6.019/74 SOBRE TRABALHO TEMPORÁRIO E TERCEIRIZAÇÃO

A Lei n. 6.019/74 sofreu recentes alterações da Lei n. 13.429/2017 no tocante ao trabalho temporário e à prestação de serviços a terceiros – terceirização.

No art. 9º, § 1º, que regula o trabalho temporário, constou que "É responsabilidade da empresa contratante garantir as condições de segurança, higiene e salubridade dos trabalhadores, quando o trabalho for realizado em suas dependências ou em local por ela designado" e no art. 10, § 7º, que "A contratante é subsidiariamente responsável pelas obrigações trabalhistas referentes ao período em que ocorrer o trabalho temporário, e o recolhimento das contribuições previdenciárias observará o disposto no art. 31 da Lei n. 8.212, de 24 de julho de 1991".

Em relação à terceirização, igualmente estabeleceu o art. 5º-A, § 3º, que "É responsabilidade da contratante garantir as condições de segurança, higiene e salubridade dos trabalhadores, quando o trabalho for realizado em suas dependências ou local previamente convencionado em contrato" e no § 5º, que "A empresa contratante é subsidiariamente responsável pelas obrigações trabalhistas referentes ao período em que ocorrer a prestação de serviços, e o recolhimento das contribuições previdenciárias observará o disposto no art. 31 da Lei n. 8.212, de 24 de julho de 1991".

Ou seja, nas duas situações restou assegurada a responsabilidade da empresa contratante pelas condições de segurança, higiene e salubridade dos trabalhadores, e a responsabilidade subsidiária pelas obrigações trabalhistas dos trabalhadores contratados.

Quanto á responsabilidade subsidiária nada muda, uma vez que esta se aplica às verbas de caráter estritamente trabalhista, sendo que as de natureza civil continuam a ser regidas pelo Código Civil, como antes fundamentado.

Quanto às condições de segurança, higiene e salubridade dos trabalhadores estabelece a lei a responsabilidade direta do tomador de serviços, o que reforça sobremaneira a responsabilidade solidária pelos danos decorrentes dos acidentes e doenças do trabalho, não havendo mais qualquer sentido falar-se em responsabilidade subsidiária da Súmula n. 331 do C. TST, que, conforme evolução da jurisprudência dessa Corte aplica-se às verbas trabalhistas. De qualquer forma, não teria qualquer sentido estabelecer a lei a responsabilidade direta do tomador de serviços pela segurança, higiene e saúde dos trabalhadores temporários e terceirizados e, na ocorrência de acidentes de trabalho, aplicar-se a responsabilidade subsidiária. Seria uma incoerência inaceitável em termos de interpretação jurídica.

8. CONCLUSÕES

Na nova ordem constitucional e legal vigente, a responsabilidade nas hipóteses de terceirização, trabalho temporário e demais formas de intermediação de mão de obra é solidária e objetiva, facultando-se ao autor da demanda escolher entre os corresponsáveis, aquele que tiver melhores condições financeiras para arcar com as reparações buscadas em juízo.

Sendo o tomador de serviços condenado a responder solidariamente pelos atos empresas prestadoras de serviços (terceirização, trabalho temporário etc.) pode ajuizar ação regressiva em face daquela na Justiça comum Estadual.

O objetivo da responsabilidade civil por acidente de trabalho é compensar a vítima, para que não fique, além de inválida, sem uma cobertura financeira para sobreviver com as consequências do acidente.

Ademais, não se pode esquecer da função social do contrato (art. 421 do novo Código Civil brasileiro), da qual decorre que o objetivo de um empreendimento não é somente obter lucro, mas também cumprir a sua função social em respeito ao princípio da dignidade humana (CF, arts. 1º e 170).

Portanto, com base na Constituição Federal e no novo Código Civil, a responsabilidade do tomador de serviços pelos atos dos seus prepostos (empresas terceirizadas, temporárias etc.), que causem acidentes ou doenças do trabalho é objetiva e solidária.

Ao contrário da orientação da Súmula n. 331 do TST, não importa que se trate de terceirização lícita ou ilícita, de trabalho temporário ou outra forma de intermediação de mão de obra, pois os arts. 932, III, 933 e 942 e parágrafo único do Código Civil não fazem qualquer diferenciação nesse sentido. Desse modo, nas terceirizações e outras formas de intermediação de mão de obra devem os tomadores de serviços não somente escolher bem os seus parceiros e fiscalizar a execução do contrato, como também, e, especialmente, preocupar-se em cuidar das condições de trabalho envolvendo os terceirizados e temporários, para, assim, evitar acidentes e doenças do trabalho e o pagamento das indenizações devidas.

9. REFERÊNCIAS BIBLIOGRÁFICAS

DIREITO, Carlos Alberto Menezes & CAVALIERI FILHO, Sérgio. *Comentários ao novo Código Civil*. Vol. XIII (Coord. Sálvio de Figueiredo Teixeira). Rio de Janeiro: Forense, 2004.

CAIRO JÚNIOR, José. *O acidente do trabalho e a responsabilidade civil do empregador*. São Paulo: LTr, 2003.

GAGLIANO, Pablo Stolze & POMPLONA FILHO, Rodolfo. *Novo curso de Direito Civil: responsabilidade civil*, v. III. São Paulo: Saraiva, 2003.

GONÇALVES, Carlos Roberto. *Responsabilidade civil*. 8. ed. São Paulo: Saraiva, 2003.

LIMA, Alvino. *Culpa e risco*. Ovídio Rocha Barros Sandoval (atualizador) 2. ed. São Paulo: RT, 1999.

_____. *A responsabilidade civil pelo fato de outrem*. Nelson Nery Junior (atualizador). 2. ed. São Paulo: RT, 2000.

MELO, Raimundo Simão de. *Direito Ambiental do Trabalho e a Saúde do Trabalhador – Responsabilidades – Danos material, moral e estético*. 4. ed. São Paulo: LTr, 2010.

OLIVEIRA, Sebastião Geraldo de. *Proteção jurídica à saúde do trabalhador*. 2. ed. São Paulo: LTr, 1998.

_____. *Indenizações por acidente de trabalho ou doença ocupacional*. 2. ed. São Paulo: LTr, 2006.

PEREIRA, Caio Mário da Silva. *Responsabilidade civil*. 9. ed. Rio de Janeiro: Forense, 2002.

QUEIROGA, Antônio Elias de. *Responsabilidade civil e o novo Código Civil*. 2. ed. Rio de Janeiro: Renovar, 2003.

VENOSA, Sílvio de Salvo. *Direito Civil: responsabilidade civil*. V. 4. 3. ed. São Paulo: Atlas, 2003.

CAPÍTULO 9

A INCONSTITUCIONALIDADE DA LIBERAÇÃO GENERALIZADA DA TERCEIRIZAÇÃO. INTERPRETAÇÃO DA LEI 13.429, DE 31.3.2017*

Ricardo José Macêdo de Britto Pereira**

1. CONSIDERAÇÕES INICIAIS

Diversas iniciativas encontram-se em curso visando a uma profunda alteração estrutural do Direito do Trabalho. Uma das mais graves refere-se à liberação da terceirização, transferindo para os empresários a decisão de utilizarem intermediários para a prestação das atividades que digam respeito a parte ou a todo o seu negócio.

Tanto o Projeto de Lei da Câmara dos Deputados n. 30/2015, que tramita no Senado e dá continuidade à deliberação da Câmara no Projeto de origem n. 4.330/2004[1], quanto à Repercussão Geral reconhecida pelo Supremo Tribunal Federal (ARE 713211 – Tema 725[2]) constituem instrumentos para a abertura de vias à intermediação de mão de obra em quaisquer ou em todos os setores das empresas. A recente Lei 13.429, de 31.3.2017, como se examinará não possui essa amplitude, mas se buscarão interpretações para alcançar por meio dela igual resultado.

Essa investida na liberalização da terceirização possui o objetivo de ampliar o âmbito do mercado, mediante o desmonte dos pilares de sustentação do Direito do Trabalho. A terceirização não afasta o Direito do Trabalho, mas o fragiliza. O seu caráter altamente ideologizado encobre as suas reais intenções e os meios para alcançá-las, ao tempo em que forja um ideal de progresso e de desenvolvimento econômicos, como símbolos da modernidade, em que o modelo regulatório trabalhista tradicional seria a barreira arcaica que inviabiliza a prosperidade da nação.

O Supremo Tribunal Federal aceitou conhecer da matéria sobre os limites jurisprudenciais estabelecidos pelo Tribunal Superior do Trabalho, consagrados na Súmula n. 331[3], ao argumento de que eles não se encontram na Constituição e somente o Legislador poderia prevê-los. A repercussão geral reconhecida cogita da violação à liberdade de contratar inserida no princípio constitucional da legalidade (art. 5º, II, da

---

*   Artigo vencedor do XVI Prêmio Evaristo de Moraes Filho (1º lugar), organizado pela Associação Nacional dos Procuradores do Trabalho, na categoria de Melhor Trabalho Doutrinário (outubro/2015).

** Professor Titular do Centro Universitário do Distrito Federal – UDF (Mestrado em Direito das Relações Sociais e Trabalhistas). Doutor pela Universidade Complutense de Madri. Mestre pela Universidade de Brasília. Subprocurador Geral do Ministério Público do Trabalho.

1   O artigo 4º do projeto aprovado na Câmara possui a seguinte redação:

É lícito o contrato de terceirização relacionado a parcela de qualquer atividade da contratante que obedeça aos requisitos previstos nesta Lei, não se configurando vínculo de emprego entre a contratante e os empregados da contratada, exceto se verificados os requisitos previstos nos arts. 2º e 3º da Consolidação das Leis do Trabalho (CLT), aprovada pelo Decreto-lei n. 5.452, de 1º de maio de 1943.

2   Ementa: EMBARGOS DE DECLARAÇÃO NO AGRAVO REGIMENTAL NO RECURSO EXTRAORDINÁRIO COM AGRAVO. AÇÃO CIVIL PÚBLICA. TERCEIRIZAÇÃO ILÍCITA. OMISSÃO. DISCUSSÃO SOBRE A LIBERDADE DE TERCEIRIZAÇÃO. FIXAÇÃO DE PARÂMETROS PARA A IDENTIFICAÇÃO DO QUE REPRESENTA ATIVIDADE-FIM. POSSIBILIDADE. PROVIMENTO DOS EMBARGOS DE DECLARAÇÃO PARA DAR SEGUIMENTO AO RECURSO EXTRAORDINÁRIO. 1. A liberdade de contratar prevista no art. 5º, II, da CF é conciliável com a terceirização dos serviços para o atingimento do exercício-fim da empresa. 2. O *thema decidendum, in casu,* cinge-se à delimitação das hipóteses de terceirização de mão de obra diante do que se compreende por atividade-fim, matéria de índole constitucional, sob a ótica da liberdade de contratar, nos termos do art. 5º, II, da CRFB. Patente, outrossim, a repercussão geral do tema, diante da existência de milhares de contratos de terceirização de mão de obra em que subsistem dúvidas quanto à sua legalidade, o que poderia ensejar condenações expressivas por danos morais coletivos semelhantes àquela verificada nestes autos. 3. Embargos de declaração providos, a fim de que seja dado seguimento ao Recurso Extraordinário, de modo que o tema possa ser submetido ao Plenário Virtual desta Corte para os fins de aferição da existência de Repercussão Geral quanto ao tema ventilado nos termos da fundamentação acima. (ARE 713211 AgR-ED, Relator(a): Min. Luiz Fux, Primeira Turma, julgado em 01.04.2014, Acórdão Eletrônico DJe-074 divulg 14.04.2014 public 15.04.2014)

3   Súmula n. 331 do TST

CONTRATO DE PRESTAÇÃO DE SERVIÇOS. LEGALIDADE (nova redação do item IV e inseridos os itens V e VI à redação) – Res. 174/2011, DEJT divulgado em 27, 30 e 31.05.2011

I – A contratação de trabalhadores por empresa interposta é ilegal, formando-se o vínculo diretamente com o tomador dos serviços, salvo no caso de trabalho temporário (Lei n. 6.019, de 03.01.1974).

II – A contratação irregular de trabalhador, mediante empresa interposta, não gera vínculo de emprego com os órgãos da Administração Pública direta, indireta ou fundacional (art. 37, II, da CF/1988).

III – Não forma vínculo de emprego com o tomador a contratação de serviços de vigilância (Lei n. 7.102, de 20.06.1983) e de conservação e limpeza, bem como a de serviços especializados ligados à atividade-meio do tomador, desde que inexistente a pessoalidade e a subordinação direta.

CF), de modo que limitação imposta pelo Judiciário, sem o respaldo do Legislativo, afronta o texto constitucional.

Observa-se que a tese provisoriamente anunciada se apoia numa suposta primazia da liberdade contratual em detrimento da proteção ao trabalho. Dos diversos dispositivos constitucionais que consagram essa proteção não desencadearia qualquer restrição à prática da terceirização. Segundo esse raciocínio, eventuais limitações à livre iniciativa estariam a critério exclusivo do Legislador.

Trata-se de interpretação que, na história constitucional de nosso país, jamais logrou semelhante prestígio. Sua confirmação pode gerar um incalculável passivo trabalhista e social.

O julgamento a curto prazo, como parte da estratégia empresarial, não ocorreu, em razão de mobilizações em apoio ao Direito do Trabalho. No entanto, a pressão para liberar a terceirização se intensificou. Os seus defensores encontram na atual composição do Congresso Nacional ambiente propício para eliminar os limites atualmente aplicados.

Ou seja, a proposta que libera a terceirização vai ocupando espaços e se consolidando cada vez mais no meio político.

A reação de parcela do movimento sindical, do meio acadêmico e de entidades públicas voltadas à defesa do trabalho e dos direitos dos trabalhadores tem sido fundamental para ganhar tempo, o que propicia o aprofundamento do estudo visando identificar os limites constitucionais ao projeto que persegue a terceirização ampla (Delgado; Amorim, 2014, p. 67).

A abordagem constitucional do tema é inevitável. Ainda que a aprovação da liberação da terceirização não se verifique como esperada pelos autores das propostas, as mencionadas investidas empresariais não serão as únicas. É importante que o Supremo Tribunal Federal se posicione neste tema, mas não sem antes conhecer a realidade do mundo do trabalho, por meio de representantes dos trabalhadores e das instituições públicas e privadas encarregadas de defender o trabalho e o Direito do Trabalho. Matéria trabalhista de tamanha relevância não pode ser decidida à revelia do diálogo social, como preconizado pela Organização Internacional do Trabalho na Declaração sobre a Justiça Social para uma Globalização Justa, de 2008.

É da análise constitucional da terceirização que o presente texto se ocupa. A hipótese de trabalho é que as disposições normativas constitucionais não autorizam a terceirização de toda e qualquer atividade do processo de produção de bens e serviços e que eventual possibilidade jurídica de utilização da terceirização em algumas atividades atrai a observância de limites constitucionais no tocante às condições de trabalho.

O texto será dividido em cinco partes: os direitos sociais dos trabalhadores como imposição constitucional e a superação da interpretação conservadora; a consagração constitucional de um modelo específico de emprego; a desconstitucionalização do Direito do Trabalho como estratégia para a exploração dos trabalhadores e a flexibilização dos direitos trabalhistas; a dignidade humana como referência aos valores sociais do trabalho e da livre iniciativa e, por último, a interpretação da Lei n. 13.429/2017.

2. OS DIREITOS SOCIAIS DOS TRABALHADORES COMO IMPOSIÇÃO CONSTITUCIONAL E A SUPERAÇÃO DA INTERPRETAÇÃO CONSERVADORA

A Constituição de Weimar de 1919 reveste-se de grande simbolismo para o constitucionalismo social, pois marca a era da inserção dos direitos sociais nos textos constitucionais.

Apesar dessa relevância, os opositores a seu texto tiveram grande influência a ponto de eliminar a força normativa do conteúdo social da constituição. Um jurista que teve grande peso nesse sentido foi Carl Schmitt, defensor de um decisionismo político conservador.

A primeira parte da Constituição de Weimar tratava da organização do Estado. A segunda parte, dos direitos fundamentais. Carl Schmitt (1982, p. 52) considerava que a segunda parte da Constituição de Weimar não passava de uma ordem obscura, em razão da incorporação de declarações correspondentes a compromissos desprovidos de decisão. Na parte dos direitos e deveres fundamentais dos alemães, foram reunidos programas e prescrições baseados em distintos conteúdos e convicções políticas, sociais e religiosas.

Para Schmit (1982, p. 53), a Constituição de Weimar contém decisões políticas fundamentais sobre a forma de existência política concreta do povo alemão, mas não todas em razão do caráter misto dos direitos fundamentais enumerados em sua segunda parte. Isso porque foram mescladas concepções burguesas e sociais, o que gera confusão para se identificar o conteúdo das decisões que conferem a forma e a unidade ao Estado.

Segundo Schmitt (1982, p. 54), apesar da enumeração dos direitos sociais, a decisão fundamental foi a de afirmar o Estado burguês de Direito e a democracia constitucional, opção extraída do preâmbulo e dos primeiros artigos da Constituição de Weimar. Vários dispositivos da segunda parte da Constituição são por ele denominados de compromissos não autênticos, apócrifos ou dilatórios. Na ausência de decisão, não deveria haver dúvida de que prevalece o *status quo* social, ou seja, da manutenção da ordem burguesa, uma vez que a decisão pela revolução socialista foi expressamente rechaçada.

Apesar do prestígio dessa concepção decisionista na primeira metade do Século XX, alcançando inclusive a segunda

---

IV – O inadimplemento das obrigações trabalhistas, por parte do empregador, implica a responsabilidade subsidiária do tomador dos serviços quanto àquelas obrigações, desde que haja participado da relação processual e conste também do título executivo judicial.

V – Os entes integrantes da Administração Pública direta e indireta respondem subsidiariamente, nas mesmas condições do item IV, caso evidenciada a sua conduta culposa no cumprimento das obrigações da Lei n. 8.666, de 21.06.1993, especialmente na fiscalização do cumprimento das obrigações contratuais e legais da prestadora de serviço como empregadora. A aludida responsabilidade não decorre de mero inadimplemento das obrigações trabalhistas assumidas pela empresa regularmente contratada.

VI – A responsabilidade subsidiária do tomador de serviços abrange todas as verbas decorrentes da condenação referentes ao período da prestação laboral.

metade, ela é totalmente inadequada no atual estágio do constitucionalismo. Além disso, seu caráter autoritário a torna incompatível com o Estado Democrático de Direito.

É importante comparar a Constituição de Weimar com a Lei Fundamental de Bonn de 1949. Esta última, diferentemente da primeira, não contém direitos sociais, mas logrou avanços significativos a partir da interpretação de cláusulas abertas. Isso marca a diferença entre o constitucionalismo da primeira metade e o da segunda metade do Século XX.

Ao contrário da doutrina de Schmitt, as disputas político-ideológicas não passam ao largo da Constituição, mas para ela convergem, lá encontrando limites rigorosos, que não consubstanciam meros programas ou compromissos dilatórios. Deparam com genuínas decisões que representam as opções fundamentais para o Estado e a sociedade como um todo e condicionam o exercício de poderes tanto no âmbito público quanto no privado. A rigor, a Constituição, ao invés de adotar compromissos que dilatam essas disputas, impõe a elas severas condicionantes e restrições.

A consagração do pluralismo, pela qual, tendências diversas e até contraditórias encontram o seu lugar no texto constitucional, não autoriza uma opção pela livre iniciativa em detrimento do valor social do trabalho. O modelo de Estado e sociedade previsto na Constituição de 1988 baseia-se na centralidade do trabalho socialmente protegido.

A democracia permeia todo o texto constitucional e ela só se realiza mediante a participação efetiva nas deliberações relevantes e o exercício dos direitos fundamentais. No nosso modelo constitucional, a cidadania é a essência de todas as relações envolvendo o Estado e a sociedade.

A cidadania no trabalho e a democratização nas relações de trabalho são de fundamental importância para a democratização da sociedade como um todo. Não há democracia na sociedade, se no ambiente de trabalho prevalece a lógica autoritária e da exploração.

Nesse ponto, a Organização Internacional do Trabalho desempenha papel relevante na defesa da liberdade sindical. Segundo a OIT, não há liberdade sindical sem democracia no local de trabalho e não há democracia na sociedade se não há liberdade sindical assegurada. A liberdade sindical se condiciona ao exercício dos direitos fundamentais e os direitos fundamentais dependem do exercício dos direitos de liberdade sindical. (Pereira, 2007).

Guastini (2001, p. 154), em texto referencial, trata da constitucionalização do direito na experiência jurídica italiana. Segundo o jurista, o processo de constitucionalização do direito depende de condições estruturais, que consistem na existência de uma constituição rígida e de um sistema de controle da primazia das normas constitucionais. São condições necessárias, mas não suficientes para o seu avanço, uma vez que não se trata de um processo inexorável. O avanço do processo de constitucionalização do direito só é possível desde que presentes condições complementares, que correspondem às convicções prevalecentes na sociedade e na comunidade jurídica acerca dos dispositivos constitucionais. São citados alguns exemplos de ideias compartilhadas que impulsionam a constitucionalização do direito, como a convicção de que as disposições constitucionais são genuinamente normativas, não necessitando da intermediação do legislador para serem aplicadas; que os direitos sociais possuem força normativa tal qual os direitos civis; que os direitos fundamentais são dotados de eficácia não apenas vertical, mas também horizontal, ou seja, incidem nas relações com o Estado e também com os particulares; que o ordenamento jurídico deve ser interpretado em conformidade com as disposições constitucionais; e, por fim, que a interpretação constitucional deve levar em conta que as questões fundamentais para a sociedade necessariamente estão inseridas na Constituição, ainda que seu texto não faça menção expressa, esta última denominada pelo autor de sobreinterpretação.

Essa bem elaborada construção de Guastini dá margem a cogitar de inúmeras condições complementares em várias outras áreas que, se observadas, propiciarão o avanço do processo de constitucionalização do direito. A convicção em torno dos direitos sociais dos trabalhadores previstos na Constituição e, especialmente, a afirmação cotidiana do valor social do trabalho, constituem condições para o avanço do processo de constitucionalização do direito em nosso ordenamento jurídico.

Por essa ótica, a liberalização da terceirização, caso seja aprovada e reconhecida a sua possibilidade jurídica, representará grave retrocesso constitucional.

Não faltam dados sobre os efeitos da terceirização nas relações de trabalho, especialmente no âmbito da saúde e segurança no trabalho. As piores formas de trabalho na sociedade, que contrariam as convenções fundamentais da Organização Internacional do Trabalho, consagradas na Declaração de Princípios e Direito Fundamentais de 1998, são favorecidas com a terceirização de mão de obra, conforme vários estudos realizados na matéria. (Pereira, 2014, p. 791-795)

3. A CONSAGRAÇÃO CONSTITUCIONAL DE UM MODELO ESPECÍFICO DE EMPREGO

O Direito do Trabalho foi construído a partir da reunião de elementos fáticos-jurídicos, após um processo que se prolongou e consolidou no tempo. A finalidade do ramo especializado sempre foi a de que o empregado detivesse a condição de sujeito e não objeto de direito, como ocorreu em boa parte da história da prestação de trabalho na humanidade.

A relação de trabalho submetido ao Direito Civil formalizou a exploração do trabalhador, de modo que só com o Direito do Trabalho é que se passou a destinar a proteção necessária ao trabalhador contra os propósitos de convertê-lo em mercadoria. Ao mesmo tempo dotou o empresário da possibilidade de perseguir lucros mediante a observância de bases civilizatórias mínimas, assegurando mecanismos de controle da atividade prestada.

Os elementos determinantes para esse passo foi a previsão da subordinação e da pessoalidade para a configuração da relação de emprego (Delgado, 2015, 300). O tomador dos serviços estabelece um vínculo direto com o prestador e comanda toda a atividade por esse executada, havendo vínculos pessoais que acarretam deveres de lealdade e proteção.

Nesse aspecto, merece menção o bem elaborado parecer emitido pelo Subprocurador Geral da República, Odim Brandão Ferreira (Ramos Filho; Loguércio: Menezes, 2015, p. 243), na mencionada repercussão geral reconhecida pelo Supremo Tribunal Federal.

Valendo-se das lições da doutrinadora Maria do Rosario Palma Ramalho, em sua obra *Da autonomia dogmática do direito do trabalho*, destaca:

> Motivos ponderáveis, além das dificuldades técnicas intransponíveis de lidar com os problemas trabalhistas com as categorias do direito civil impuseram novo modelo teórico para tal relação. Também "a desastrosa situação econômica e social da maioria dos trabalhadores subordinados no final do séc. XIX (...) demonstra, à evidência que os princípios da liberdade e da igualdade eram profundamente ilusórios quando aplicados à relação laboral". Como correção da posição de inferioridade do trabalhador é "que se vai cimentar aquele que será reconhecido pela generalidade da doutrina como objectivo norteador de toda a evolução do direito laboral (...): o objectivo de proteção do trabalhador subordinado.
>
> Ambos os fatores impuseram a reconstrução da relação de emprego, por meio da "deslocação definitiva do âmago do vincula laboral do binômio de troca entre duas prestações patrimoniais (o trabalho e a remuneração) para o primitivo enquadramento obrigacional, incapaz, por exemplo, de explicar a contento os poderes diretivos e sobretudo o disciplinar entre iguais. Na impossibilidade de recordação aqui de todos os seus termos, indica-se que a moderna relação de trabalho se assenta na "proteção da ideia de pessoalidade nos deveres de lealdade e de assistência e a sua justificação na empresa como comunidade de trabalho".

A Constituição de 1988 ao dispensar proteção à relação de emprego adota como modelo a contribuição da dogmática trabalhista. Não se trata de qualquer relação de emprego, mas a que é baseada na subordinação e na pessoalidade, entre os demais elementos previstos na legislação que são onerosidade, não eventualidade e trabalho prestado por pessoa física. Nessa evolução, é importante dar ênfase a algumas etapas.

A primeira corresponde a passagem da "situação definida pelo status a uma situação regulada pelo contrato". A expressão "do status ao contrato" foi consagrada por Henry Maine (Feaver, 1968, p. 49) para simbolizar a evolução social que parte de uma sociedade composta por grupos de famílias, baseada no poder patriarcal, em direção a uma ordem social em que as relações se originam de livres acordos entre os indivíduos.

A passagem do estado legal à sociedade do contrato significa a ruptura com a ideia de que os homens se submetem a uma ordem objetiva, que fixa com antecipação a posição de cada um para dar lugar à ideia de que os homens possuem a possibilidade de decidir e definir suas situações na sociedade, mediante o exercício da vontade de cada um (DaCruz, 1996, p. 50).

No âmbito das relações trabalhistas, substituiu-se o fechado sistema corporativo pela liberdade do trabalhador de ditar, mediante contrato, as condições da prestação do trabalho, que convergia com a igual liberdade do beneficiário dos serviços. A aplicação do contrato às relações de trabalho, nos países de tradição romanista, resultou da combinação da categoria da *locatio* do Direito romano com a objetivação da força de trabalho e sua separação da pessoa do trabalhador. A atividade, e não a pessoa, constituía o objeto em torno do qual se vinculavam livremente os contratantes. O trabalhador, como proprietário de seu trabalho, tinha a possibilidade de determinar a maneira de negociar o que se encontrava sob seu domínio. A regulação do trabalho, nessa etapa, era feita pelos sujeitos nele envolvidos, com exclusividade, em consonância com a autonomia da vontade de cada um. (Supiot, 1996, p. 30).

A greve e outras manifestações coletivas eram reprimidas como ações de grupo e reprovadas individualmente, consideradas descumprimento do contrato de trabalho, dando margem à aplicação de sanções de natureza penal (Jacobs, 1994, p. 246).

A aplicação das fórmulas individualistas às relações de trabalho provocou inúmeros problemas. Intensificou a desigualdade real e favoreceu a concentração de capital na classe tomadora dos serviços. Os trabalhadores foram excluídos das vantagens do sistema, passando a constituir uma coletividade marginal, cujas principais notas de identidade eram as precárias condições de trabalho e de vida. A prometida liberdade frustrava-se ao não oferecer aos trabalhadores oportunidades de desfrutá-la e, consequentemente, de suprimir ou reduzir a opressão nas relações sociais (Veneziani, 1994, p. 87).

O trânsito ao contrato, nas relações trabalhistas, não poderia realizar-se como uma mera relação de intercâmbio patrimonial. A separação entre trabalhador e atividade, dissimulava o fato de que a cessão da atividade ao outro envolve inevitavelmente a própria pessoa que a realiza.

A desigualdade real dos contratantes levava à completa sujeição do trabalhador, sem outra opção para satisfazer suas necessidades vitais, às determinações do empregador. O contrato de trabalho converte-se em pura manifestação unilateral de poder, assemelhando-se mais à pretérita situação de domínio homem-coisa, característica do trabalho forçado, que à relação entre sujeitos livres e iguais, propugnada pelas novas correntes filosóficas e jurídicas.

Santos (1999, p. 14) ressalta que "a contratualização liberal não reconhece o conflito e a luta como elementos estruturais do contrato... Sob a aparência de contrato, a nova contratualização propicia a renovada emergência do status, ou seja, dos princípios pré-modernos de ordenação hierárquica pelos quais as relações sociais são condicionadas pela posição na hierarquia social das partes.

Grau (1991, p. 20), por sua vez, observa que o sistema liberal desvirtua as situações de subordinação em "relações de coordenação entre seres livres e iguais", mediante a utilização do contrato".

As análises teóricas feitas a partir dessa realidade vieram como crítica à autonomia da vontade, que logo se estenderam às demais relações contratuais (Supiot, 1996, p. 141).

O abandono de uma concepção exclusivamente normativista e a proximidade aos estudos sociológicos permitiu ao direito inclinar-se a interesses contraditórios, para considerar as posições antagônicas não só de indivíduos entre si, mas também de grupos sociais, dando origem a relações coletivas, "sendo protagonista um peculiar sujeito de direito: o sujeito coletivo". (Carrasco, 2001, p. 43)

O processo de consolidação do Direito do Trabalho realizou-se em duas vias. Na Alemanha, foi reabilitado o antigo Direito germânico para conter a relação de trabalho como operação de intercâmbio, de origem romanista. Determinadas situações de trabalho originavam vínculos pessoais de fidelidade, como os familiares, fazendo do trabalhador um partícipe da mesma comunidade de direitos e deveres do tomador de serviços. A ênfase na comunidade e na hierarquia e não na vontade do indivíduo ou do Estado, significou o desprestígio do contrato, ou sua eliminação nas versões mais extremistas. O fato de contribuir com seu trabalho "confere ao trabalhador o status de membro da comunidade. O trabalhador assalariado encontra-se, pois, numa posição estatutária, e não contratual". (Supiot, 1996, p. 33)

Será levado em conta que a pessoa do trabalhador está diretamente envolvida no objeto da relação jurídica e necessita de uma tutela especial. No plano individual, essa tutela será promovida a partir da restrição da autonomia da vontade na determinação das condições de trabalho. O direito já não tutela a liberdade como é, mas como deve ser. A liberdade deixa de ser puro pressuposto para ser também o fim do direito.

Como ressalta Dacruz (1996, p. 45) "o Direito social do trabalho não se contenta com uma caracterização secamente patrimonialista da relação de trabalho, e daí o enérgico reforço de seu conteúdo ético ou moral". Acrescenta que o "trabalhador que 'arrenda' seu trabalho não pode separar-se do objeto arrendado; ele, que é sujeito, entra como objeto na relação de arrendamento". Por isso a necessidade de tutelar, "além do conteúdo patrimonial (salário e serviço), um conteúdo moral derivado das exigências dessa 'comunidade pessoal', que surge, inevitavelmente, entre o empregador e o prestador de serviços".

Na França, levou-se em conta a desigualdade real dos sujeitos da relação de trabalho, para questionar sua disciplina pelo contrato de direito comum. A sobrevivência do contrato de trabalho só foi possível com uma modificação substancial de seus princípios e aproximação à concepção germanista. A intervenção dos poderes públicos, nos países latinos, será a tônica da nova disciplina. A noção de "ordem pública social" vai propiciar um trato de favor aos trabalhadores, a partir da aplicação de um conjunto de normas sistematizadas e ditadas à margem da vontade das partes. À vontade se reserva o papel de condicionar a aplicação do estatuto (Supiot, 1996, 44/49).

Ao contrato-estatuto do trabalho, marcado por seu forte caráter heterônomo, soma-se a autonomia coletiva, resultante do reconhecimento progressivo da liberdade de organização para a defesa de interesses comuns. O desenvolvimento da autonomia coletiva foi possível com a incorporação aos ordenamentos jurídicos de mecanismos específicos capazes de permitir a solução dos conflitos pelos próprios interessados.

A consolidação do Direito do Trabalho como disciplina autônoma foi possível com o desenvolvimento de uma teoria da convenção coletiva, a partir das elaborações de Philipp Lotmar e Hugo Sinzheimer (Hepple, 1984, p. 26 e 27), que logo integrou o ordenamento jurídico alemão, para garantir o direito de organizar sindicatos e associações patronais, com vistas à melhoria das condições de trabalho e econômicas e o direito à negociação coletiva.

A primeira guerra mundial provocou profundas mudanças nas relações trabalhistas em toda Europa. O reconhecimento estatal dos sindicatos e a colaboração entre Estados, empresários e sindicatos foram imprescindíveis para a infraestrutura da guerra. A satisfação das pretensões dos trabalhadores, por meio de seus sindicatos, foi importante para a obtenção de apoio político e contenção das ameaças revolucionárias (Jacobs, 1984, 277-280).

A ação conjunta entre poderes públicos e atores sociais, por outro lado, foi exacerbada em alguns sistemas jurídicos, deixando de ser estratégias espontâneas para converter-se em dever social, como resultado da influência de concepções coletivistas. A liberdade, tanto do trabalhador como do empresário, nesses modelos, desapareceu com o contrato de trabalho. O vínculo de trabalho que os une era resultado do desempenho das funções que competem a cada um ante toda a sociedade, razão da incorporação do trabalhador à empresa, com a aproximação entre trabalho privado e serviço público. Os deveres e direitos das relações de trabalho procediam dos princípios superiores do Estado, não fazendo sentido fortalecer os mecanismos de reivindicação. A greve, nesse modelo de corte autoritário, era também considerada delito, assim como os demais descumprimentos de serviço. (DaCruz, 1996, p. 74)

O Direito do Trabalho respondeu a essas tendências individualistas e coletivistas restringindo a liberdade no plano do direito individual e a ampliando no âmbito coletivo, especialmente em relação ao Estado, estabelecendo um jogo equilibrado entre normas cogentes de origem estatal e normas resultantes da autonomia coletiva da vontade. Em outras palavras, conciliou a "situação ambivalente entre liberdade e imposição" ou "autonomia contratual e lei" (DaCruz, 1996, p. 76).

O reconhecimento dos sindicatos como representantes do grupo profissional e não do interesse geral e da convenção coletiva de trabalho, esse misto de contrato e lei, será o eixo de desenvolvimento do Direito do Trabalho, ao lado da intervenção do Estado, para restringir a autonomia individual. Nos ordenamentos jurídicos atribuiu-se, com mais ou menos intensidade, primazia a um ou outro.

O compromisso do Direito do Trabalho, constituído pelo jogo aberto entre intervenção estatal e autonomia coletiva, passa a ser com a pessoa, não como indivíduo abstrato e sim dentro de seu contexto de vida, membro de uma coletividade. O Direito do Trabalho é um "Direito pessoal do Trabalho" na expressão de DaCruz (1996, p. 77), que se baseia "na aceitação do trabalhador como *pessoa* plena e, portanto, *sui iuris* senhor de si mesmo". Com o apoio de outros direitos sociais, esse ramo do direito se voltará para a solução dos problemas de uma sociedade efetivamente desigual.

A Constituição não admite a desfiguração da relação de emprego, seja ela resultante da aprovação de proposta que opere a total flexibilização do Direito do Trabalho, seja da liberação irrestrita da terceirização. Ela simplesmente não admite um sistema que atribua aos indivíduos contratantes a definição das condições de trabalho. Da mesma forma que não admite o fim da intervenção estatal no estabelecimento de patamares mínimos ou o fim da organização sindical e resolução dos conflitos mediante a autonomia coletiva da vontade. Mudanças radicais como quaisquer dessas mencionadas seriam atentatórias à Constituição e parece pouco provável que o Supremo Tribunal Federal, como o seu guardião, admita tamanho desvirtuamento do texto constitucional.

4. A DESCONSTITUCIONALIZAÇÃO DO DIREITO DO TRABALHO COMO ESTRATÉGIA PARA A EXPLORAÇÃO DOS TRABALHADORES E A FLEXIBILIZAÇÃO DOS DIREITOS TRABALHISTAS

O discurso é bastante conhecido. As políticas mais liberalizantes e conservadoras investem contra as conquistas sociais, mesmo as que se encontram consagradas no texto constitucional, com base em argumentos de modernidade ou que o Estado do bem-estar social representa um peso que contribui para o atraso e incrementa as crises econômicas.

Em períodos de acentuadas e prolongadas dificuldades econômicas, esses discursos possuem grande penetração, dando lugar a processos de reformas para a flexibilização e eliminação de direitos sociais.

É fato que experimentamos profundas transformações nos sistemas de produção de bens e serviços e na gestão empresarial. São vários os fatores determinantes dessas transformações e merecem destaques a globalização econômica e os avanços tecnológicos. Mas o que mais impacta nas relações de trabalho é a perda da referência ao sujeito tomador dos serviços. A "unidade básica da organização econômica" já não corresponde ao "sujeito, seja individual (como o empresário ou a família empresarial) ou coletivo (como a classe capitalista, a empresa, o Estado)". Assume seu lugar uma "rede" integrada por "diversos sujeitos e organizações, que se modifica constantemente a medida que se adapta aos ambientes que a respaldam e às estruturas do mercado" (Castells, 2001, p. 151-253).

A indivisibilidade do empresário é importante para garantir um centro único e identificável de imputação de responsabilidades ao tempo em que contribui para a identificação dos sujeitos coletivos envolvidos com as relações de trabalho. A descentralização que se verifica na atualidade gera o crescimento do passivo trabalhista, dificultando a tarefa de alcançar quem responda por ele.

A fragmentação e o deslocamento da produção de bens e serviços associadas à dificuldade de identificar centros de responsabilidades e de agregação dão margem à individualização dos trabalhadores, dificultando a formação de vínculos de solidariedade entre eles. A descentralização produtiva, em razão de sua complexidade, variedade e generalidade, acarreta prejuízos aos trabalhadores, mesmo naqueles ordenamentos em que haja um sistema de proteção para os trabalhadores das empresas prestadoras de serviços (Dal-Ré, 2002, p. 25).

Harvey (2010, p. 140-141) faz menção à lógica da "acumulação flexível", que se contrapõe a sistemas rígidos de produção, como o fordismo. A acumulação flexível "se apoia na flexibilidade dos processos de trabalho, dos mercados de trabalho, dos produtos e padrões de consumo". A flexibilidade e a mobilidade permitem que os empregadores incrementem o seu poderio em termos de controle de trabalho e fragiliza a capacidade de reação dos trabalhadores.

Krein (2013, p. 199) observa que:

> O processo de terceirização baseado na redução de custos tende a fortalecer as relações de trabalho mais heterogêneas, incluindo o trabalho por conta própria sem proteção social e contratação de trabalhadores sem registro como forma de obter competitividade para sobreviver no mercado.

A restrição de direitos e garantias sociais, acompanhada do controle dos conflitos sociais, caracterizam o denominado Estado penitenciário (Wacquant, 2011). Por meio de uma cultura do medo, que enfatiza o caráter perturbador e de instabilidade dos conflitos, o Estado e a própria sociedade legitimam as posições de dominação, esvaziando todo o potencial de questionamento para desestruturar relações estabelecidas de poder. O temor ao coletivo e a aversão aos conflitos fortalecem a convicção de que os diversos problemas sociais devem ser enfrentados e resolvidos pelo Estado e pelos próprios indivíduos isoladamente.

Bourdieu (1998, p. 44) alertava para essa força do neoliberalismo na degradação das condições de trabalho, apesar de ser transmitido para a sociedade ideia completamente distinta. Diz ele:

> Por exemplo, na França, não se diz mais 'patronato', diz-se 'as forças vivas da nação'; não se fala mais de demissões, mas de 'cortar gorduras', utilizando uma analogia esportiva (um corpo vigoroso deve ser esbelto). Para anunciar que uma empresa vai demitir 2.000 pessoas, fala-se do 'plano social corajoso da Alcatel'. Há também todo um jogo com as conotações e as associações de palavras como flexibilidade, maleabilidade, desregulamentação, que tendem a fazer crer que a mensagem neoliberal é uma mensagem universalista de libertação.

A desconstrução do modelo juslaboralista tradicional contribui para degradar as condições sociais e de trabalho e incrementar o processo de exclusão dos trabalhadores do sistema de direitos. Isso dá margem a existência de grupos de trabalhadores em situação de extrema vulnerabilidade, com pequena capacidade de reação.

A terceirização se expressa como se referisse a cada um dos trabalhadores individualmente, mas ela diz respeito à organização do trabalho como um todo. Por isso, ela não pode ser a forma prevalecente de relação de trabalho, pois debilita os grupos e promove a exclusão social e no trabalho. Ela obsta o acesso aos direitos básicos e a participação na determinação das condições de trabalho, principais conquistas do Direito do Trabalho que se consolidaram ao longo do século XX e que, nos últimos tempos, vêm sendo gravemente ameaçadas e destruídas.

A força da ideologia difundida pelos grupos majoritários naturaliza a violação sistemática dos direitos sociais dos trabalhadores e interpretam as reações como transgressões.

A construção de uma identidade coletiva pelos trabalhadores na atualidade fica extremamente comprometida, pois são diferenciadas as situações resultantes da violação sistemática das normas trabalhistas. Há categorias de trabalhadores que usufruem seus direitos, conquistam benefícios e se organizam com mais efetividade, em condições de participar ativamente das discussões e deliberações que lhes dizem respeito. Há outras em que alguns direitos são observados, mas não em condições de isonomia, o que já dificulta ou inviabiliza a organização coletiva. Por fim, há os que são totalmente excluídos, com barreiras de toda ordem para lograr algum tipo de inserção social, por mais reduzida que seja.

Esse ponto é ressaltado por Castel (1998, p. 568/9), ao esclarecer que a exclusão social:

> não é uma ausência de relação social, mas um conjunto de relações sociais particulares da sociedade tomada como um todo. Não há ninguém fora da sociedade, mas um conjunto de posições cujas relações com seu centro são mais ou menos distendidas: antigos trabalhadores que se tornaram desempregados de modo duradouro, jovens que não encontram emprego, populações mal escolarizadas, mal alojadas, mal cuidadas, mal consideradas etc. Não existe nenhuma linha divisória clara entre essas situações e aquelas um pouco menos mal aquinhoadas dos vulneráveis que, por exemplo, ainda trabalham mas poderão ser demitidos no próximo mês, estão mais confortavelmente alojados mas poderão ser expulsos se não pagarem a prestação, estudam conscientemente, mas sabem que correm o risco de não terminar... Os 'excluídos' são, na maioria das vezes, vulneráveis que estavam 'por um fio' e que caíram. Mas também existe uma circulação entre essa zona de vulnerabilidade e a da integração, uma desestabilização dos estáveis, dos trabalhadores qualificados que se tornam precários, dos quadros bem considerados que podem ficar desempregados. É do centro que parte a onda de choque que atravessa a estrutura social.

É necessário frear com extremo rigor os intentos de exploração e exclusão dos trabalhadores e de tratamentos que violem a dignidade da pessoa humana. Ainda estamos a meio do caminho da conversão dos trabalhadores em cidadãos plenos. O modelo de relação de emprego incorporado na Constituição é que assegura um piso de civilidade como condição de desenvolvimento da sociedade. A desconstitucionalização do Direito do Trabalho é vedada em nosso ordenamento jurídico, uma vez que a identidade constitucional está diretamente vinculada ao valor social do trabalho.

5. A DIGNIDADE HUMANA COMO REFERÊNCIA AOS VALORES SOCIAIS DO TRABALHO E DA LIVRE-INICIATIVA

Em diversas passagens do texto constitucional é possível observar a centralidade do ser humano na dinâmica social, econômica e política. Essa centralidade é evidenciada a partir dos valores consagrados ao longo de todo o texto constitucional. A valorização do ser humano, mediante patamares civilizatórios asseguradores da vida em sociedade, encontra no eixo constitucional da dignidade humana a sua razão de ser. Como acentua Habermas (2012, p. 11), o "apelo dos direitos humanos alimenta-se da indignação dos humilhados pela violação de sua dignidade humana".

A ideia de *dignidade humana*, incorporada em várias Constituições, foi fortemente influenciada pela doutrina kantiana, que diferenciou o que possui preço, e é substituível, do que está acima de todo preço e, por não ser substituível, possui dignidade (Kant, 1991, p. 81). Esse "valor interno absoluto" de cada ser humano é atributo da "pessoa aparelhada com identidade moral e autorresponsabilidade, dotada de razão prática e capacidade de autodeterminação" (Häberle, 2005, p. 117).

A noção de dignidade humana vem sendo contextualizada para atender as exigências da democracia e do pluralismo. Não se trata de uma essência imutável alheia às ações humanas. São as ações concretas que constroem espaços de lutas pela dignidade humana (Flores, 2004, p. 68).

O conceito de dignidade humana se abre em vários de seus aspectos para que sua densidade resulte de um processo comunicativo de disputa e compartilhamento de sentidos entre culturas distintas, do reconhecimento do outro para "ampliação dos círculos de reciprocidade" e a consequente ampliação de sua "capacidade de inclusão social" (Santos, 2003, p. 62/3).

Quando se perde o referencial social do tratamento com igual consideração e respeito vulneram-se os direitos fundamentais. A dimensão moral desses direitos os dota do caráter questionador e transformador de situações que estão em desconformidade com os enunciados que os consagram. Assim, preservam a condição do ser humano como fim em si mesmo e não como instrumento de satisfação de interesses alheios, assegurando processos de emancipação dos sujeitos submetidos a vínculos hierárquicos de dominação, no âmbito econômico, social e político. Os direitos fundamentais se voltam contra a exploração e as práticas que afastam os seres humanos dos bens destinados à satisfação de necessidades básicas, situando-os abaixo de um padrão que os excluem da vida comum.

A noção de dignidade humana foi incorporada ao movimento trabalhista na metade do século XIX e associada à ideia de justiça, o que permitiu que ela extrapolasse do campo do pensamento para a prática jurídica (Häberle, 2005, p. 118).

O trabalho digno permeou toda a história do Direito do Trabalho, embora seja nos últimos tempos que vem merecendo atenção diferenciada por parte da doutrina e jurisprudência trabalhistas. No plano internacional, a dignidade do trabalhador é a base para o programa de trabalho decente promovido pela Organização Internacional do Trabalho.

Apesar da tendência expansiva dos direitos fundamentais, há o confronto com os detentores de poderes, que buscam converter tudo e todos em objeto para criação e acumulação de riquezas, bem como para preservar e incrementar capacidades de influenciar na dinâmica social, política e econômica.

As investidas para minar a capacidade de resistência das conquistas sociais incorporadas no texto constitucional provocam instabilidades no sistema de proteção constitucional, baseado na dignidade da pessoa humana. A sua difusão decorre da cumplicidade de meios de comunicação, cujos detentores possuem especial interesse nesse projeto que se volta contra o trabalho socialmente protegido (Calixto, 2014, p. 46-61). O efeito devastador, tanto em relação às conquistas consolidadas no ordenamento jurídico, quanto no tocante aos movimentos sociais reivindicatórios, numa espécie de criminalização, abre os caminhos para a dominação do mercado e o esvaziamento das políticas de bem-estar social.

Ao prever o valor social da livre-iniciativa, a Constituição não garante a possibilidade de fazer tudo o que não está proibido, mas a liberdade de agir levando em conta sempre a situação do próximo, colocando-se no lugar do outro e exigindo responsabilidade pelos atos praticados. Não é a liberdade de perseguir o lucro em qualquer circunstância, muito menos de obter vantagens de maneira selvagem e predatória.

Os empresários estão vinculados à sociedade por meio de redes de relações humanas e todas elas foram tratadas no texto constitucional. A necessidade de zelar pelo meio ambiente, respeitar consumidores e trabalhadores constam como elementos essenciais da República Federativa do Brasil, figurando como cláusulas pétreas, por dizerem respeito aos direitos mais fundamentais da pessoa humana. A terceirização rompe com essas redes, de modo que sua autorização de forma generalizada viola diretamente o texto constitucional.

6. A INTERPRETAÇÃO DA LEI N. 13.429, DE 31.03.2017

A Lei n. 13.429/2017 alterou a Lei n. 6.019/1974 e incluiu a contratação de prestação de serviços a terceiros (art. 2º que incluiu artigos na Lei n. 6.019/1974)) como modalidade contratual ao lado da contratação de trabalho temporário. A lei resultou da aprovação do Projeto de Lei n. 4.302/1998, que já havia sido aprovado pelo Senado. Referido projeto apresentou-se como alternativo ao de n. 4.330/2004, que após aprovação na Câmara foi encaminhado ao Senado, onde recebeu o n. 30/2015.

Dois aspectos merecem atenção nessa tramitação. O primeiro deles é que a votação na Câmara que resultou na Lei n. 13.429/2017 não se deu com grande margem de diferença (231 a 188). Isso significa que a inclusão de pontos mais polêmicos, como previsão da contratação de prestação de serviços a terceiros na atividade fim no texto poderia representar ameaça a sua não aprovação. O segundo refere-se à inclusão dessa modalidade de contratação em conjunto com a disciplina do trabalho temporário. Apesar de figurarem no mesmo texto, identificam-se dois regimes de contratação.

A distinção da contratação de trabalho temporário da contratação de prestação de serviços a terceiros já consta na Súmula n. 331 do Tribunal Superior do Trabalho, razão pela qual o trabalho temporário figura isoladamente no item I de seu enunciado (nota 3). A jurisprudência já havia consagrado que o trabalho temporário pode se dar tanto na atividade meio quanto na atividade fim e o trabalhador temporário estabelece relação pessoal e subordinada com o tomador dos serviços e não com a empresa de trabalho temporário, que figura como empregadora, mas não detentora desses poderes típicos da relação empregatícia que recaem sobre o empregado.

Ou seja, a Lei n. 13.429/2017 incorporou a jurisprudência consolidada, inclusive no que tange aos conceitos de atividade meio e fim com as eventuais dificuldades que sua delimitação pode comportar.

O contrato de prestação de serviços a terceiros observa regime distinto, como a propósito consta do item III da mencionada súmula (nota 3). Não há previsão de sua utilização para toda e qualquer atividade e a relação de pessoalidade e subordinação se dá diretamente com a empresa prestadora de serviços e não com a contratante.

Como já mencionado, incluir via interpretação aquilo que deixou de constar expressamente no texto aprovado e sancionado, que é a possibilidade de contratação de prestação de serviços tanto em atividade meio como em atividade fim, referidas apenas no regime de trabalho temporário, extrapola essa atividade, na medida em que substitui a tarefa do Legislativo. Reforça tal posicionamento a previsão de que a contratação de prestação de serviços a terceiros pressupõe determinação e especificidade. Não é possível extrair da lei autorização para que essa contratação possa ocorrer de forma ampla e sem limites. Os serviços próprios dos empreendimentos, aqueles que os acompanham durante toda a sua existência e são realizados com regularidade, definitivamente não estão inseridos na nova modalidade contratual.

O que se apresenta de maneira bastante perversa na lei em questão é a possibilidade de subcontratação, que inclusive foge à lógica da contratação de prestação de serviços, configurando-se como típica intermediação de mão de obra na maior parte dos casos, mediante a qual se provoca um rebaixamento das condições de trabalho para que mais empresas possam se beneficiar do trabalho realizado.

A discussão sobre o conteúdo da Lei n. 13.429/2017 precede, portanto, o exame de sua inconstitucionalidade. A sua interpretação deve dar-se em conformidade com o texto constitucional, de acordo com o valor do trabalho socialmente protegido e não contra ele. Assim, não se está diante de uma liberação ampla e irrestrita da terceirização como se anuncia. Sabe-se, por outro lado, que há várias propostas em curso com o objetivo de conferir maior flexibilização ao Direito do Trabalho e, entre elas, abrandar a referida lei tanto no tocante ao trabalho temporário quanto ao contrato de prestação de serviços a terceiros. Nesse sentido, exige-se especial atenção ao posicionamento dos tribunais, especialmente do Supremo Tribunal Federal e do Tribunal Superior do Trabalho.

7. CONSIDERAÇÕES FINAIS

As investidas para a liberação da terceirização em todas as atividades das empresas se acentuaram nos últimos tempos. Elas se dão em duas vias: no Congresso Nacional e no Supremo Tribunal Federal.

A estratégia empresarial não logrou êxito, pelo menos no aspecto da aprovação célere do projeto de lei de maior amplitude e no julgamento do recurso extraordinário que teve a repercussão geral reconhecida.

A mobilização de vários defensores dos direitos dos trabalhadores foi de fundamental importância para retardar tais decisões. Assim, há tempo para discutir todas as consequências da terceirização para os trabalhadores e a sociedade como um todo, como deve ocorrer numa sociedade democrática. As consequências prejudiciais ainda não foram inteiramente reveladas, de modo que o processo deve avançar para que os estudos e as pesquisas que vêm se realizando por especialistas cheguem às instâncias decisórias.

A Lei n. 13.429/2017 não eliminou os limites à terceirização como vem sendo anunciado. Trata-se de investidas que não lograram, até o momento, no Congresso Nacional, alcançar esse objetivo e o perseguem por meio de interpretação que não se coaduna com a Constituição de 1988.

A proteção ao emprego previsto na Constituição não é a de qualquer modelo, mas do que foi consagrado na dogmática trabalhista, baseado na pessoalidade e subordinação diretas. A ruptura desse alicerce, mediante a liberação generalizada da terceirização, viola a Constituição de 1988.

A inconstitucionalidade refere-se à eventual aprovação pelo Legislador da possibilidade de terceirização em qualquer atividade empresarial. A terceirização em atividades acessórias, em princípio, não é vedada pela Constituição de 1988, na medida em que fica preservado o modelo de relação de emprego protegida no texto constitucional. Mas ela violará a Constituição se for adotada para desmobilizar os trabalhadores, comprometer o meio ambiente de trabalho ou gerar discriminações.

É essencial, para o melhor encaminhamento da discussão no Supremo Tribunal Federal, que haja audiências públicas para ouvir todos os atores envolvidos. A decisão de matéria da tal envergadura pela mais alta Corte do país não pode desconsiderar os princípios preconizados pela Organização Internacional do Trabalho, como o diálogo social e o tripartismo. Só assim o Supremo Tribunal Federal terá condições de anunciar o verdadeiro conteúdo constitucional.

8. REFERÊNCIAS BIBLIOGRÁFICAS

BOURDIEU, Pierre. *Contrafogos*. Tática para enfrentar a invasão neoliberal. Rio de Janeiro: Zahar, 1998.

CALIXTO, Clarice Costa. A fábula do dinossauro trabalhista: discursos midiáticos sobre direitos e lutas coletivas. *Trabalho, Constituição e Cidadania. A dimensão coletivas dos direitos sociais trabalhistas*. Org. Gabriela Neves Delgado e Ricardo José Macêdo de Britto Pereira. São Paulo: LTr, 2014.

CARRASCO, Manuel Correa. *Método, función y estructura del Derecho social en España*. Madrid: Universidad Carlos III e BOE, 2001.

CASTEL, Robert. *As metamorfoses da questão social. Uma crônica do salário*. Petrópolis: Editora Vozes, 1998.

CASTELLS, Manuel. *La era de la información. La sociedad red*. Vol. 1 y 3. Segunda y tercera edición. Madrid: Alianza Editorial, 2001.

DAL-RE, Fernando Valdés. La externalización de actividades laborales: un fenómeno complejo. En Pedrajas Moreno. A. *La externalización de actividades laborales (outsourcing). Una visión interdisciplinar*. Valladolid: Lex Nova, 2002.

DACRUZ, Efrén Borrajo. *Introducción al Derecho del trabajo*. 9. ed. Madrid: Tecnos, 1996.

DELGADO, Gabriela Neves; AMORIM, Helder Santos. *Os limites constitucionais da terceirização*. São Paulo: LTr, 2014.

DELGADO, Mauricio Godinho. *Curso de Direito do Trabalho*. 14. ed. São Paulo: LTr, 2015.

FLORES, Joaquín Herrera. Los derechos humanos en el contexto de la globalización: trés precisiones conceptuales. *Direitos humanos e globalização: fundamentos e possibilidades desde a teoria crítica*. Rio de Janeiro: Lumen Iuris, 2004.

GUASTINI, Ricardo. La 'constitucionalización' del ordenamiento jurídico: El caso italiano. *Estudios de teoría constitucional*. México: Instituto de Investigaciones Jurídicas, 2001.

FEAVER, George. *From status to contract. A biografhy of Sir Henry Maine 1822-1888*. London: Longmans, 1968.

HÄBERLE, Peter. A dignidade humana como fundamento da comunidade estatal. *Dimensões da Dignidade. Ensaios de Filosofia do Direito e Direito Constitucional*. SARLET, Ingo Wolfgang (Org.). Porto Alegre: Livraria do Advogado, 2005.

HABERMAS, Jürgen. *Sobre a Constituição da Europa*. Trad. Denilson Luis Werle, Luiz Repa e Rúrion Melo. São Paulo: Ed. Unesp, 2012.

HARVEY, David. *Condição pós-moderna. Uma pesquisa sobre as origens da mudança cultural*. Trad. Adail Ubirajara Sobral e Maria Stela Gonçalves. 19. ed. Edições Loyola: São Paulo, 2010.

HEPPLE, Bob. *La formación del Derecho del trabajo en Europa. Análisis comparado de la evolución de nueve países hasta el año de 1945*. Madrid: MTSS, 1994.

JACOBS, A. La autonomía colectiva. AA.VV (comp. Bob HEPPLE). *La formación del Derecho del trabajo en Europa. Análisis comparado de la evolución de nueve países hasta el año de 1945*. Madrid: MTSS, 1994.

GRAU, Antonio Baylos. *Derecho del Trabajo. Modelo para armar*. Madrid: Trotta, 1991.

KANT, Immanuel. *Fundamentação da Metafísica dos Costumes*. Lisboa: Edições 70, 1991.

KREIN, José Dari. As relações de trabalho na era do neoliberalismo no Brasil. *Debates contemporâneos. Economia social e do trabalho*. Org. Eduardo Fagnani. Campinas: Unicamp, Cesit, 2013.

PEREIRA, Ricardo José Macêdo de Britto. *Constituição e liberdade sindical*. São Paulo, LTr, 2007.

_____. Terceirização e ação civil pública. *Suplemento trabalhista*. São Paulo: LTr, 2014.

RAMOS FILHO, Wilson; LOGUÉRCIO, José Eymard; MENEZES, Mauro de Azevedo. *Terceirização no STF. Elementos do debate constitucional*. Bauru: Projeto Editorial Praxis, 2015.

SANTOS, Boaventura de Sousa. *Reinventar la democracia*. Madrid: Sequitur, 1999.

_____. "Introdução: para ampliar o cânone do reconhecimento, da diferença e da igualdade". Reconhecer para libertar. *Os caminhos do cosmopolitismo cultural*. Rio de Janeiro: Civilização Brasileira, 2003.

SUPIOT, A. *Crítica del Derecho do trabajo*. Madrid: MTAS, 1996.

SCHMITT, Carls. *Teoría de la Constitución*. Madrid: Alianza Editorial, 1982.

VENEZIANI, Bruno. La evolución del contrato de trabajo. (Bob Hepple). *La formación del Derecho del trabajo en Europa. Análisis comparado de la evolución de nueve países hasta el año de 1945*. Madrid: MTSS, 1994.

WACQUANT, Loïc. *As prisões da miséria*. Rio de Janeiro: Zahar, 2011.

CAPÍTULO 10

TERCEIRIZAÇÃO TRABALHISTA E DIREITO DO TRABALHO

Rúbia Zanotelli de Alvarenga*

INTRODUÇÃO

O ponto de apoio para a preservação da relação jurídico-laboral clássica está em se alcançarem mecanismos jurídicos que possam proteger os Direitos Humanos dos trabalhadores, tendo em vista que "a terceirização existe para reduzir custos com a mão de obra com precariedade das condições de trabalho e da proletariedade social, como também para provocar a dilaceração da organização político-sindical da classe trabalhadora". (COUTINHO, 2015, p. 224)

Espera-se, com o estudo ora perpetrado, destacarem-se, por meio da utilização de uma interpretação fundada nos princípios constitucionais do trabalho, medidas eficazes contra o retrocesso social dos direitos humanos trabalhistas, com vistas a estabelecer limites à terceirização, pois o seu objetivo é alterar as condições sociais de trabalho com o fim de se incrementar/aumentar o lucro do empregador.

Para se atingir o objetivo principal colimado, serão apresentadas, logo de início, as valiosas considerações do Prof. Dr. Ruy Gomes Braga Neto.[1]

É, pois, o acadêmico especialista mais qualificado para embasar este artigo.

1. CONSIDERAÇÕES SOBRE O PROJETO DE LEI N. 4.330/2004

Na contramão dos princípios constitucionais do trabalho, foi aprovado pela Câmara dos Deputados Federais, em abril de 2015, o Projeto de Lei n. 4.330/2004, do ex-deputado Sandro Mabel, o qual flexibiliza, radicalmente, direitos conquistados, a duras penas, ao longo de mais de quatro décadas, pela classe trabalhadora, em especial no tocante à possibilidade de se terceirizarem as atividades-fim, como bem atesta a manchete a seguir e alguns fragmentos da entrevista concedida à revista *Carta Capital*, pelo Prof. Dr. Ruy Gomes Braga Neto da Universidade de São Paulo (USP), especializado em Sociologia do Trabalho.

Leia-se:

> Lei da terceirização é a maior derrota popular desde o golpe de 64
>
> *Para Ruy Braga, professor da USP especializado em sociologia do trabalho, o Projeto de Lei n. 4.330 completa desmonte iniciado por FHC e sela "início do governo do PMDB".*
>
> Especialista em sociologia do trabalho, Ruy Braga traça um cenário delicado para os próximos quatro anos: salários 30% mais baixos para 18 milhões de pessoas. Até 2020, a arrecadação federal despencaria, afetando o consumo e os programas de distribuição de renda. De um lado, estaria o desemprego. De outro, lucros desvinculados do aumento das vendas. Para o professor da Universidade de São Paulo (USP), a aprovação do texto base do Projeto de Lei n. 4.330/2004, que facilita a terceirização de trabalhadores, completa o desmonte dos direitos trabalhistas iniciado pelo ex-presidente Fernando Henrique Cardoso na década de 90. "Será a maior derrota popular desde o golpe de 64", avalia o professor em entrevista à *Carta Capital*.
>
> (Disponível em: <http://www.cartacapital.com.br/economia/lei-da-terceirizacao-e-a-maior-derrota-popular-desde-o-golpe-de-64-2867.html>. Acesso em: 10 nov. 2015).

Não há como se eximir, nesta oportunidade, de se fazer a transcrição de alguns trechos da entrevista que elucidam, categoricamente, as detrações sofridas pelos direitos trabalhistas em vários aspectos, como: a generalização da terceirização das atividades-fim; o aumento do desemprego; a queda na arrecadação de impostos; a perda do poder aquisitivo; o aumento da rotatividade dos trabalhadores e a precarização do trabalho.

---

* Doutora e Mestre em Direito do Trabalho pela PUC-Minas. Professora Titular do Centro Universitário do Distrito Federal (UDF), Brasília. Advogada.
1 Ruy Gomes Braga Neto (Itajubá, 1972) é um sociólogo brasileiro especialista em sociologia do trabalho. É graduado em Ciências Sociais (1993), mestre em Sociologia (1996; Dissertação sobre *Crise contemporânea e restauração do capital: da crítica ao economicismo dominante à análise das lutas de classes*) e doutor em Ciências Sociais pela Unicamp (2002, com Tese sobre *A nostalgia do fordismo: elementos para uma crítica da Teoria Francesa da Regulação*), e livre-docente da Universidade de São Paulo (2012; Tese sobre *A política do precariado: do populismo à hegemonia lulista*). Ele realizou pesquisas na Universidade da Califórnia, Berkeley, de Pós-Doutorado. É professor do Departamento de Sociologia da Faculdade de Filosofia, Letras e Ciências Humanas da USP, onde coordena o Centro de Estudos dos Direitos da Cidadania (Cenedic). Publicações: *A pulsão plebeia: trabalho, precariedade e rebeliões sociais*, 2015; *A política do precariado: do populismo à hegemonia lulista*, 2012; *Hegemonia às avessas* (co-organizado com Chico de Oliveira), 2010; *Infoproletários*: degradação real do trabalho virtual (co-organizado com Ricardo Antunes), 2009; *Por uma sociologia pública* (com Michael Burawoy), 2009; *Revolução invisível*: desenvolvimento recente da nanotecnologia no Brasil (com Paulo Roberto Martins), 2007; *A nostalgia do fordismo*: modernização e crise na teoria da sociedade salarial, 2003; *A restauração do capital*: um estudo sobre a crise contemporânea, 1997; *Novas tecnologias*: crítica da atual reestruturação produtiva (com Osvaldo Coggiola e Claudio Katz), 1994.

Na entrevista, Braga, ao definir atividade-fim, "pressente" uma possível generalização da terceirização dessa atividade.

Veja-se:

> **Carta Capital:** Qual a diferença entre atividade-meio e atividade-fim?
>
> **Ruy Braga:** Uma empresa é composta por diferentes grupos de trabalhadores. Alguns cuidam do produto ou serviço vendido pela companhia; enquanto outros gravitam em torno dessa finalidade empresarial. Em uma escola, a finalidade é educar. O professor é um trabalhador-fim. Quem mexe com segurança, limpeza e informática, por exemplo, trabalha com atividades-meio.
>
> **Carta Capital:** Uma lei para regular o setor é mesmo necessária?
>
> **Ruy Braga:** Não. A Súmula do TST [*Tribunal Superior do Trabalho*] pacificou na Justiça o consenso de que não se podem terceirizar as atividades-fim. O que acontece é que as empresas não se conformam com esse fato. Não há um problema legal. Já há regulamentação. O que existe são interesses de empresas que desejam aumentar seus lucros.
>
> (Disponível em: <http://www.cartacapital.com.br/economia/lei-da-terceirizacao-e-a-maior-derrota-popular-desde--o-golpe-de-64-2867.html>. Acesso em: 10 nov. 2015).

Ao se tomar por exemplificação a atividade profissional de professor como atividade-fim, pode-se pensar: *"O professor está garantido. Não há como mexer com ele."* Triste engano. Pense-se em uma escola federal, um Instituto Federal de Ciência e Tecnologia (Ifes), por exemplo. Em tais instituições, é grande a saída dos professores efetivos em busca de Mestrado, Doutorado e Pós-Doutorado. Ocorre uma vacância que obriga os institutos a promoverem processos de seleção que, mesmo sendo simplificados, demandam recursos onerosos para a contratação dos professores que suprirão, por um prazo mínimo de dois anos, a falta dos que, por direito adquirido, buscam qualificação e, obviamente, melhor retribuição salarial por titulação. Nesses processos, há editais, formação de bancas avaliadoras (cujos professores avaliadores são remunerados), além do gasto de tempo entre as etapas do processo. Com a aprovação da Lei de Terceirização das atividades-fim, será "muito prático" para a Instituição terceirizar tal trabalho. Como se sabe, muitas empresas ofertadoras de serviço surgirão, dentre as quais, as que manterão grupos de trabalhadores ávidos por uma vaga mercadológica. Todavia, os questionamentos que ficam são: como avaliar, suponha-se, o professor terceirizado somente por referências? e a prática de ensino em sala de aula? Sabe-se que, às vezes, excelentes currículos não representam a realidade prática daqueles que os detêm. Eis o risco que se corre. As empresas e os órgãos governamentais buscarão "os melhores" por um preço mais acessível; entretanto, eles estarão aptos a desempenharem a contento suas tarefas?

Além disso, deve-se levar em conta que o profissional terceirizado será inserido em um contexto no qual suas expectativas de progressão já estão fadadas ao fracasso. Ele sabe que não atingirá a atividade-fim, pois é contratado por um tempo determinado. Logo, enfrentará certa desconfiança por parte do corpo efetivo, mesmo que seja recebido com a "boa receptividade" que determina a política da "boa educação". Porém, com o passar do tempo, ele constatará o que já pressentia: não tem voto nas decisões de colegiados; não pode progredir em termos de titulação; não recebe alguns benefícios salariais pertinentes aos efetivos; vive a desconfiança por parte dos discentes e dificilmente recebe, por parte destes, a respeitabilidade que merecem, pois os alunos os veem apenas como substitutos. Tudo isso contribuirá para que tal educador tenha sua autoestima diminuída, trazendo-lhe, não raro, abalos psicológicos, visto que, por melhor que ele seja, suas expectativas de crescimento estão engessadas. Agora, imagine-se esse quadro em outras funções laborais em que o terceirizado não tenha formação superior, como é o caso de trabalhadores dos setores de alimentação, de limpeza, de manutenção civil, entre outros. Estes colaboradores (como são denominados no setor privado) terão, ainda mais do que aqueles que detêm formação superior, pouquíssimas possibilidades de progresso nas suas funções terceirizadas.

Pode, como se vê, ocorrer uma grande frustração em função do fenômeno ora analisado – uma espécie de "fantasmagorização" que atingirá (é sabido que já atinge) esses novos milhões – como se estima, em termos numéricos, como se verá a seguir, de terceirizados, caso o Projeto de Lei se torne Lei.

No que se refere à questão do aumento do desemprego, o professor Ruy Braga é enfático em suas considerações:

> **Carta Capital:** O desemprego cai ou aumenta com as terceirizações?
>
> **Ruy Braga:** O desemprego aumenta. Basta dizer que um trabalhador terceirizado trabalha em média três horas a mais. Isso significa que menos funcionários são necessários: deve haver redução nas contratações e prováveis demissões.
>
> **Carta Capital:** Quantas pessoas devem perder a estabilidade?
>
> **Ruy Braga:** Hoje o mercado formal de trabalho tem 50 milhões de pessoas com carteira assinada. Dessas, 12 milhões são terceirizadas. Se o projeto for transformado em lei, esse número deve chegar a 30 milhões em quatro ou cinco anos. Estou descontando dessa conta a massa de trabalhadores no serviço público, cuja terceirização é menor, as categorias que de fato obtêm representação sindical forte, que podem minimizar os efeitos da terceirização, e os trabalhadores qualificados.
>
> (Disponível em: <http://www.cartacapital.com.br/economia/lei-da-terceirizacao-e-a-maior-derrota-popular-desde--o-golpe-de-64-2867.html>. Acesso em: 10 nov. 2015).

Os números são preocupantes. Segundo o especialista, será gerado um contingente de 18 milhões de empregos terceirizados. Segmento, muito provavelmente, oriundo da demissão de trabalhadores que se encontravam em atividades-fim. Ou seja: mesmo que não se percam os direitos adquiridos, pois os terceirizados também são regidos pela Consolidação das Leis Trabalhistas (CLT), eles sofrerão perda de salário, perda de *status* e perda de segurança – visto que estarão submetidos a um regime no qual a garantia de continuidade (manutenção do emprego) é tênue, como será visto, segundo vários próceres em jurisprudência trabalhista, no decorrer deste trabalho.

Mister se faz ressaltar, ainda, a perda de autoestima que afetará os novos transmigrados para o regime de terceirização, que sofrerão abalos psicológicos em função da nova realidade a ser enfrentada.

Quando trata da queda da arrecadação de impostos, Ruy Braga configura um *"círculo desvirtuoso"*: terceirização gera desemprego, que gera perda de poder aquisitivo, que gera menos consumo, que gera menos impostos, que gera menos investimentos em geração de empregos, que gera mais terceirização.

Leia-se:

> **Carta Capital:** A arrecadação de impostos pode ser afetada?
>
> **Ruy Braga:** No Brasil, o trabalhador terceirizado recebe 30% menos do que aquele diretamente contratado. Com o avanço das terceirizações, o Estado naturalmente arrecadará menos. O recolhimento de PIS, Cofins e do FGTS também vão (sic) reduzir, porque as terceirizadas são reconhecidas por recolher do trabalhador, mas não repassar para a União. O Estado também terá mais dificuldade em fiscalizar a quantidade de empresas que passará a subcontratar empregados. O governo sabe disso.
>
> (Disponível em: <http://www.cartacapital.com.br/economia/lei-da-terceirizacao-e-a-maior-derrota-popular-desde-o-golpe-de-64-2867.html>. Acesso em: 10 nov. 2015).

Na formulação de um quadro cada vez mais sombrio, o especialista explica como se processará a perda do poder aquisitivo dos novos terceirizados, constatando que o fenômeno está presente em outros países que aderiram à forma de terceirização que o Projeto de Lei n. 4.330/2004 propõe para o Brasil:

> **Carta Capital:** Por que os trabalhadores pouco qualificados correm maior risco?
>
> **Ruy Braga:** O mercado de trabalho no Brasil se especializou em mão de obra semiqualificada, que paga até 1,5 salário mínimo. Quando as empresas terceirizam, elas começam por esses funcionários. Quando for permitido à companhia terceirizar todas as suas atividades, quem for pouco qualificado mudará de *status* profissional.
>
> **Carta Capital:** Como se saíram os países que facilitaram as terceirizações?
>
> **Ruy Braga:** Portugal é um exemplo típico. O Banco de Portugal publicou no final de 2014 um estudo informando que, de cada dez postos criados após a flexibilização, seis eram voltados para estagiários ou trabalho precário. O resultado é um aumento exponencial de portugueses imigrando. Ao contrário do que dizem as empresas, essa medida fecha postos, diminui a remuneração, prejudica a sindicalização de trabalhadores, bloqueia o acesso a direitos trabalhistas e aumenta o número de mortes e acidentes no trabalho, porque a rigidez da fiscalização também é menor por empresas subcontratadas.
>
> **Carta Capital:** E não há ganhos?
>
> **Ruy Braga:** Há: o das empresas. Não há outro beneficiário. Elas diminuem encargos e aumentam seus lucros.
>
> (Disponível em: <http://www.cartacapital.com.br/economia/lei-da-terceirizacao-e-a-maior-derrota-popular-desde-o-golpe-de-64-2867.html>. Acesso em: 10 nov. 2015).

Também, como consequência do cenário, advém, segundo o professor, o aumento da rotatividade:

> **Carta Capital:** Por que a terceirização aumenta a rotatividade de trabalhadores?
>
> **Ruy Braga:** As empresas contratam jovens, aproveitam a motivação inicial e, aos poucos, aumentam as exigências. Quando a rotina derruba a produtividade, esses funcionários são demitidos e outros são contratados. Essa prática pressiona a massa salarial, porque, a cada demissão, alguém é contratado por um salário menor. A rotatividade vem aumentando ano após ano. Hoje, ela está em torno de 57%, mas alcança 76% no setor de serviços. O Projeto de Lei n. 4.330 prevê a chamada "flexibilização global", um incentivo a essa rotatividade.
>
> (Disponível em: <http://www.cartacapital.com.br/economia/lei-da-terceirizacao-e-a-maior-derrota-popular-desde-o-golpe-de-64-2867.html>. Acesso em: 10 nov. 2015).

Ainda no rol das negatividades, Ruy Braga cita a precarização do trabalho, dando ressonância ao que dizem os teóricos extremamente conceituados que alicerçam a tese de que o Projeto de Lei n. 4.330/2004, caso se torne Lei, representará um retrocesso sem precedentes na história do trabalhismo brasileiro, destituindo o trabalhador de direitos que vão além dos direitos inerentes ao labor digno, mas também aos relacionados à dignidade humana:

> **Carta Capital:** Qual o perfil do trabalhador que deve ser terceirizado?
>
> **Ruy Braga:** Nos últimos 12 anos, o público que entrou no mercado de trabalho é composto por: mulheres (63%), não brancos (70%) e jovens. Houve um avanço de contratados com idade entre 18 e 25 anos. Serão esses os maiores afetados. Embora os últimos anos tenham sido um período de inclusão, a estrutura econômica e social brasileira não exige qualificações raras. O perfil dos empregos na agroindústria, comércio e indústria pesada, por exemplo, é menos qualificado e deve sofrer com a nova lei, porque as empresas terceirizam menos trabalhadores qualificados.
>
> (Disponível em: <http://www.cartacapital.com.br/economia/lei-da-terceirizacao-e-a-maior-derrota-popular-desde-o-golpe-de-64-2867.html>. Acesso em: 10 nov. 2015).

Em suma, essas são algumas das consequências do nefasto projeto em análise. Ele fere, de forma agressiva, direitos instituídos, principalmente na Constituição de 1988, a mais democrática e mais voltada para a garantia da dignidade humana. Tal projeto é fruto da concepção neoliberalista – bandeira ferrenhamente defendida pelo capitalismo em seus preceitos mais aviltantes.

No tópico a seguir, vê-se o pessimismo de vários próceres do Direito do Trabalho em relação a ela, fato que converge para as considerações tecidas na Introdução do presente artigo.

2. TERCEIRIZAÇÃO E DIREITO DO TRABALHO

A globalização neoliberal capitalista, nascedoura no final do século XX, resulta no enfraquecimento do ramo justrabalhista, na queda de salários, na desvalorização da força de trabalho e da informalização da economia, com a consequente precarização das condições de vida; gerando o robustecimento do capital comercial, do industrial e das instituições financeiras mundiais.

Por meio dela, o trabalhador já não é visto como cidadão pleno, detentor de direitos, e, sim, como ser humano supérfluo e descartável – um instrumento capaz apenas de gerar produção e lucratividade – a serviço do capital. Logo, o empregado homem passa a ser considerado um elemento residual; e o lucro, o elemento preponderante a reger as relações trabalhistas na sociedade contemporânea.

A terceirização é fruto desse mecanismo de flexibilização empresarial que acarreta a precarização das condições de trabalho, já que constitui uma "forma de flexibilização de atividades e de serviços e tem, como finalidade, não só a redução dos custos da produção, mas também proporcionar maior agilidade, bem como criar melhores condições de competividades para as empresas". (CORTEZ, 2015, p. 17)

Como esclarece Julpiano Chaves Cortez, no setor privado, a terceirização, para os empregadores, significa a forma de administração da empresa, por meio da qual se busca a constante redução dos custos de produção. Para os empregados terceirizados, terceirização significa a forma de exclusão, fator de discriminação e de precarização das condições de trabalho, com lesão dos valores sociais do labor e da dignidade do trabalhador. (CORTEZ, 2015, p. 16)

Por conseguinte, qualquer terceirização sempre redundará em algum tipo de precariedade nas condições de trabalho em relação ao pessoal contratado diretamente pelos donos dos negócios mais lucrativos, haja vista que "precariedade" é sinônimo de mortes, mutilações, acidentes e adoecimentos laborais. (COUTINHO, 2015, p. 200)

Como observa Grijalbo Fernades Coutinho, a função primordial do Direito do Trabalho "é assentar as bases materiais concretas para a efetividade dos Direitos Humanos da classe trabalhadora, enquanto a terceirização trafega exatamente na via oposta, qual seja, a por demais tortuosa dilaceração da dignidade humana obreira". (COUTINHO, 2015, p. 258)

Destarte:

> Essa pulverização dos trabalhadores conduz necessariamente ao esfacelamento e ao enfraquecimento sindicais, trazendo consigo a consequente retração dos movimentos em defesa do trabalho – Direito do Trabalho, condições dignas de trabalho, meio ambiente de trabalho saudável e ampliação de conquistas sociais. (COUTINHO, 2015, p. 146)

No tocante ao conceito de terceirização, assinala Mauricio Godinho Delgado:

> Trata-se de fenômeno pelo qual se dissocia a relação econômica de trabalho da relação justrabalhista que lhe seria correspondente. Por tal fenômeno, insere-se o trabalhador no processo produtivo do tomador de serviços sem que se estendam a este os laços justrabalhistas, que se preservam fixados com uma entidade interveniente. (DELGADO, 2001, p. 427)

Por isso:

> Essa dissociação entre relação econômica de trabalho (firmada com a empresa tomadora) e relação jurídica empregatícia (firmada com a empresa terceirizante) traz graves desajustes em contraponto aos clássicos objetivos tutelares e redistributivos que sempre caracterizaram o Direito do Trabalho ao longo de sua história. (DELGADO, 2001, p. 428)

Consoante ensina Laércio Lopes da Silva, a terceirização cria um caos na possibilidade de o empregado se integrar verdadeiramente na estrutura da empresa, pois, contratado por uma empresa para trabalhar em outra, não pode se integrar à estrutura da tomadora e fica marginalizado em relação ao processo de ascensão na prestadora, criando espantalhos de trabalhadores utilizados tão somente como meio de aumento do lucro das empresas sem qualquer ganho concreto para eles próprios ou para a sociedade. (SILVA, 2015, p. 17)

Como assevera o autor:

> As desigualdades salariais que são explicadas, em termos, pela teoria do capital humano, não encontram essa possibilidade na terceirização que do capital humano se utiliza sem qualquer valorização dessa ferramenta, pois a única ideia é a valorização do capital financeiro – o lucro. A terceirização impossibilita a análise das características individuais que afetam ou que possibilitam a integração ao processo de produção de bens e de serviços desumanizando essa relação, vulnerando o disposto no inciso IV do art. 1º da CF/88. (SILVA, 2015, p. 17)

O trabalhador terceirizado, com frequência, situa-se à margem do contexto produtivo. São a ele direcionadas as mesmas atividades dos demais trabalhadores, mas sem que lhe sejam reconhecidos e, consequentemente, destinados os mesmos direitos, as mesmas prerrogativas e a proteção típica do empregado celetista. (SILVA, 2015, p. 111)

Nesse sentido:

> Há uma forte tendência de se diminuir, propositalmente, a importância do terceirizado dentro do processo de produção, e a própria convivência com os demais empregados celetistas, como medida tendente a transmudar a natureza da relação com ele mantida e, eventualmente, afastar o vínculo de emprego, o que se reveste de evidente engano, diante da prevalência da análise da relação de natureza trabalhista sob o aspecto do contrato realidade. (SILVA, 2015, p. 112)

Para Julpiano Chaves Cortez, são exemplos de restrições de direitos dos trabalhadores resultantes da terceirização: "a impossibilidade de acesso dos terceirizados ao quadro de carreira da empresa tomadora de serviços, a fragilização da categoria profissional e a precarização das normas no meio ambiente de trabalho". (CORTEZ, 2015, p. 13)

Insta destacar que, por meio do trabalho decente ou digno, o homem tem acesso a todos os atributos essenciais à sobrevivência. Reduzir o desenvolvimento humano à acumulação do lucro e à riqueza, a fim de atender a um processo de competição e de lucratividade entre as empresas, é o mesmo que assassinar os valores da pessoa humana, haja vista que "a dignidade humana não pode ser, em nenhuma hipótese, relativizada para otimizar o lucro capitalista".

Por isso, pode-se afirmar que ninguém é livre, se não forem asseguradas condições dignas de vida em um sistema político que privilegie as determinações do mercado econômico. Sem dignidade não há cidadania. E "a cidadania é o direito a ter direitos", ou seja, "o direito a ser sujeito de direitos". (LAFER, 2012, p. 154)

Dessa maneira, "a emancipação do ser humano somente pode ocorrer em um ambiente materialmente igualitário". (QUARESMA, 2001, p. 406)

O mundo dos trabalhadores terceirizados, para Grijalbo Fernandes Coutinho:

> É o da discriminação salarial e sindical e, como seu desdobramento, o da inferioridade no plano do respeito aos seus direitos imateriais. A indiferença com a qual são tratados no ambiente de trabalho os torna – quando não seres extraterrenos, no sentido da invisibilidade social que lhes é dispensada – vítimas de preconceitos manifestados por inúmeros gestos. A proibição a eles imposta de acessar determinados espaços físicos da empresa e a qualidade de serem as vítimas mais frequentes de ofensas verbais dos representantes patronais, entre tantas outras atitudes, compõem o cotidiano laboral dos empregados terceirizados. (COUTINHO, 2015, p. 150)

Razão pela qual, em decorrência da discriminação:

> Os trabalhadores terceirizados encontram-se quase sempre em uma linha muito tênue entre emprego e desemprego, sendo ameaçados de dispensa pela alta rotatividade de mão de obra vigente no segmento das empresas prestadoras de serviços. (COUTINHO, 2015, p. 150)

Sobre tal temática, segue-se aqui a assaz coerente visão de Laércio Lopes da Silva. Para o autor, a terceirização surgiu na contramão, visto que:

> Para além da precarização da relação de trabalho como um todo, traz uma indisfarçável intenção de reduzir custos, diferenciando salários dos empregados da prestadora dos salários dos empregados da tomadora, reduzindo, da mesma forma, o nível de emprego, ao contrário do que apregoam os entusiastas da terceirização. (SILVA, 2015, p. 17)

Ainda, consoante o autor em comento:

> A festejada flexibilização das relações traz, em verdade, como faceta francamente negativa, a precarização do trabalho e do próprio trabalhador enquanto pessoa, atingindo-lhe a personalidade e ferindo-lhe a própria dignidade, na medida em que o afasta do centro de fruição de sua mão de obra, privando-o, cada vez mais, de valores essenciais ao desenvolvimento humano no campo profissional, como reconhecimento profissional e pessoal, inserção no meio corporativo, valorização da força de trabalho e aumento da autoestima, esta inequivocamente constatada ao oportunizar-se ao trabalhador ambiente propício ao desenvolvimento de seus expoentes. (SILVA, 2015, p. 112)

Neste ínterim, é imprescindível estabelecer o *controle jurídico civilizatório do processo de terceirização*, tendo em vista que, segundo o efetivo posicionamento de Grijalbo Fernandes Coutinho:

> Dada a relação inexorável entre terceirização e trabalho precário, pela própria matriz econômica do regime de subcontratação empresarial, tem-se que esse modo de recrutamento de trabalhadores ofende os princípios constitucionais da dignidade da pessoa humana, do valor social do trabalho, da ordem econômica pautada pela valorização do trabalho humano e da justiça social, além de outros desdobramentos daí decorrentes previstos nas normas constitucionais antes citadas. (COUTINHO, 2015, p. 224)

De tudo o que foi exposto, adota-se, no presente artigo, o entendimento de que o PL n. 4.330/2004 é inconstitucional por acarretar o retrocesso dos direitos sociais trabalhistas e por afrontar os princípios do direito constitucional do trabalho. O referido projeto de Lei permite a terceirização – sem maiores restrições – das atividades-fim e das atividades-meio da empresa.

Concorde Grijalbo Fernandes Coutinho, liberada a terceirização, a Constituição de 1988 será de um vazio estrondoso e monumental em termos de Direitos Humanos. No ritmo temporal e na extensão material das mudanças regressivas reivindicadas, o risco é de a Constituição não valer para os trabalhadores brasileiros, porquanto os seus direitos ali previstos terão nenhuma ou reduzidíssima efetividade. (COUTINHO, 2015, p. 254)

Perspectiva sob a qual assinala Laércio Lopes da Silva que a Constituição Federal de 1988 enuncia, no inciso IV do art. 1º, como fundamento do Estado Democrático de Direito, os valores sociais do trabalho e da livre-iniciativa. Em consonância com o autor, isso suscita – sem maiores esforços hermenêuticos – três questões, quais sejam: a) não existe liberdade de contratar sem observância de parâmetros mínimos que assegurem os valores sociais do trabalho; b) a livre-iniciativa está condicionada à observância dos valores sociais do trabalho de forma absolutamente inseparável, de maneira que não existe sem aqueles; c) observar a proporcionalidade entre a liberdade de contratar com os valores sociais do trabalho. Por isso há flagrante inconstitucionalidade, pois o legislador constituinte limitou, de forma objetiva, a relação entre a iniciativa privada e a manutenção dos valores sociais do trabalho. (SILVA, 2015, p. 79)

Como afirma com exatidão Grijalbo Fernandes Coutinho, a proteção à dignidade humana é o eixo da Constituição de 1988, daí derivando a leitura de que nenhuma de suas normas pode ser interpretada para relegar a condição de humano da pessoa trabalhadora, como é o que se verifica diante da presença de condições laborais degradantes inerentes à terceirização. (COUTINHO, 2015, p. 224)

3. CONCLUSÃO

Em 11 de abril de 2015, três dias após a aprovação do PL n. 4.330/04 pela Câmara dos Deputados, Vicente Paulo da Silva, o Vicentinho, uma das principais lideranças sindicais no Congresso, Deputado Federal pelo PT desde 2003, deu entrevista à Revista Carta Capital. A matéria reitera categoricamente os pontos de vista do Prof. Dr. Ruy Braga, especialista em Direito do Trabalho da USP, transcritos na Introdução do trabalho ora apresentados e dos teóricos que embasam a tese de que a terceirização, em qualquer ramo laboral, consiste em processo que desrespeita a dignidade do trabalhador.

Observem-se a manchete e alguns trechos da entrevista cedida por Vicente Paulo da Silva:

> 'Terceirização é derrota da esquerda e do PT"
>
> *Para o deputado sindicalista, empresários estão querendo aumentar o lucro por meio da supressão de direitos trabalhistas*
>
> Vicente Paulo da Silva, o Vicentinho, é uma das principais lideranças sindicais no Congresso. Deputado Federal pelo PT desde 2003, filiou-se, em 1977, ao Sindicato dos Metalúrgicos de São Bernardo e Diadema. Frustrou-se, como muitos sindicalistas, com a aprovação, na última quarta-feira 8, do texto-base do Projeto de Lei n. 4.330/2004, que libera a terceirização de trabalhadores em toda a cadeia produtiva.
>
> Vicentinho admite, com poucas palavras, que o PT e a esquerda saíram da votação historicamente derrotados. Ele próprio padece de dupla derrota: além de assistir à flexibilização de direitos trabalhistas, viu engavetado seu projeto que regulamentava as mesmas terceirizações. "A minha proposta não permitia que as atividades-fim fossem terceirizadas [...] Agora pode terceirizar até a alma."
>
> Disponível em: <https://www.google.com.br/webhp?sourceid=chrome=-instant&ion1=&espv2=&ie=UTF8-#q-'Terceiriza%C3%A7%C3%A3o+%C3%A9+derrota+da+esquerda+e+do+PT'+Para+o+deputado+sindicalista%2-C+empres%C3%A1rios+est%C3%A3o+querendo+aumentar+o+lucro+por+meio+da+supress%C3%A3o+de+direitos+trabalhistas>. Acesso em: 12 nov. 2015.

Logo, ao responder à primeira pergunta, Vicentinho deixa clara a questão da perda de salário a que estarão submetidos os novos terceirizados e a perda de direitos trabalhistas garantidos aos trabalhadores, até então em atividades-fim, caso o Senado aprove o PL n. 4.330/2004 sem alterações, e o Presidente da República não vete cláusulas que gerem retrocessos ainda maiores aos que já são inerentes às leis de terceirização vigentes até a aprovação do supracitado Projeto de Lei:

> **Carta Capital:** *Seu Projeto de Lei 1621/2007 também tentava regulamentar a terceirização. De que forma ele pretendia igualar os direitos de terceiros e efetivos?*
>
> **Vicentinho:** O meu projeto foi rejeitado na quarta-feira 08 com a aprovação do texto do ex-deputado Sandro Mabel. O meu assegurava a existência da terceirização, mas com dignidade, porque o texto do Mabel só se preocupa em aumentar a lucratividade do empresário. O meu projeto não permitia que as atividades-fim fossem terceirizadas. Em uma metalúrgica, por exemplo, quem é terceirizado é o restaurante, o setor de limpeza, a manutenção civil, nunca a linha de montagem. Nunca o ferramenteiro, o prensista, o funileiro. Agora todos podem ser terceirizados com salário menor. Mas, principalmente, meu projeto dava ao trabalhador proteção trabalhista compartilhada tanto pela empresa contratante quanto pela contratada.
>
> Disponível em: <https://www.google.com.br/webhp?sourceid=chrome=-instant&ion1=&espv2=&ie=UTF8-#q-'Terceiriza%C3%A7%C3%A3o+%C3%A9+derrota+da+esquerda+e+do+PT'+Para+o+deputado+sindicalista%2-C+empres%C3%A1rios+est%C3%A3o+querendo+aumentar+o+lucro+por+meio+da+supress%C3%A3o+de+direitos+trabalhistas>. Acesso em: 12 nov. 2015.

Ou seja: a diminuição de salário e a não responsabilização quanto aos direitos trabalhistas pelas empresas contratantes gerarão a estas os tão almejados lucros sem aumento de produtividade ou conquista de novos mercados, mas, sim, à custa do sacrifício do trabalhador que, como visto ao longo deste artigo, gera o abjeto lucro legal – entenda-se a palavra "legal" no sentido denotativo, isto é, criado por Lei contra a dignidade laboral.

Isso sem se falar na real possibilidade do aumento de calotes que muitas empresas contratadas para prestarem serviço à contratante – caso mal administradas – podem impingir aos seus empregados, como tem sido inúmeras vezes constatado por ações trabalhistas impetradas por sindicatos de trabalhadores terceirizados em todas as regiões do país. Além disso, ainda poderá ocorrer a chamada "quarteirização", conforme alerta o Deputado:

> **Carta Capital:** Não é assim no texto-base aprovado?
>
> **Vicentino:** Não. Muitas empresas terceirizadas recebem o dinheiro da contratante e desaparecem sem pagar o trabalhador. E este não pode responsabilizar a contratante. Para conseguir processá-la, a ação contra a empresa que sumiu terá de ter transcorrido todas (sic) as instâncias jurídicas. O problema é que uma causa trabalhista prescreve em cinco anos. No meu texto, as duas empresas eram mutuamente responsáveis.
>
> **Carta Capital:** E como vai ficar a sindicalização para o trabalhador terceirizado?
>
> **Vicentino:** Em uma categoria forte, como a de metalúrgicos, o trabalhador terceirizado tem mais força também, mas, em geral, os sindicatos de terceiros são frágeis. Além de tornar fácil a troca de mão de obra, existe até quarteirização.
>
> **Carta Capital:** O que caracteriza a quarteirização?
>
> **Vicentino:** É quando uma empresa terceirizada por uma montadora, por exemplo, também contrata outra terceirizada para executar o serviço. É como um bolo dividido em cada vez mais pedaços, e o menor é entregue ao trabalhador.

Quanto às perdas salariais, Vicentinho explicita:

> **Carta Capital:** Em que proporção os salários podem ser afetados?

Vicentino: Segundo o Dieese [Departamento Intersindical de Estatística e Estudos Socioeconômicos], o salário médio é 27% menor. Mas deve aumentar, porque não vai haver mais comparação com quem é empregado direto. Isso sempre influenciou muito os acordos coletivos. Sem isso, o empresário vai economizar muito. É a sanha de quem descobriu que terceirizar é lucrar. Não é dinheiro extra conseguido com aumento de vendas, de produção, mas pela supressão de direitos.

Disponível em: <https://www.google.com.br/webhp?sourceid=chrome=-instant&ion1=&espv2=&ie=UTF8-#q-'Terceiriza%C3%A7%C3%A3o+%C3%A9+derrota+da+esquerda+do+PT'+Para+o+deputado+sindicalista%2C+empres%C3%A1rios+est%C3%A3o+querendo+aumentar+o+lucro+por+meio+da+supress%C3%A3o+de+direitos+trabalhistas>. Acesso em: 12 nov. 2015.

Como se constata, a dilapidação do patrimônio histórico-concreto-laboral é inversamente proporcional à manutenção de direitos conquistados ao longo de décadas pelos trabalhadores e pelos sindicatos de trabalhadores. Caso se torne Lei, o PL n. 4.330/2004 consistirá no maior golpe às conquistas trabalhistas e ao justrabalhismo neste país. Cabe, agora, ao Senado, como casa que pode legitimar, ou não, anseios dos vários segmentos sociais, rejeitá-lo, modificando-lhe o escopo explicitamente favorável ao lucro de empresários, fazendeiros, entre outros, que o buscam por meio do sofrimento de milhões de trabalhadores brasileiros.

Este não é um gênero panfletário; entretanto, não se pode finalizá-lo sem se deixar de expressar veementemente o que sua autora pensa, recorrendo a Vinícius de Morais, em um de seus poemas mais brilhantes: *"Operário em construção".*

E foi assim que o operário
Do edifício em construção
Que sempre dizia sim
Começou a dizer não.
E aprendeu a notar coisas
A que não dava atenção:
Notou que sua marmita
Era o prato do patrão
Que sua cerveja preta
Era o uísque do patrão
Que seu macacão de zuarte
Era o terno do patrão
Que o casebre onde morava
Era a mansão do patrão
Que seus dois pés andarilhos
Eram as rodas do patrão
Que a dureza do seu dia
Era a noite do patrão
Que sua imensa fadiga
Era amiga do patrão.
E o operário disse: Não!
E o operário fez-se forte
Na sua resolução.

Disponível em: <http://www.viniciusdemoraes.com.br/pt-br/poesia/poesias-avulsas/o-operario-em-construcao>. Acesso em: 16 nov. 2015.

Décadas de lutas foram necessárias para conquistas trabalhistas históricas, mais uma vez é preciso levantar bandeiras contra o capitalismo neoliberalista selvagem e exigir do Senado e do Presidente da República que não compactuem com a aprovação de um projeto que representará um retrocesso histórico para a dignidade dos trabalhadores brasileiros.

4. REFERÊNCIAS BIBLIOGRÁFICAS

CORTEZ, Julpiano Chaves. *Terceirização trabalhista*. São Paulo: LTr, 2015.

COUTINHO, Grijalbo Fernandes. *Terceirização*. Máquina de moer gente trabalhadora. São Paulo: LTr, 2015.

DELGADO, Mauricio Godinho. *Introdução ao Direito do Trabalho*: relações de trabalho e relação de emprego. São Paulo: LTr, 2001.

QUARESMA, Regina; GUIMARAENS, Francisco. *Os Princípios da Constituição de 1988*. Rio de Janeiro: Lúmen Júris, 2001.

LAFER, Celso. *A Reconstrução dos Direitos Humanos: um diálogo com Hannah Arendt*. Editora Companhia das Letras, 2012.

SILVA, Laércio Lopes da. *A terceirização e a precarização nas relações de trabalho*. São Paulo: LTr, 2015.

CAPÍTULO 11

TERCEIRIZAÇÃO DE SERVIÇOS – UM ESTUDO SINTÉTICO E COMPARADO COM OS ORDENAMENTOS ESPANHOL E ITALIANO

Yone Frediani[*]

1. INTRODUÇÃO

A necessidade de redução de custos ante a competitividade entre empresas e ante a concorrência entre os diversos mercados, acarretou sensível alteração nas relações de trabalho.

Aliado a tais fatos, surge como maior problema, o desemprego, que não corresponde a uma situação típica dos países menos desenvolvidos, mas assola a população global, fazendo com que, a cada dia, surjam novas modalidades de trabalho, favorecendo o crescimento da terceirização de serviços, que não pode ser entendida, invariavelmente, como fator de precarização ou de fraude à lei.

Em apertada síntese a propósito da evolução do trabalho, necessário recordar que inicialmente, nas atividades industriais, foram adotados duas importantes formas de produção: a fordista e a toyotista. A primeira fundava-se em padrão verticalizado de produção, valendo dizer, a maior parte das atividades necessárias para obtenção do produto final era realizada dentro da própria empresa.

Diversamente, a produção toyotista, adotou padrão horizontal de produção, ou seja, as empresas deixaram de lado os detalhes de produção em relação às matérias-primas ou itens utilizados, transferindo tais atividades aos seus fornecedores. Por conseguinte, criou-se uma rede de produtores e fornecedores, mediante delegação a terceiros da responsabilidade pela produção de um ou mais itens necessários à obtenção do produto final.

Essa nova realidade, provocou questionamentos acerca das formas de administração empresarial até então existentes, cenário em que a terceirização surge como maneira de compartilhar a eficácia econômica, com novos métodos de gestão de mão de obra, combinadas com as inúmeras inovações tecnológicas.

A finalidade primordial da terceirização não reside apenas na busca da redução de custos de produção, mas, na possibilidade de tornar a empresa flexível e competitiva no mercado, transferindo-se para terceiros a execução de atividades secundárias ou acessórias e permitindo que a empresa passasse a concentrar todos os seus esforços no desenvolvimento de sua atividade principal com o objetivo de colher melhores resultados.

Nesse contexto, a terceirização surge no Brasil por meio das multinacionais e seu constante e permanente interesse na concentração na essência do seu negócio ou atividade principal, buscando obter mão de obra especializada e com menores custos, lembrando-se que o próprio Estado adotou a terceirização, como parte de sua descentralização administrativa. Assim é que sucessivos diplomas legais permitiram a terceirização em atividades relacionadas com transporte, conservação, custódia, operação de elevadores, limpeza e outras assemelhadas e, na sequência, a regulamentação do trabalho temporário, dos serviços de vigilância bancária e telefonia.

Merece destaque, também a regra introduzida pelo parágrafo único do art. 442 da CLT, ao estimular as terceirizações por meio de cooperativas, que, acredita-se, abriu espaço para a fraude, na medida em que haveria intermediação de mão de obra sem o enquadramento da lei do trabalho temporário.

Em meio à desordem e insegurança jurídica existentes, foi editada a Súmula n. 331 pelo Tribunal Superior do Trabalho com a finalidade de orientar as decisões sobre a matéria e buscando estabelecer critérios para caracterização entre terceirização lícita e ilícita, diante da prestação de serviços nas denominadas atividades meio e fim.

À parte das paixões acerca da necessidade ou não da regulamentação da terceirização e dos aspectos pró ou contra o PL n. 4.330, a verdade que se apresenta no ordenamento pátrio é de que na atualidade, um entre cada cinco trabalhadores é terceirizado, circunstância que apontada para mais de 12 milhões de pessoas que se encontram no mercado de trabalho sem qualquer regulamentação.

A fim de possam ser discutidos com imparcialidade e segurança os aspectos de referido Projeto de Lei, permito-me discorrer acerca do tema tomando por base os ordenamentos jurídicos espanhol e italiano.

---

[*] Advogada militante; sócia de Frediani e Borba Sociedade de Advogados; Advogada militante nos Tribunais Regionais do Trabalho e Tribunal Superior do Trabalho; Desembargadora do Tribunal Regional do Trabalho da 2ª Região (aposentada). Doutora em Direito do Trabalho PUC/SP. Mestre em Direito das Relações do Estado PUC/SP; Mestre em Diretos Fundamentais/UNIFIEO; Professora Doutora em Direito e Processo do Trabalho nos cursos de Graduação e Pós-Graduação da FAAP (Fundação Armando Álvares Penteado). Membro da Academia Brasileira de Direito do Trabalho, ocupando no momento o cargo de Diretora Secretária; Membro da Asociación Iberoamericana de Derecho del Trabajo y de la Seguridad Social. Professora Visitante na Universidade de Modena e Reggio Emilia, Itália e na Universidad Tecnológica del Peru. Autora de artigos e livros nas áreas do Direito Individual, Coletivo e Processo do Trabalho.

2. PECULIARIDADES DA SUBCONTRATAÇÃO NO ORDENAMENTO ESPANHOL

Importante destacar desde logo que, segundo o ordenamento jurídico espanhol, a utilização da expressão "terceirização", não se revela usual por não se tratar de conceito de natureza jurídica, mas, econômica.

Outro aspecto de real importância refere-se à realidade atual do mercado de trabalho na Europa, destacando-se, ainda, que, estudos publicados pela Organização Internacional do Trabalho, revelam que a tendência mundial atual aponta para um menor número de empregos fixos, progressivamente substituídos por outras formas de contratação, a saber, contratos autônomos, proliferação dos contratos por prazo determinado em seus diversos desdobramentos e utilização expressiva do trabalho temporário.

Tais circunstâncias conduzem ao raciocínio de que, teremos no futuro próximo, maior número de trabalhadores vinculados a outras formas de prestação de serviços e menor número de trabalhadores vinculados a um contrato de trabalho.

O sistema espanhol admite as seguintes modalidades de contratação: a) por meio da terceirização; b) subcontratação prevista no art. 42 do Estatuto dos Trabalhadores; c) pela denominada concentração econômica – grupo de empresas.

2.1. Terceirização

O modelo adotado pelo ordenamento espanhol é semelhante à regulamentação brasileira, sendo necessária que a contratação seja realizada por meio de empresa de trabalho temporário para suprir necessidade de mão de obra temporária pela empresa tomadora de mão de obra.

Veda-se, também, que a tomadora de serviços dê ordens diretas ao prestador de serviços ainda que executando-os em sua sede, vez que não são seus empregados diretos. A inobservância de tal proibição implicará no reconhecimento da relação de emprego entre o trabalhador temporário e a empresa tomadora de mão de obra.

Importante medida adota pelo ordenamento espanhol diz respeito à exigência de patrimônio em nome da empresa fornecedora de mão de obra como garantia para solver eventuais débitos trabalhistas de seus empregados.

A empresa fornecedora de mão de obra poderá contratar trabalhadores por tempo indeterminado ou de acordo com suas necessidades, para atender as empresas tomadoras de mão de obra.

Entretanto, alguns princípios europeus devem ser observados:

a) Justificação da necessidade para utilização de mão de obra temporária por meio de empresas fornecedoras de mão de obra;

b) Igualdade e não discriminação entre empregados diretos e temporários, não podendo existir qualquer diferença salarial ou quanto às condições de trabalho entre os mesmos.

Diante de tais condições, pode-se afirmar que a contratação indireta por meio de empresa fornecedora de mão de obra costuma apresentar custo mais elevado do que a contratação de empregado direto, constatando-se que a contratação temporário surge em virtude de necessidade justificada em face das peculiaridades e dificuldades de encontrar-se mão de obra correta e adequada à necessidade do tomador de serviços.

Hipótese frequente surge quando a empresa principal contrata outra empresa, denominada "contratista" para realização de alguma parte de seu processo produtivo, utilizando para tanto, seus próprios trabalhadores e que não guardam qualquer relação com a empresa principal.

Admite-se que a denominada empresa "contratista" possa subcontratar outra empresa para a execução de certas atividades relacionadas ao contrato assumido com a empresa principal, sendo possível que a "subcontratista", novamente, possa subcontratar outra empresa, criando, assim, uma cadeia de subcontratações; nesta hipótese, usualmente, as últimas empresas da cadeia, frequentemente, serão integradas microempresas.

A realidade prática tem demonstrado que, as empresas integrantes da cadeia de subcontratações, quanto mais afastadas estiverem da empresa principal, maior precariedade e piores condições laborais imporão aos seus trabalhadores.

O exemplo mais emblemático da cadeia de empresas subcontratantes surge no ramo da construção civil, cuja importância é enorme na economia em todos os países de maneira geral, congregando centenas de micro empresas, de trabalhadores autônomos e temporários na sua grande maioria, revelando-se uma atividade potencialmente perigosa e favorecendo um altíssimo índice de acidentes do trabalho de natureza grave.

Tais circunstâncias motivaram a promulgação da Lei n. 32/2006, disciplinando a subcontratação no setor da construção civil, à qual foram agregados outros diplomas legais com fulcro na Diretiva n. 92/57/CEE, que trata das obras de construção temporárias ou móveis, com especial atenção à prevenção dos riscos laborais, diante dos inúmeros sujeitos que integram o ciclo produtivo do setor, como é o caso do incorporador, o coordenador, o contratista, o subcontratista, o trabalhador autônomo ou temporário.

Esclareça-se que todos os integrantes do processo produtivo acima apontados estão obrigados a promover programas de segurança e de saúde aos trabalhadores envolvidos na obra em suas diferentes fases, respondendo, solidariamente, quanto ao descumprimento por eventuais infrações.

Aspecto de real importância refere-se à exigência de que as empresas apresentem uma verdadeira organização produtiva, ficando limitadas ao número de três subcontratações verticais, com o objetivo de garantir a preservação da saúde e segurança dos trabalhadores, impondo que o mercado de serviços na construção civil funcione de forma idônea, com afastamento de empresas de duvidosa idoneidade financeira.

Esclareça-se que a proteção da saúde e da segurança no trabalho encontra-se vinculada à proteção da vida e da dignidade da pessoa, reconhecida na Carta dos Direitos Fundamentais da União Europeia, na Carta Social Europeia e também fundada nas tradições constitucionais da maioria dos Estados-Membros.

2.2. Subcontratação prevista no art. 42 do Estatuto dos Trabalhadores

O Estatuto dos Trabalhadores, promulgado por meio do Real Decreto Legislativo n. 1/1995, de 24 de março, incluiu em seu texto a reforma laboral de 2006.

Nesta modalidade contratual, surge uma relação bilateral entre as empresas, podendo a contratada subcontratar parte do serviço e assim sucessivamente, com base na liberdade que o empresário possui em contratar diretamente seu quadro de pessoal ou na possibilidade de contratar outra empresa, porque a descentralização de atividades é faculdade atribuída às mesmas como forma de decidir seus destinos.

Importante ressaltar que a legislação espanhola define somente aspectos de responsabilidade na subcontratação, silenciando sobre as atividades que possam ser subcontratadas, valendo dizer, permite-se a sub contratação da própria atividade, entendendo-se como tal os serviços pertencentes ao mesmo ciclo produtivo ou inerentes à empresa; além da atividade principal, permite-se, por certo, a contratação de atividades acessórias ou auxiliares.

Na hipótese de contratação da atividade principal, a responsabilidade que se estabelece é solidária com a contratada por envolver a atividade empresarial principal, sem a qual o bem não poderia ser produzido, revelando-se medida importante e necessária quanto à seleção rigorosa do subcontratado, com a consequente eliminação de empresas inidôneas do mercado.

Caso a contratação envolva atividades acessórias ou auxiliares, a responsabilidade será subsidiária.

O art. 42 de referido diploma legal impõe aos empresários que contratem ou subcontratem com terceiros a realização de obras ou serviços relacionados à sua própria atividade, comprovem que referidas empresas não são devedoras de contribuições devidas à Previdência Social, mediante apresentação de certidão negativa.

Regra geral, o empresário principal, responderá solidariamente pelas obrigações salariais assumidas pelos "contratistas e subcontratistas" em relação a seus trabalhadores, bem assim, em relação às contribuições previdenciárias durante o período de vigência da contratação.

Os trabalhadores vinculados ao "contratista ou subcontratista" devem ser informados, por escrito, por seu real empregador quanto à identidade da empresa principal para a qual estejam prestando serviços, fornecendo-lhes o nome ou razão social do empresário principal, seu domicilio social e seu número de identificação fiscal; referidas informações também deverão ser encaminhadas à Tesorería General de la Seguridad Social.

A empresa principal ao celebrar um contrato de execução de obras ou prestação de serviços com um "contratista ou subcontratista", obriga-se a informar aos representantes legais de seus trabalhadores o nome ou razão social, domicilio e número de identificação fiscal dos mesmos, o objeto e duração do contrato, bem como o local da execução dos serviços, o número de trabalhadores a serviço da empresa principal e as medidas previstas para a coordenação das atividades tomando-se em consideração a prevenção dos riscos laborais. As mesmas informações deverão ser prestadas pela empresa "contratista ou subcontratista" aos representantes legais de seus trabalhadores, antes do inicio da execução dos serviços contratados.

Se por ventura os trabalhadores das empresas "contratistas ou subcontratistas" não tiverem representação legal, poderão formular aos representantes dos trabalhadores da empresa principal, as indagações referentes às condições de execução da atividade laboral em virtude do compartilhamento do local de trabalho.

Os representantes legais dos trabalhadores da empresa principal e das empresas "contratistas ou subcontratistas", quando compartilhem, de forma continuada o mesmo centro de trabalho, poderão reunir-se para efeitos de coordenação quanto às condições de execução da atividade laboral, esclarecendo-se que a capacidade de representação e âmbito de atuação de tais representantes, assim como o horário ajustado, serão estabelecidos pela legislação pertinente e pelas convenções coletivas aplicáveis à espécie.

2.3. Concentração econômica – grupo de empresas

Na hipótese de concentração ou vinculação econômica a responsabilidade é fixada em relação aos trabalhadores por cada uma das empresas pertencentes ao grupo; portanto, não haverá extensão de responsabilidade ao grupo de empresas ou o estabelecimento da figura da solidariedade entre as mesmas.

Criou-se uma espécie de regulamentação para estabelecimento da responsabilidade solidária e adoção da desconsideração da personalidade jurídica nas seguintes hipóteses:

a) Quando os trabalhadores prestarem seus serviços para algumas empresas do grupo simultaneamente;

b) Quando ocorrer confusão patrimonial e recursos financeiros comuns às integrantes do grupo;

c) Quando ocorrer utilização fraudulenta da pessoa jurídica com criação de uma empresa denominada "aparente";

d) Quando comprovado o uso abusivo da administração com prejuízos diretos para os trabalhadores.

3. ASPECTOS DA TERCEIRIZAÇÃO NO DIREITO ITALIANO

Necessário esclarecer desde logo que a denominada Reforma Biaggi alterou significativamente a visão do Direito do Trabalho Italiano sobre a terceirização das atividades laborais da produção, com a promulgação do Decreto Legislativo n. 276/2003.

Referido diploma legal foi responsável pela criação de regras que delimitam as condições em que a terceirização é permitida, resguardando os direitos dos trabalhadores que venham a laborar em atividades terceirizadas e emprestando aos contratos coletivos força normativa e regulatória das condições em que será possível a externalização de serviços.

Nesse contexto foram criadas diversas formas de prestação de serviços que serão examinadas a seguir:

3.1. *Distacco*

Corresponde à cessão gratuita do trabalhador, por seu empregador, para prestação de serviços a outrem por tempo determinado, permitindo-se, inclusive que referida modalidade de cessão do trabalhador ocorra entre empresas pertencentes ao mesmo grupo econômico.

Na prática, o *distacco* pode ser utilizado e tem aplicação vantajosa quando empregador necessitar, durante período previamente estabelecido, treinar, disponibilizar, ceder ou capacitar seus empregados em atividade laboral desenvolvida por terceiro, na sede deste ou local por ele indicado, sendo certo que o resultado decorrente do esforço do trabalhador é cedido em proveito de terceiro.

Importante esclarecer que durante o período em que ocorrer o *distacco* o real empregador conserva todos os direitos e deveres decorrentes do contrato de trabalho, ainda que a direção da prestação dos serviços seja exercida pelo cessionário.

3.2. *Somministrazione di lavoro*

Consiste na hipótese em que a empresa fornecedora de mão de obra, agência especializada e regularmente autorizada para tanto, designa seus empregados para realização de suas atividades junto a determinado tomador de serviços, que os requisita mediante retribuição vinculada aos custos do fornecimento, desde que presentes as condições legais exigidas, quais sejam: necessidades justificadas por motivos técnicos, organizacionais, produtivos e de substituição de pessoal integrante do quadro regular.

Constata-se, pois, que a *somministrazione di lavoro* equipara-se, à possibilidade de terceirização prevista pelo direito brasileiro na medida em que corresponde ao fornecimento de mão de obra por meio de empresa especializada para fornecimento de trabalhadores por tempo determinado a tomadores de serviços que necessitam mão de obra especializada.

3.3. Transferência da azienda

Ocorre com a transferência dos contratos dos trabalhadores *aziendales* de acordo com previsão legal e independentemente da manifestação da vontade destes, para o adquirente do estabelecimento comercial, visto que o conceito de *azienda*, corresponde ao conjunto de bens materiais e imateriais que concorrem para o exercício da atividade empresária.

Referido instituto surgiu no Direito Italiano como garantia atribuída aos trabalhadores que permaneceriam vinculados aos bens que integravam a atividade empresária, revelando-se de grande importância diante da vedação da dispensa imotivada na Itália, além do custo elevado para os desligamentos permitidos pelo ordenamento italiano.

3.4. *Appalto*

Encontra-se previsto no art. 1.655 do Código Civil e corresponde à empreitada prevista no ordenamento pátrio, ajustado mediante contrato pelo qual uma parte assume, com organização dos meios necessários e gestão com próprio risco, a execução de uma obra ou de um serviço.

Importante ressaltar que a ausência quanto à assunção dos riscos em relação à empreitada, transforma referida modalidade contratual em intermediação de mão de obra, vedada pelo direito italiano.

Pelo exposto, verifica-se que o Direito do Trabalho Italiano procurou alcançar um ponto de equilíbrio entre a garantia aos direitos sociais dos trabalhadores e a busca da eficiência de mercado necessária aos empreendedores.

4. CONCLUSÕES

As empresas, diante da competitividade imposta pelo mercado global, viram-se compelidas a descentralizar parte de suas atividades produtivas, buscando entidades parceiras, em virtude da necessária e imprescindível especialização de serviços, visando com tal procedimento obter produtividade, qualidade do produto e redução de custos operacionais.

Por conseguinte, criou-se um processo de delegação da prestação de serviços por meio da terceirização que, despontou nos ordenamentos estrangeiros como técnica na administração do trabalho em franco desenvolvimento e de maneira irreversível, bem assim como regulação do mercado de trabalho, considerando que o emprego fixo representado pelo contrato de trabalho, na atualidade, é privilégio para poucos.

Ademais, deixando-se de lado o debate acalorado a respeito da terceirização, visto que encontram-se aqueles que a defendem com fervor, bem como os que a repudiam com veemência, o certo é que não se pode admitir a afirmação singela de que a terceirização sirva ao empresário como instrumento de precarização das relações de trabalho sob as suas diversas concepções.

Com efeito, o fundamento de tal afirmação encontra-se na regra contida no art. 455 da CLT, que, desde 1943, admite a subcontratação de serviços sem que tal fato pudesse constituir qualquer ilegalidade ou fraude.

Por outro lado, é importante ressaltar que a Constituição Federal nos arts. 1º, V e 170, reconheceu os valores sociais do trabalho e da livre iniciativa, circunstância que confere ao empresário a livre organização e administração de seu empreendimento.

O objetivo do PL n. 4.330 foi o de regulamentar as atividades desses 12 milhões de trabalhadores e de outros tantos que poderão ser inseridos ou recolocados no mercado de trabalho por meio de uma atividade terceirizada.

5. REFERÊNCIAS BIBLIOGRÁFICAS

ABDALA, Vantuil. Terceirização: Normatização – Questionamentos. *Revista TST*. Brasília, vol. 74, n. 4, out/dez 2008 17.

ALVARENGA, Rubia Zanotelli; FREDIANI, Yone. *Direitos fundamentais nas relações de trabalho*. São Paulo: LTr, 2015.

BARROS, Alice Monteiro de. *Curso de Direito do Trabalho*. 2. ed. São Paulo: LTr, 2006.

FREDIANI, Yone. *A valorização do trabalho autônomo e a livre iniciativa*. São Paulo: Lex Magister, 2015.

GALANTINO, Luisa. *Diritto del lavoro*. XIV ed. Torino: Giappichelli Editore, 2006.

MARTINS, Sergio Pinto. *Direito do Trabalho*. São Paulo: Atlas, 2012.

PELLACANI, Giuseppe. Il trasferimento d'azienda, in G. Pellacani, a cura di, con prefazione di L. Galantino. *Commentario alla riforma del lavoro*. Milano: Ipsoa, 2006.

PINTO, José Augusto Rodrigues. *Curso de Direito Individual do Trabalho*. São Paulo: LTr, 2000.

ROBORTELLA, Luiz Carlos Amorim. *O Moderno Direito do Trabalho*. São Paulo: LTr, 1994.

ROMITA, Arion Sayão. A terceirização e o Direito do Trabalho. *Revista LTr*, n. 56, São Paulo, 2003.

SCHIAVI, Mauro. *Manual de Direito Processual do Trabalho*. São Paulo: LTr, 2008.

SILVA, Homero Mateus Batista da. *Curso de Direito do Trabalho Aplicado*. Vol. 6 – Contrato de Trabalho. São Paulo: Elsevier, 2012.